JN056095

蔑まれし者たちの時代

現代国際関係の病理

ベルトランド・バディ 著　福富満久 翻訳

東信堂

LE TEMPS DES HUMILIES: Pathologie des relations internationales by Bertrand Badie
© ODILE JACOB, 2014, 2019
Japanese translation published by arrangement with Editions Odile Jacob
through The English Agency (Japan) Ltd.

Japanese language edition published by TOSHINDO Publishing Co., LTD.
1-20-6 Mukogaoka, Bunkyo-ku Tokyo, Japan

日本版への序文

　国際関係における屈辱の重要性をテーマにしたこの作品を日本の皆さんに紹介できることは喜びであり、光栄である。古典理論は長い間、何よりも客観的であるデータに基づいて構築されているとしながら、実際は不器用な方法で数値化された国家間の力の均衡だけが論じられてきた。実際は人間性を剥奪された権力だけが考慮されることを隠蔽してきたのである。それはまるであたかも自然に備わった「冷たい怪物」の装いを国家に着せるかのように、そこでは社会は考慮されず、さらに悪いことに、認識、感情、想像力は完全に無視されたのである。それは本当に正しいことなのだろうか？

　権力がその有効性を失いつつあり、驚くべきことに、最終的には最も弱い者が勝つことが多い現在、これらの計測基準はもはやかつてのような絶対的な意味を持っていないのではないだろうか。特に 1945 年以降、私たちは、強者の敗北と弱者の勝利に、古典的な国際関係学をひっくり返す 2 つの新たな主張が隠されているということを発見しつつある現在、なおさらそうだと考える。すなわち、植民地解放や、最近ではロシアとウクライナの紛争やパレスチナでの紛争が示唆しているように、名誉が傷つけられたことによって社会的エネルギーが蓄えられ、社会をますます動員することによって弱者が勝利しているからだ。過去の力関係はますます新しいタイプの関係に取って代わられつつあり、それは理解もあれば、より正確に言えばしばしば他者を傷つけるような不理解の中で、国連加盟 193 ヵ国の間で日々更新されているのだ。

　国際プロセスにおけるこの観点の勝利により、必然的に他者性の問題が思考の中心に置かれる。国際ゲームは長い間、普遍性が単純化された概念の名の下に、独自の意味体系、独自の世界観を他のすべての者に押し付けることで構成されてきた。そして「他者」は、「劣等人種」、「野蛮」、「蛮人」の世界、

進化の底辺、あるいは歴史の辺境に押し戻された。この軽蔑的レトリックが、力と狡猾さの勝利を伴う最も強力な者の勝利と結びついた時、屈辱は最高潮に達し、憤り、憎しみ、超国家主義、あるいは単純な復讐願望につながったのである。日本は、第一次世界大戦の直後、戦勝国の一員であったにも関わらず、国際連盟規約に人種平等の原則を盛り込むことを拒否された時、あるいはワシントン条約 (1922 年) によって自国の海軍の大幅な削減を課せられた際に、この痛ましい経験をした。その後、日本は、自分たちだけで強くなり、再生しようとした西洋から隔離され屈辱を味わった。日本は、第二次世界大戦の終結時に、今度は敗北者の側にいることに気がついた時、同じ屈辱を感じたに違いない。その後、軍事占領とアメリカの命令によって憲法を制定しなければならなかった。これらすべては、今でも中国や韓国が味わっている屈辱の方がより複雑なのだが、それが大日本帝国の仕業でもあるからである ...

　日本も決して例外ではなく、受けなければならなかった屈辱を少なくとも部分的に緩和する手段を持っていたものの、後遺症の一部を完全に消すことはできなかった。しかし、直接または非公式の植民地化の結果、常に排除されてきた国にとって、そして今日の団結の決定的な部分を「グローバル・サウス」に預けている国にとって、その影響はさらに深刻である。そのため、国際関係学がこの基本的な変数を把握し、理論的装置の主要な概念に組み込む必要があるのである。この長い旅の中で、まずアイデンティティの問題が生じる。屈辱は概念的に 3 つの方法で与えられるが、これらは明確に区別されなければならない。それは*拡散される感情*として、*国際秩序*の状態として、そして*戦略*としてだ。*感情*は、強度と持続性の一定の閾値を超えると集合意識を生み出し、それが時間の影響により、特定の社会的実体に特有の文化となり、支配的なものに対する魅惑と憎悪が混ざり合う社会的行動、政府の外交の実際の基盤となる。バンドン (1955 年 4 月) で生まれ、非同盟運動の中で長く育まれ、現在グローバル・サウスで非常に広まっている覇権を争う外交政策の台頭についても説明するものである。国家は、そこから派生するこの地域秩序または国際秩序で構成されており、世界地図を塗り替え、伝統的な

同盟に挑戦し、逆説的な共謀を引き起こし、主権の原則を破壊する。結局の
ところ、この*戦略*は、それを利用するポピュリストの指導者のように、自分
たちの政策や利益のために大衆基盤を動員する手段、あるいはウラジーミル・
プーチンのように、外部の作戦に頼って国内の支持を強化することを目的と
した手段にする場合もある。そこでは、冷笑主義が誠実さに勝り、国家の奥
深くへ浸透する場合もあるのである。

　複数の輪郭を持ったこの屈辱は、特に現代の国際関係の現実の病理である。
グローバリゼーションは明らかにそれを悪化させ、今や屈辱がますます政治
戦略の糧となり、国際舞台を酔わせるまでになっている。この病理は、この
無限の変遷の所業として残っており、国家とヒューマニティを隔てている。
かつて日本の岡田克也外務大臣が、ドイツのグイド・ウェスターヴェレ外務
大臣とともに「謙虚な外交」の推進を呼びかけた時期があったが、これが将
来への解決策となるだろうか？とりあえず、それが相互依存、流動性、社会
的覚醒というグローバリゼーションの時代において、傲慢さや覇権の概念と
かろうじて組み合わせることができる最善の入り口なのかもしれない…

　最後に、私にとって、日本と私をつなぐ新たな友情の架け橋となり、この
偉大な国の読者の皆さんに敬意を表す機会を本書の翻訳を通して見事に可能
にしてくれた親愛なる友人の福富満久教授に感謝の意を表する。この感謝の
意は、幸運にもこのグローバルな世界でこうして同じ思いを共有できる日本
の皆さん、彼の学生の皆さん、彼がこれまでお世話になった同僚の皆さん、
同様に、私の学生たち、そして私のこれまでお世話になった同僚にも向けら
れている…

ベルトランド・バディ

新版の序文

　「蔑まれし者たちの時代」が出て 5 年が経つ。修正と新たな考えを加えた改訂版を出すことができるのはとても嬉しい。本を出す喜びというのは、筆者の手の届く範囲を超え、議論が深まってゆくことにほかならない。初版を北京、ベイルート、ブエノスアイレス、ローマ、アルジェ、ニューヨークで出版した時、様々な人と様々な場所で意見を交わしたが、屈辱というのは、政治学の研究対象以上のものだということを改めて実感することになった。屈辱というのは、まず何よりも現代国際関係を説明するパラダイムである。なぜならそれは 19 世紀に入ってすぐ現実的に国際関係というゲームを構成した鍵を握る概念であり、現実問題として今もなお大きな影響を及ぼしているものだからである。屈辱は、第一に、ウェストファリア体制の退廃に起因するものである。ウェストファリア体制を享受する者の眼前に世界の海が開かれ、平等の地位を求める「他者」と対峙しなければならなくなったが、彼らは、他者に平等という地位を決して与えなかった。最強の者たちが、初めて一つになりつつある世界を統治すると主張し始めたのと同時に自らの無限の力の倒錯的な美徳を発見したことによって、その逸脱はより悪化していった。この蔑みは当然の結果をもたらした。ウェストファリア体制は、一世代も経たないうちに、ほんのひと握りの者たちによって、全人類に同じルール、同じ価値観、同じ基準に従って生きることを残酷に強制するという恐るべき課題を抱えたグローバルシステムへと変貌することになった。こうして同じ記憶が、少数の人々によって無理やり現実に押し付けられていった。他方で蔑みは、自分たちの仲間に入れたくないと願うすべての人々によって最も実践される政治的手法となった …

　間違いは、冒険の費用は最小限、あるいは取るに足らないものになると信じたことだった。今日支払われるべき請求額は法外であり、日ごとに悲惨以

上のことが明らかになるにつれ、神聖なリアリストの視座のもとに外交保守主義を主張するすべての人々の破産は決定的となった。今日、屈辱は限界への適応の副作用を見せている。つまり、伝統的な国際システムは、永遠と見なされる原則を再生産することによって、この妄執と呼ぶべきものを日常化する。もし私たちがここでデュルケーム流にこの病理について語るとすれば、それは、無意識にしても、制御不能にしても、この妄執が私たち（ヨーロッパ）の外交保守主義の機能不全の影響であり、悲しいことに暴力を含む一連の悲惨な影響を引き起こしてきた原因だということが分かる。そしてその暴力は、状況によるというよりも慢性的になり、政治的というよりも社会的なものになることは、少なからず言えることである。

　これが、国際関係を襲う屈辱が文化であり手段であると考えなければならない理由である。今、私たちは、ウェストファリア体制が自らの行き過ぎと、自らの世界を超えて拡張しようとする動きによって弱体化し、グローバル化した国際システムと統合されていく*瞬間*にいる。屈辱は以前には存在しなかったと言い張るのはばかげている。それは単に特定の事件に関連する一時的なものであっただけであり、今日ではそれがゲームのルールではないにしても、構造的な行動様式になっている、ということなのだ。ここで文化とは、独自の正当化手段を獲得するモデル化された行動を意味する。屈辱は徐々に世界の階層的ビジョンに融合されていき、西洋文明の優越性が国際関係の自然な基盤となり、有名な「特別な責任」を旧い国々に課したのであった。これが彼らに恒久的な「外交上の安全行動」、つまり世界情勢を管理する例外的な権利を与えてきたのである ... その*手段*に関して言えば、まるで皮肉な復讐の法則に従うかのように、昨日屈辱を受けた者が静かに今日には屈辱を与える側になることは、今日ではおそらく誰もが当たり前に理解していることである。

　これは、もはや誰もゲームから逃れられず、「水をかける者が水をかけられる者になる」ことを意味する。それは国際ゲームの普遍的なルールになるまで、今やあらゆるドアの前に屈辱を置くというこの悪循環を増幅させることになる。たとえその起源が正確な歴史の中にあったとしても、この決まり

が決して一義的なままではないことは明らかである。同時に、ゲームはより複雑になっている。支配者たちによって与えられた屈辱が 19 世紀の歴史と次の世紀の歴史のかなりの部分を占めたのだとしたら、屈辱はこれからも複数の運命の中で姿を現していくことになるに違いない。過去に屈辱を受けたことに対する肯定、復讐、または上昇志向、原理主義的動員、アイデンティティ形成や外国人排斥、緊張、逸脱、反抗。おそらく私たちは今、第 3 の段階に来ている。新たな好戦的な対話を開始し、過去に辱めを受けた者が新たに屈辱を与える者となり、過去の普遍主義的宣教師が新たな原理主義者になって、究極の抵抗のしるしとして自らのアイデンティティとその「ひずみ」を振りかざす段階である ...

　この逆転は恐るべきものである。明日の紛争への道へとつながる自己成就的予言の性格を有しているため、サミュエル・ハンチントンの死後の不幸な勝利を確かなものにすることになる。何よりも、それは悪魔的な悪循環と、暴力的な言葉と非難の危険な猛攻撃への道を開くことになる。私たちが忘れようとしていた物語を証言するために書かれたこの本は、魔術師の見習いのように、選挙マーケティングで票を獲得しただけの民主主義を振りかざしている者たちを覚醒させる役割もあるかもしれない。

パリ、2018 年 11 月

目次／蔑まれし者たちの時代——現代国際関係の病理

第1部　国際関係史における屈辱または新たな社会病理の発見　15

蔑まれし者たちの時代
——現代国際関係の病理

序　論

写真1　IMF専務理事と調印するスハルト大統領

ジャカルタで、経済構造改革の実行計画の覚書に調印するスハルト・インドネシア大統領を
見守る国際通貨基金（IMF）のカムドシュ専務理事（左）＝1月15日（写真提供：ロイター＝共同）

　世界中に広まったこの画像とそのコメントを覚えていない人はいないだろ
う。事件は1998年1月15日にジャカルタで起きた。インドネシア大統領は、
まるで降伏するかのように、署名中の文書にかがみこんでいた。実際、そ
れは国際通貨基金（IMF）によって彼に課された50項目の緊縮財政計画だった。
非常に多くの制限が彼の国に影響を与えたが、特にこの国を独裁者として率
いてきたスハルト自身とその家族に影響を及ぼすことになった。その後ろで、
IMFのミシェル・カムドシュ専務理事が彼を腕組みして見下ろしていた。彼
の態度は、すべてが侮辱的でさえあった。

　カムドシュは後に繰り返し抗議し、自分を良い表情に見せるための若い頃から教え込まれた姿勢だったと説明した。それは何も助けにはならなかった。このイメージは、特にインドネシアの報道機関の間で広まり続け、彼らはこれを国民全体が受けた屈辱だと見なした。国際ゲームにはもはや現実主義者が描写する冷酷な怪物のようなものはまったく存在せず、認識されたもの、生きたもの、感じられたものが、変数、数値、パワーバランスだけでなく、意図や戦略的選択よりも優先される。イメージが強い時はそれが独り歩きし、否定したり説明したりしてももはや何の効果もない。ラジオ・フランス・インターナショナルのリスナーは、そこに所属するジャーナリストがこの画像について老いた独裁者の目に浮かぶ涙さえ識別できるとコメントした時、とても信じられないと感じただろうか？

　もう少しこの地域を離れずに歴史を振り返ってみよう。1840 年、大英帝国は中国に対する懲罰遠征を開始したが、その目的は皇帝を罰することだった。皇帝は、女王陛下の船がインド帝国との貿易収支を均衡させるために、陛下の船が帝国に届けていた積荷のアヘンを破棄するよう命じた。だが、それが間違いの始まりだった。ヴィクトリア女王は、1840 年 1 月の玉座演説の際、中国のアヘン禁止運動を「（女王の）尊厳に対する個人攻撃」として咎めるつもりだったが、パーマストン首相はそれ以上に、中国人を「ひどい目」に合わせてやられねばと考えていた。道光帝がこの邪悪な取引と薬の使用で息子のうち 3 人を失っていたことなど、露ほども気にかけなかった。すでに自分たち西洋社会では人間に多大な危害が及ぶために、麻薬が非難され禁止されていたにもかかわらずである。懲罰的な遠征、略奪、そして不平等条約からなる屈辱の長い歴史が極東でこうして始まることになった。

　その最初の署名は、1842 年 8 月 29 日に南京の港でイギリスの*軍艦*コーンウォリス号上で行われた。それは屈辱に関するすべての様式をほぼ網羅しているだけに、この序論で紹介する価値がある。弱体化した帝国は香港をイギリスに割譲し、5 つの港を国際貿易のために開放しなければならなかったが、まさにそこからすべての悪が生じたのだった。そもそも麻薬密売を阻止しようとしたのが間違いだとして 2,100 万ドルの賠償金を追加で支払うことを余

儀なくされた。何よりもこの条約は、他の多くの国々と同様に、中国政府が
ほぼ 1 世紀にわたって耐えなければならなかった治外法権体制の起点となっ
た。外国の貴族や西洋から来た人々は、中国で裁判にかけられないという特
権を有することになった。同胞を裁けるのは同胞だけであった。屈辱のあら
ゆる痕跡は、不平等条約という傑作の下、中国人と外国人との付き合いの
中で日常が形づくられることになるが、それが極めて都合が良いため、1858
年に天津条約によって更新された。主権の喪失、人および国家間の不平等、
合法化された領土および金銭的略奪、能力の蔑み、などからなる条約を明ら
かに、中国は長い間忘れずに覚えており、意識的か否かにかかわらず、この
記憶を大国となった今でも外交政策の基盤に据えているのだ。

　しかし、中国だけがこの屈辱の過去を独り占めしてきたわけではない。オ
スマン帝国にはそれを羨む要素は何もなく、ナショナリズムが激化する中で
誕生することになるトルコは、門がどんな目に遭わなければならなかったの
かを決して忘れない〔訳注　ここで言う門とは「荘厳なる門」のことでオスマン帝国の
スルタン政府の本拠地であるコンスタンティノープルにある壮麗な記念碑的な門を指す〕。
早くも 1535 年に、フランスのフランソワ 1 世はスレイマン大帝から「カピチュ
レーション」（降伏制度）〔訳注　降伏を意味するカピチュレーションとは、オスマン帝国
内の諸都市での通商上、宗教上の特権を指す。オスマン帝国領内に取り込まれていたエル
サレムにある聖墳墓教会やベツレヘムの聖誕教会などのキリスト教聖地の管理権も含まれ
た〕を取得し、フランス領事にオスマン帝国の領土で同胞を裁く権利が与え
られた。この条約は、3 世紀後に軍艦コーンウォリス号上での署名の時と比
べ物にならないほどむしろ友好的な雰囲気の中で締結された。この条約は、
当時コンスタンティノープルにあったヴェネツィアとの通商を監督していた
外交官へ特別な恩恵を与えていたが、そうした伝統も引き継いでいた。それ
にも関わらず、1 世紀後にはウェストファリア体制につながるヨーロッパの
システムが構築されるにつれ、この条約は、免除、階級制度、不平等な主権
からなる真の姿を露わにした。1580 年、イングランド王国は海峡を越えた
隣国に与えられているのと同じ恩恵を獲得し、続いて 1609 年にはオランダ
とオーストリアも獲得した。その後、カピチュレーションはエジプト、ペル

シャ、シャムにまで拡大され、さらには一時的に日本にまで拡大された。このようにして新たな屈辱がカタログに加わった。それらの者たちは侮辱的な振る舞いを続け、その国の主権に従う必要もなかった。しかし、何よりも、屈辱は法律、条約、権利によって彩られ、それはもはや個人の行為だけの問題ではなく、規範の問題になっていった。それは人間関係に限定されるものではなく、すぐにシステムに影響を及ぼすようになった。

こうして外交慣行で屈辱がリスト化され常態化していった。特に、中華帝国当局が「過ち」を犯した際に課せられた「償いの使節団」をどうやって忘れたら良いというのか？植民地化が構築されるにつれて、支配者は法的義務や関税から解放されるという例外的な特権を認めざるを得なかったこれらの先住民にも政府があったことをどのように隠そうというのか？フランスは非常に早くからこの分野、特にアルジェリアの征服に熱意を示した。私たちは、対象となった人々、特に鎖を断ち切ろうとした人々に対して予め用意しておいた罵詈雑言を浴びせた。

ファム・ヴァン・ドンのイメージが自然に頭に浮かぶ。フエの宮廷で高位の息子であったこの男は、ポウロ・コンドルの刑務所に鎖でつながれていたが、20世紀の終わりに、素晴らしいスペクタクル映画によって記憶の中に呼び戻された。グエン宮殿出身で、後にベトナム民主共和国の首相となる男が日々経験した屈辱は、非常に多くの国家建設者にとって普通のことだった。マンデラ、ベン・ベラ、ガンジー、ルムンバ、スカルノ、エンクルマ、モディボ・ケイタやサモラ・マシェル...彼ら全員が刑務所を経験したことがないとしても、象徴的であれ物質的であれ、全員が屈辱を受けた。彼らの多くは国民と直接話をすることができ、そのため同胞の多くは英雄たちが感じたことを知っていた。その感じたこと、考えたことに自らを重ねたいとさえ考えていた。国際化した日常における屈辱は、軌跡、行程、伝記の問題でもあり、それが少しずつ徐々に集合意識を形成していくのである。

このことは、コンゴ独立記念日にパトリス・ルムンバが選んだ方法、つまり植民地秩序下の屈辱の経験を語って役人らを驚かせた演説に全てが明らかになっている。「私たちは黒人であるという理由で、朝、昼、夕方に受けな

ければならなかった皮肉、侮辱、殴打を経験してきた。黒人に対して「おまえ (tu)」と言ったことを誰が忘れるだろう。もちろんそれが親しみを込めた友人に対して使われたのではないことを知っている。名誉ある「あなた (vous)」は白人のみにあてがわれていたからである。」屈辱は記憶であり、集団的な物語であり、さらに決定的なのは創始者の物語であり、法令などによって一瞬にして廃止されるものではない。

　現代の年代記では、国際的に受けた屈辱は、それぞれ特定された悲劇をより強くするように染み込んでいく。イスラエル占領軍によって設置された500 ある検問所のうちの 1 つで立ち往生している出産を控えたパレスチナ人女性の写真。また、2012 年 1 月 13 日、タリバン 3 人の死体に 4 人の米兵が放尿する映像や、アブグレイブ刑務所で行われたイラク人を虐待する映像などを見れば、アフガニスタン人が感じてきた心の奥底の感情を呼び起こすこともできる。アフリカで、アジアで、中東で、報道のおかげで、戦争の路上で人間が引き裂かれ、蠅が群がる中で腐っていく耐えがたい光景を見た人たちも確かにそうだ。一方、西洋のテレビは、ヨーロッパや北アメリカで血を流した悲劇的なニュースが流れるたびに、敬意と尊厳の理由から、犠牲者に関するものは何も放送しない。このようなひどい状況を毎日のように見世物として選択して作り上げなければならないことも、屈辱のもう 1 つの側面である。

　国家による外交は明らかに私たちにまったく異なる顔を見せる。フランソワ・オランド大統領がパリからマリでの大統領選挙の実施や関与した軍隊の撤退スケジュールを公表し、さらにはエリゼ宮から分離主義者であるトゥアレグ族に働きかけ、独自に「真実と和解委員会」の開催を決定したが、その時の外交はマリ国民に屈辱を与えることになってしまった可能性がある。「私たちは、7 月末にマリで選挙があり、それに関して我々は妥協しない」、と彼は 3 月 28 日に述べた。また同氏は 6 月 5 日にユネスコで、「選挙は予定された日にキダルで行われる」と述べた。重要な選挙協議の組織、その日程と方法が、利害関係者自身が正式に発表することを許されずに、旧宗主国である他国によって決定されるに至ったのであった。ここで、もう少し

8

北と南で日ごとに格差を拡大するこの制度に組み込まれた屈辱に触れておこう。

　これらの屈辱の累積的な影響は、今日では重大かつ質的に新規性を増している。人々が自分たちを他者と比較し、絶え間なく交流することを奨励するグローバリゼーションと同様に、普遍的な主張を持ち、形式的には平等主義を目指す国際システムの確立が、一方で屈辱を劇的なものに変え、人々に耐えられないものにしていることは、何も驚くには値しない。なぜならそれは19世紀から構築された国際ゲームの特性であるからである。この意味で、屈辱は、密かに、または明示的に、国際的な議題の中心にある。人々が国際情勢に興味を持つとすぐに、社会的行動としての侮辱は一般的になり、その頻度はますます高まっている。要するに何よりも、古典的な国際関係は平等であり、同等の資源から権力を競うというものであったが、屈辱は政策を形成し、新しい形態の対立を醸成するようになっている。

　この国際的な屈辱の表現は、徐々にあらゆる場所で見られるようになっているが、特にアジアで顕著である。中国では、日本が満州侵略の口実となった奉天事変(1931年)を記念し、9月18日を国旗掲揚とともに「屈辱の日」と宣言した。屈辱の日という名称は、日本が沖縄に対する主権を回復した1952年4月28日に付けたのと同じものである。韓国では、IMF（国際通貨基金）と合意〔訳注　アジア通貨危機の余波で外貨が不足した韓国が、IMFから緊急融資を受けたことを指す。IMF側は融資の条件として、高金利・緊縮政策、金融・企業・労働市場の構造改革政策、資本・貿易の自由化などを要求した〕に至った1997年12月3日を、野党に属する一部の人々が1910年の日本による韓国併合になぞらえて「屈辱の日」と宣言した。幾分奇妙かもしれないが、カナダの中国・韓国人コミュニティは、カナダの祝日である7月1日を「屈辱の日」として制定している。1923年のその日に法律によりアジア系移民に対して自治領への扉が閉ざされたことがその理由となっている。

　間違いなく、このような考えは良く目にするが、その多様性の中で、屈辱は国際関係の安定した構造的な変数となっている。私たちが引用した出来事は、ある者にとっては個人、またある者にとっては国民、またある者にとっ

ては国家にかかわるものである。時にそれらは、私たちの国際社会の基礎原則である主権に関し、しばしば架空で形式的に交渉不可能な国家間の平等の保証に挑みつつ、同時に国際舞台で繰り広げられる象徴的な戦いの中心で、互いの尊厳、評判、さらには名誉さえも攻撃し合うなど、様々な傾向が見られるようになっている。象徴的であれ物理的であれ、それらには常に暴力が伴う。いずれにしても、対峙している者を彼らが望んでいるところより低い地位に追いやるために行動するなど、国際的な日常を支える規範や価値観に完全に矛盾するという共通点が見られる。

　地位とそれに意味を与える価値観をめぐるこの戦いは、かつてエミール・デュルケームによって定義されたように、普通の社会で事実として出来上がったアイデンティティの中に国際的なものをもっぱら確立させただけのことである。[原注3] 地位を求めて戦うこの国際的なアクターは、個人、グループ、機関、集団など、それがどのようなものであれ、ありきたりなソーシャル・ゲームに従って自分自身の欲求を満たすのである。それは屈辱の国際的な*生産状況*そのものについても同様で、その中では「社会の地殻変動」が重要な役割を果たしている。これは最終的にその*客観化*、つまり、寡頭制ゲームが決定的に置き換えられる具体的な外交行為への変換である勢力均衡ゲームに最終的に取って代わる一連の反作用的で前例のない外交への道を開くのである。

　したがって、蔑みの定義として、国際的には期待よりも低い地位に置き、定められた基準に沿っていない威圧的な命令だと見なすならば、国際関係の社会学から少なくとも 3 つの側面がこれに直接関係すると考える。1 つ目は、限られた競争の世界で国際的アクターが主張する、そして主張できる*地位*の問題である。2 つ目は、権威の資源を持っている国が、権威を持たない国をより低い地位に追いやることを可能にする象徴となるものを*使用*することである。3 つ目は、認識は、それぞれ実践する主体が、自分たちに向けられたものを認識し受容して構築しているが、まさにその*主観性*の部分である。

　言い換えれば、ここでは屈辱は心理的特性としてではなく、国際システムを構成する単位、つまりアクターに対する国際システムの*影響*として考慮されているということである。屈辱は、客観的には、人間のために構築された

システムの非人間化の一形態として現れる。屈辱は、私たちにアルジェリアとマダガスカルにおける最初の抑圧的動乱を想起させる。屈辱は、私たちを 1947 年 5 月 10 日に『コンバット』誌に掲載されたカミュの以下の美しい文章へと誘う。「もし今日のフランス人が、昔のフランス人にアルジェリア人やマダガスカル人に対して憤慨しないように時々用いた手法を学ぶとしたら、それは、彼らが無意識のうちに、これらの人々よりも優れているという確信に基づいて生きており、この優位性を説明するために適切な手段を選択することなどほとんど重要ではないのだ」。

この構築された優位性は、国際関係における屈辱の原動力であり、今日の人々の心の中では昔に比べて弱まっていると見なされているが、むしろその逆である。構築された優位性を主張している人は、多くの場合、本心からそのことでなぜ彼らが非難されなければならないのか不満を持っており、そもそもそれは個々の選択を超えたものであり、国際システムが担っている責任とは違うものだと考えているのである。したがって、そのような考えになっていること自体、私たちがそれを特定する必要があることの証拠である。したがって、私たちは屈辱を、単なる感情の問題であり、必ずしも権威関係の一部ではない恥と区別する。それはまた、暴力に由来し、その最も悲劇的な側面において屈辱との関係をはるかに超えたトラウマとも区別されるだろう。これは特に大量虐殺の場合にも当てはまる。暴力の使用は確かに屈辱を生み出す可能性がある。しかし、それは自らの取り組み自体を正当化する完全な破壊への願望に属するものである。

同様に、ルサンチマン（恨み）というものと屈辱を同一視することもできない。ニーチェ、次いでドイツの哲学者マックス・シェーラー[原注4]によって行われた分析では，恨みは受けた屈辱に対する受動性として把握されている。ニーチェは、それを「ありのままの自分を愛せず、それでいて、自分に対する真の反応と行動を禁じる」人の態度と考えている。この点において、恨みは自己軽蔑に近い。シェーラーによれば、私たちを支配する者に対する軽蔑を「無力な羨望」と見なすことが、フラストレーションを克服する唯一の方法であるとしている。私たちはニーチェの言う「奴隷道徳」の中にいる。

　この「価値の一覧表の偽装」（シェーラー）は国際関係において明らかに見られる。恨みや呪文、呪い、無力感からなる憤りとそれ自体のレトリックは、支配され、非難され、さらには嘲笑される人々のありふれた特徴として表現されることが良くある。しかし、それは私たちの主題をカバーすることからはほど遠いものだ。つまり、すべての屈辱が無力や言葉の魔法だけで解消されるわけではない。すべてが支配されたからといって奴隷的な道徳が育まれるわけではない。屈辱に直面した際の国際的に見られる姿勢の多様性はそれを超えており、おそらく今日ではさらに厚みを増しているだろう。屈辱と恨みという2つの概念が交わらないことを確信するには、脱植民地化戦争、あるいは私たちに近いところでは尊厳（カラマ）を取り戻すための正真正銘の賛歌である「アラブの春」を想起するだけで十分であろう。

　国際関係における屈辱は、多くの観点から、社会心理学が意図していることを超えている。にもかかわらず、この種の研究に最初に取り組んだのは社会心理学であった。社会心理学は、心理的性質が社会的コミュニティ内で共有された場合に、どのようにして社会的出来事、特に深刻な形態の暴力を引き起こす可能性があるかを確認することを提起する。

　私たちはここで別のアプローチを試みる。それは、国際システム、つまり、特定の時点で特定可能な一連の国際的な慣行と基準の取り決めがどのようにして自動的に屈辱を生み出し、それによってどのような外交的な反応が引き起こされるのか、ということだ。そこにはさまざまなタイプがあるだろう。それを私たちは丹念に類型化していきたい。私たちは、現実主義が勝利を収めた時代には無視されていたこの力学が、現在では極めて重要であり、現代の国際関係の理解にとって決定的なものとなっているという仮定から出発する。私たちの仮説は、今日の大国間関係に影響を与えている混乱が、より多様かつ深淵で新たな屈辱の使用法を生み出し、屈辱を受けている、あるいは辱めを受けていると信じている人々の敵対的な認識を復活させ、激化させ、その結果、これまでに見られなかったような新しく、そしてしばしば機能不全に陥ってしまう外交形態が生み出されていることを提示する。私たちは、デュルケミアンまたはメルトン社会学に沿って、国際システムを、すべ^{原注5}

ての社会システムに共通する悪、特にアノミー〔訳注　社会学者デュルケームが用い始めた用語で社会的規範が失われ、社会が乱れて無統制になった状態。社会の解体期に発生する〕、逸脱、機能不全に悩まされている通常の社会システムとして意図的に見てゆく。

　ただし、この特定の方向性によって、他の場所で行われている作業が中断されるわけではない。主に社会心理学に根ざしたもので、エヴリン・G・リンドナーの議論は特に重要である。[原注6]彼らは屈辱を「暴力的紛争の発酵」として提示し、特にドイツ、ソマリア、ルワンダの現場での聞き取り調査を進め、権力行使の手段として屈辱を倒錯的に利用した場合に見られる影響を明らかにしている。この研究自体は、感情と国家主義者の動員を結びつけるトーマス・シェフの研究と、[原注7]殺人的暴力の根源に関するアーヴィン・ストウブの研究の続きでもある。[原注8]

　これらの業績が、特に屈辱の好戦的な性質を見定めることで、暴力の根源に関する知識を深めるという大きなメリットがあることは疑いの余地はない。これらの研究は今日、アメリカの政治学者ジェームズ・デイヴィス、テッド・ガー、その他多くの研究者らの仕事を発展させて、社会的フラストレーションが自己のイメージを直接攻撃する場合にとる、より活発になる諸形態があることをつまびらかにしてくれる。エヴリン・リンドナーがグローバリゼーションの文脈におけるこの現象の重要性を強調するのは全くもって正しい。グローバリゼーションが暴発しないように、当然のことながら、すべての人が満足できる真のグローバル資格化 (globequalization) を促進し、一部の人を屈辱から守り、他の人をグローバリゼーションが必然的に引き起こす反動的な暴力の影響から保護しなければならない。喜んで、私たちはこうした道筋の中で、新たな外交政策がどうあるべきかという、今はまったく手探りの状況にある基盤をはっきりと見つけたいと考えている。

　しかし、そのようなビジョンは国際主義者を完全に満足させることはできないかもしれない。社会心理学の視点から見ると、屈辱は切り捨てられているように見える。今日、私たちはそれを単一の人間関係に限定し、単にアクター間のゲームの計算上に置くことはできない。国際的な冒険として屈辱を

見出そうとするために、私たちはまず、時代を超えて私たちを導く歴史の発明の中で蔑みを構築し、特に文脈の中から創造力を駆り立てそこから生まれる複数のタイプの屈辱を示していく。そうすることによって、私たちは、現在の国際システムに比類のない屈辱的な能力を与え、永続させてきた主な要因を通じて、この病理を現代の文脈で特定することができるだろう。その時、私たちは、これまであまりに単純にも個人によるものであると解釈してきた新たな紛争、急進主義、原理主義、そしておそらくより激化している破滅的な暴力を特徴とする新たなタイプの動員で構成される問題の全貌を知ることができるようになるだろう。それは国際システムの深い病理を表現しており、その変形や不適応に関して私たちが目を背けてきたものなのである。これらは、一部の人が言うように、言い訳の始まりではなない。政治学の古典的なカテゴリーに還元できるものでもない。国際社会の現在の行き詰まりから抜け出すために、その治療と治癒のために、理解しようとする真の試みなのである。

第1部
国際関係史における屈辱または
新たな社会病理の発見

　単純な人間関係として考えると、蔑みは永遠であると同時に普遍的なものである。常に、どんな者でも満足を得るために他人を支配し、より自分のエゴに奉仕させるため、そしておそらくは自分の倒錯を満たすために、相手を自分よりも下に置きたいという誘惑にかられる。社会関係にますます影響を与える競争と個人主義のゲームによってこれらすべてのトレンドが加速し、激化していると私たちは考える。屈辱と現代性の間には必然的に関連性がある。_{原注1}何よりも、権威の論理の破壊はフラストレーションを引き起こし、したがって屈辱を引き起こし、同様に無意識に反発を引き起こすことが理解されている。ローマの平民たちは、軍隊の中でと同様、都市の経済活動で増していく自分たちの重みというものを意識しながら、アヴェンティヌス川に撤退し、都市から自ら離れ、独自の評議会を設立して、貴族に自分たちを認めさせることで、ますます強く感じていた屈辱に対処する方法をすでに知っていたのである。

　歴史が繰り返され、規模や計画が変わったらどうなるだろうか？そして、もしローマの歴史に関するこの短い物語の中に、現代の国際システムにおけるローマ人国家の外交が見い出せるとしたら、その評議会は1955年にバンドンで開催されたはじめての「非同盟諸国」会議中に設立されていたであろうか？そしてG77からBRICSに至るまで、新旧問わず蔑まれた者たちが権力を握るにつれ、とめどなくその権力構造は更新されることになるだろうか？もし反システムに対しての誘惑や外交上の抗議への愛着や逸脱に対する同様の誘惑にかられた場合、そして最終的に貴族的なG7の当惑した反応に直面することになった場合はどうなるだろうか？もしその歴史が今日、付属

品から必需品に、出来事から特性に、そして様々な事情が重なりあった状況から構造に変わったらどうなるだろうか？

　実際、この質問は本質的に私たちを現在に戻すことになる。それは、より遠い時代の国際的な日常にほんの少しだけ置き換えることができる。18世紀の終わりまで、戦争はその儀式が完全に内面化されており、最高の政治的トーナメントのように、合意に基づいたゲームとして勝者と敗者を公平に区別していた。後者は力の法則を受け入れ、彼を打ち負かした者が行う戦争の勝利の儀式にさえ参加しなければならなかった。古代から、ブレンナスの「敗者への災い」はすでに戦争法を完璧に表現しており、その法が行使された者は、あまりにそれが完璧なため、その中に受け入れられてしかるべき規範の成就を見い出していた。自殺すれば征服者の勝利の儀式に参加しなくても良くなるかもしれないが、ローマでは自分は死すべき存在であり、*傲慢さを抑えなければならないこと*を忘れさせないようにあらゆることが行われた。それどころか、勝利の儀式では、喜劇役者たちが単なる人間でしかないことを思い出させるために、必要以上に人を蔑み、殺さないように冗談めかして勝利の栄光に酔った将軍をからかったりする場面も用意されていたのだ…

　ウェストファリア時代には、非常に迅速に和平が締結され、自動的かつ冷静に力関係が修正され、しばしば新たな王朝同盟が決成された。いずれにせよ、このゲームは暗号化されており、主にエリート層が参加し、通常、社会の大部分は蔑みの矢面に立たされることから除外されていた。この規範の漸進的な破壊と国際ゲームへの社会全体の関与の増大により、国際関係において屈辱は徐々にありふれたものとなり、繰り返される苦しみとなった。これらが人々の共通の生活と融合し、戦争の歴史が変化するにつれて、新しい形の蔑みがこれまでにない形の外交を生み出すことになるのである。

第1章　共同生活の罠

　なぜ国際的な日常はこれまでずっと例外でなければならなかったのだろうか？なぜ、それは他の社会的な日常と異なり、また決してそれと同じようにならないのだろうか？現実主義者は今でもそれが特別で法の普遍的適用が除外されるものだと信じているが、何をもってそう言えるのだろうか？議論を活気づけたい人たちにとってそれは「冷酷なモンスター」だからだろうか？でも、彼らは何を気取っているだろうか？それを管理しているのは非常に小さな寡頭政治であり、社会の大多数は外部に留まっているからだろうか？しかし、さまざまな形で世論がますます影響力を増している今日においても、これは依然として真実なのだろうか？日刊紙が「国際」に割いているページは、他のこと、すなわち社会運動、社会を投影する暴動、暴動から発展した内戦、国際的に燃え上がる非常に多くの現象について、ますます多くのことを論じている。

社会の地殻変動

　私たちは問題に近づきつつある。「剣闘士の闘技場」(ホッブズ)上で政治エリートたちが独占的に行使していた権力を奪いながら、諸国家は国際社会の中で、自らの社会基盤を無視して衝突している ... どうして今日においてそのようなことが可能になったのだろうか？世界大の貿易の信じられないほどの増加、あらゆる種類の交流の加速、そして何よりも通信革命により、距離が縮まり、国境が破壊され、たとえこれらの関係の強度があちこちで不平等

であったとしても、すべての人がすべての人たちと連絡を取れるようになっている … 実際、国際的な日常はグローバル化し、つまりそれはますます仲介者の立場が奪われているということになる。過去に国家規模で起こったことは、今日では、明らかに異なった形だが、地球規模で孤立、相互無知、コミュニティの壁がなくなっている。そうなると、富、安全、苦しみ、希望、制約、さらには感情においても、誰もが他の人に依存することになる … もしそうなると、これは特に蔑みの肥沃な土壌となる …

　社会学者にとっても肥沃な土壌である。昨日は見えず、一昨日前には考えもしなかったこの地球規模の社会空間は、かつてエミール・デュルケームが国家について考えた疑問を思い起こさせる。この社会秩序はどこから来るのだろうか？どのように自分自身に秩序を課すのか？疑いもなく、世界レベルについて言及する時も、答えは同じか、ほぼ同一のものとなる。それは、交流、相互作用、コミュニケーションの密度の増加によって、その量と社会的多様性が継続的に強化されることによって、秩序を自らに課すのである。私たちは毎日、平凡で日常的な活動の中で、どれだけの国際的な（より正確には世界的な）活動を達成しているだろうか？消費することによって、情報を提供することによって、楽しむことによって？私たちの祖先は 19 世紀あるいはそれ以前の数世紀にどれだけのことを成し遂げたのだろうか？この密度がより高まった社会は例外とされるべきだろうか？また社会学者の分析枠組みから除外されるべきだろうか？そして、なぜそれは特定の社会的行動を引き起こさないのだろうか？この特定の社会的行動が、彼らに奉仕するのと同じくらい彼らを拘束する政府やその外交政策に影響を与えないのはなぜなのか？彼らの意志に反して新たな国境を越えたポピュリズムを芽生えさせるためだろうか？

統合の欠陥

　デュルケームと彼が当時私たちに与えてくれた答えに戻ってみよう。産業社会の進歩、その成長が引き起こした大変動、そしてマルクスがすでに指摘

していた紛争の危険性を目の当たりにして、社会学者は社会秩序の基礎、複雑さと統合を結びつけ得るこの神秘的なパラドックスについて疑問を抱いていた。この問題は今日でも少しも古びておらず、国際主義者に容易に挑戦している。世界はより複合的になると同時にグローバル化している。紛争は途絶えることなく存続し、暴力もまた消えることはないが、それでも国際秩序があるという仮説は残っている。いくつかの言説とは対照的に、国際的な日常は、人々が好んで言っているほどには混沌とはしておらず、時には 19 世紀末、エミール・デュルケームの眼下で工業化を進めていた国々と比べても、ほとんど混乱していない。最小限のルールによって、必要最小限の国際秩序が確保されているとされる。

　『社会分業論 (*La Division du travail social*)』の著者 (エミール・デュルケーム) が初版の序文で述べていた鍵となる質問が「国内主義者」と「国際主義者」の間の共通の考察の基礎として役立つ。「なぜ個人はより自立的になる一方で、より密接に社会に依存するのか？どうすればより自立し、より連帯的なものになるだろうか？[原注1]」ある分野から別の分野への転換は、実際には 2 つの異なるフェーズで行われる。1 つは、個人がグローバル化された相互依存関係にますます入り込みながら、自分自身を主張する世界空間のフェーズである。もう 1 つは、国家が主権を保持し強化すると主張しながら、ますます相互に依存する国際システムのフェーズである。

　デュルケームは当時、社会の中で共に生きることの難しさについて自問することで、自らが提起した矛盾に取り組むことができた。彼は、そのような緊張が社会的分業の実現様式にどのように影響を及ぼしたか、そして社会的分業がいかに個人を分断し、それゆえに相互依存をより一層強めながら互いに分離させていくのかを、論文の核心で示した。今日、グローバリゼーションは、それ自体の規模で同様に機能している。つまり、分割と統合、包含と区別、原則において平等を宣言する一方、実践においては平等を破壊する。必要なすべての要素が、それぞれの国際的な出来事の親密性の中で屈辱を最大限の高みにまで至らしめるように …

　デュルケームは、彼の社会学のおそらく最も重要な部分を、不明瞭な証明

の上に据えていた。「通常、分業が社会的連帯を生み出すとしても、それにもかかわらず、まったく異なる結果、さらには反対の結果が生じることが起こる [...] 他の場所と同様に、ここでも病理学は生理学に対する貴重な補助手段である。^{原注2}この社会病理は、一般に受け入れられている社会ルールの欠如を裏付けるアノミー、またはフラストレーションを引き起こす一連の強制のいずれかにつながる可能性がある。つまり、「そういった強制は、規制が本質的なものに対応しなくなった時、そして、力によってのみ支えられている慣習の根拠もなくなった時に決まって始まるのだ。」^{原注3}

これらの状況は両方とも、国際主義者にとってますます身近なものになっている。1つ目は、国際システムが規制できないために緊張に至るということである。これには支配されている者が共通の日常の統治様式にアクセスできないという永続的な不満が明確に存在する。今日のアフリカには、この悲劇的な状況を引き起こす紛争がたくさんある。これは実際、世界空間を襲う物理的かつ象徴的な統合の欠陥を意味する。2つ目は、互いの期待の進化や世界空間の客観的な変化にもかかわらず、国際システムの状態を強制的に維持する手段としての様々な規格の乱用に関するものである。これは、かつての姿のまま凍結された統治形態と、グローバリゼーションの現在の現実との間に大きな矛盾があることがまさに証明している。

国際システムは、その閉塞、不平等、そして2極体制の消滅によって残された空白とともに、無規律な分業と制約された分業の間、つまり当時デュルケームがヨーロッパ国内を観察した時に恐れていた2つの病理の間で劇的に進化を遂げているのである。言い換えれば、国際社会は権威主義と無秩序の間の永遠のジレンマの人質のようなものに思われる ...

国際システムは、権力の過剰蓄積と、その一方で拡大する権力の有効性の欠如の間で引き裂かれ、無規律状態と制約の影響の中で動きが取れなくなっているのだ。それは前例のない形で目の当たりにすることができる。すなわち権力が無力感につながり、紛争はもはや主導権争いでもない単に不平等を表したり、統治は寡頭制を単に再利用しているに過ぎないのに、すべての人々を取り込むことを主張したり ... 傲慢と蔑みの非常に多くの病理が、これら

すべてが反作用する対立の基調の中に落ち着くのである。この新しいゲーム
は、ウェストファリア時代の古典的な勢力争いで一般的だったゲームに代わ
るもので、さらに寄せ集めの国際舞台を共同で管理する権利と能力を相互に
認めた対等な者同士が戦う舞台になっているのである。そこでは、類似した
者同士が合意関係を取り結ぶように、お互いの主権を認め合う実体的な並置
にこだわっているのだ。それが秩序というものであり、デュルケームが無意
識的であると考えていたものである。

　このように、蔑みの実践は、現代の国際システムが苦しむ病理の一つの痕
跡となる。それは、1648 年のヨーロッパで確立され、国家と国民の主権の
共存として考えられていたウェストファリアの順応主義から離れるにつれ
て、成長し、より複雑になったのである。このシステムは「似た者同士」と
いうものに基づいており、平等ではないにしても少数の同様の権力に制限す
ることで共同生活の罠を減らし、連帯を神聖化する家族や王朝の結合によっ
て結びつけられていたのである。^{原注4}世界に扉を開き、違いや多数や不平等にお
いても考慮したものの、国際システムはすべての人に受け入れられるルール
を作り出すことができず、また作る気もなかったのである。さらに悪いこと
に、国際システムは、時代遅れで効果のない古い規範を、それを認めていな
い人々に対しても、しばしば強制的に押し付けたのだった。その後、蔑みは、
意識的か無意識的かにかかわらず、国際的な行動様式として幅をきかせるよ
うになり、外交の一形態としてほぼ制度化され、機能的で、日常的で、避け
られないものとして必然的に結晶化されていったのである。マリでの選挙の
仕組みがパリで発表されたように、ある国が核兵器を所持しながら、もう一
方の国がそれを所持することを禁じているように、あるいはブラジルのルー
ラ大統領やトルコのエルドアン大統領が、2010 年 5 月のイラン問題に首を
突っ込もうとした時に、新興国がデリケートな国際問題の解決に関与できる
のかと嘲笑されたように。

　このように蔑みの問題は、失敗した統合の歴史や、現代の国際システムが
強固でグローバル化した社会的結びつきを生み出す能力がないことや、ウェ
ストファリア同盟を優先することを目的とした強迫的なメカニズムを備えて

いることや、グローバル化を織り上げるための横断的なつながりが求められる中でセクター化されていることや、国際的な分業を前にして、必要最低限の連帯を呼び起こすことしかできないことなどを私たちに明確に想起させる。権力がもはや機能しなくなったり、ひどく悪化したりする一方で、統合は失敗し、逆説的にその領域が絶えず縮小していくのを目の当たりにすることになる。だが、それはつまり世界レベルでの弱い一貫性が、今や地域レベルでの失敗と国家レベルでの増大する脆弱性につながっているのだ。そこから生じる失敗の部分は、強制的で象徴的な暴力の卑劣な形態に頼ったり、相手の期待を満たす基準を下回るほど強制的に相手を跪かせるメカニズムに頼ったりすることによって運用されるのである。こうして蔑みは外交を補助する役割として重宝されるのである。

　その時、国際主義者たちが集まった小さな世界で避けられない混乱が生じ統合の問題が権力の問題に取って代わることになる。病理は、もはや最強の者の衝突や剣闘士の対立によるものではなく、剣闘士が小さな者、ランクのない者、侵入者、世界秩序において取るに足らない者たち、そしてさらに悪いことに、成り上がり者を統合することができないことに起因している。つまり、統合は世界秩序に関するユートピア的な言説ではなく、つながりや連帯を生み出すことができない軽蔑の戦略に取って代わるものとなるのである。中国に対する大きな恐怖、サッカーとサンバだけに限定したいブラジルに対する軽蔑、白い砂浜を賞賛する観光会社のカタログにしか載っていない南側に対する当惑！この失敗した統合は、デュルケームが国家の枠組みの中で予見したのと同じリスクをもたらすのである。

ステータス障害

　したがって、国際社会は*地位*をめぐる永久的な戦いの場となる。状況の変化は新たな願望と希望を生み出し、その対立が活発になるにつれて状況は急速に進化し、舞台上のアクターがますます多様になり、獲得した地位が高まるにつれて、ますます壊れやすくなる。したがって、各国の外交政策はあり

きたりな大げさなものとなり、合理的に期待できるものよりも数段上のイメージを示すことになる(*行き過ぎた外交*)[原注5]。この国際標準の破壊により、他の者はダウングレードのリスクから身を守るために自分のパフォーマンスに挑戦するようになる。まさに蔑みの仕組みが動き始めるのだ。

　私たちが使用しようとしているこの分析枠組みは、社会哲学の起源の一部である。人間が自然状態から抜け出す時、ジャン＝ジャック・ルソーは、他者と永続的な関係を築くことの危険な影響をすでに指摘していた。彼の目には、人間が社会に参入するということはそれまで維持してきた自己保存の本能と他者に対する憐れみが融合した本能が消滅することであったが、一方でそれが虚栄心、傲慢、自己主張、名声の追求につながってゆくのだ … 国際[原注6]主義者(のテーゼ)は決して場違いなわけではない。つまり競合するそれぞれの外交政策の成果を測ることができる非常に多くの特徴がある。それは国際関係の増大する相互主観性の鉄則のようなもので、一方の地位は完全に他方の認識に依存し、一方の成功は他方を貶める能力があるかどうかに依存する。したがってある国の力は他の国を貶めることによってのみ維持されるのだ。国際関係におけるリアリズムの創始者の一人であるハンス・J・モーゲンソーは、国際的威信をそれほど「重要」とは考えなかったが、「社会的承認への欲求」とつながっており、「潜在的にダイナミックな力」を構成するということには気づいていた。彼は、まさに「他人が自分の特質、知性、力に与える敬意によってこそ、その者は自分の優位性を十分に享受できる」と考えたのだった。したがって、モーゲンソーは威信の目的を「他国に感銘を与える」ことであると強調した。彼の心の中では、「外交儀礼」と軍事力の誇示が「最良の手段」[原注7]だった。こうして、威信に対する攻撃や公的な屈辱の例をいくつか挙げている。1946 年、ナチズムに対する勝利を祝うパリでのパレードで、他の大国が最前線に席が用意されていたにもかかわらずソ連の大臣が 2 列目に置かれていたため退席した … こうした光景は、ここでもまた他の場所でも、何度繰り返されたことだろうか！

　モーゲンソーは、エチオピアにおけるイタリアの例を挙げて、威信政策が「やりすぎ」て見栄を張ったり、あるいは逆に過剰に制限することによって「不

十分」であったりすることで、一般的に「腐敗」に向かっていくということを示してその章を締めくくっている。^{原注8}だが重要なのは、彼が腐敗のもう 1 つの側面、つまりそれが生み出す非対称的側面を脇に置いたことである。彼にとって威信というものは、ソ連の大臣が感情を露わにした時のように、権力をめぐる競争の時のみに呼び起こされるもので、決して弱者が感じる屈辱の中に呼び起こされるものではない。ムッソリーニのアフリカ遠征は危険なほど無謀だと考えられていたが、エチオピア王 (le négus) とエチオピア国民が受けた屈辱は全く考慮されていない。

　そんなわけで、ルソーが当時表現した恐怖には十分な根拠がある。それは、制御されていないゲームの中で、社会的不平等の根源が現れ、それが国際社会にも容易に置き換えられることができるのを見る恐怖である。哲学者が辿った跡は、2 つの意味で私たちの関心の対象を理解するのに役立つ。彼はまず、他者性が制御されなくなると、つまりすべての人が受け入れる規則に含まれるとすぐに、国家の自尊心が高まり、それによって傲慢になることを示唆している。これは、目の前の人々から尊敬を集める能力が制限されれば、威信の決定的な崩壊を招くということだ。この意味で、傲慢とは、屈辱の中で現実化される 1 つの暴力である。

　しかし、ルソーの貢献はもっとその先にある。彼の著作は、威信の追求が国際ゲームにおける原動力となり得ること、それは外交行動を考える上で当然のことであり、相手に屈辱を与えることが征服戦略として一種の鉄則であることを私たちに示唆している。それが「クラブ」のメンバーであるということだ。P5（常任理事国である 5 ヵ国）、G8、あるいはこの国際ゲームが好んで生み出す「友達グループ」はその征服戦略を実行しており、他国が参加できないのは、参加している国々の意志、あるいは慈善、寛大さによってのみ参加が認められていることを教えるための方法でもあるからだ … もう一方に介入するということは、こちら側がもう一方に平和や儀礼あるいは民主主義の確立を施す義務があることを意識させることになる。したがって国際社会の一般意志だけが、威信の精神が生み出す屈辱を消し去ることができるのである。ここで私たちは多国間主義の救いの美徳が現れ始めるのを目にするが、

私たちはまだそれからはまだ遠い、それもかなり遠いところにいると言えよう …

　このような状況下では、なぜ国際関係において*承認*が非常に重要であるのかがわかる。ジャン＝ジャック・ルソーを離れて[原注9]、次に私たちは、人間の状態を、お互いが相手に認められるための闘争であると考えるヘーゲルの視点へと移ろう。この原則は、国際領域においては他のどこよりも明白である。なぜなら、ホッブズによって拒否され、彼の主権主義的後継者たちによって非難されているコモン・ローや国際法は、地位を権威的に生み出したり、自らに課したりすることがより困難であるからである。なぜなら、一方が望む主権は、他方によって正当に*認められた*場合にのみ有効であるからであり、これではほとんど制御がきかないからだ。

　さらに悪いことに、承認は多数がいる中でよりも少数の方が、多様な人々の間よりも似たような人々の間の方が、あるいは、はるかに異なる「系統」のアクター間よりも同じ制服を着たアクターの間の方が獲得しやすい。少数の同様の人々の間では、ヨーロッパ協調主義時代〔訳注　1815 年ナポレオン戦争後、1914 年まで列強間のバランスを維持し、ヨーロッパでの紛争を避けることに貢献した時代を指す。別名ウィーン体制とも呼ばれる〕のように、あるいはおそらくその時代を超えても、容易に共闘関係を取り結ぶことができる[原注10]。規模の違いがある中で、植民地化を成し遂げて頭角を現したり、あるいは、さらには脱植民地化を成し遂げる上で目的を達成する場合にはさらに困難となる。今日でも、小国がその弱点を補うために、大国を模倣することによってのみ、目的は達成される。だが小国が譲歩しない場合は、承認を得るのはさらに困難になるだろう。さらに、もしある国が謙虚さでもって、その国家が有する以上のアイデンティティを主張するために資源を組み合わせるとしても、その期待する認識は全く得られないだろう。侵入者が謙虚に、最小限に自分の意見を言う権利だけを主張する場合のみ正当だと見なされるのである。

　こうして理想的な国家タイプにどれほど近いかによってアクターは分類されるが、その中でも「ほどほど」である国家を階層の上位に置くというこのわかりにくい基準の中での現代のグローバルガバナンスゲームがどれほど複

雑であるかがわかるだろう。その分類は曖昧で、それを行う者の善良な気質を単に表すものであり、評価されるのは、外交を支配する国家の政策と一致している場合に限られる。

　これは、ドイツの社会学者アクセル・ホネスによって分析された「承認の否定」の国際的な重要性を示している[原注11]。それは、相手が主張するアイデンティティを否定し、こちら側が設定した目標を相手が達成できるかどうかを試すやり方である。こうした「精神的傷害」は、恐るべき外交兵器となる。俎上に乗せられた人物の信頼性(物質的および/または象徴的)と関連して、国際ゲームで排除されたり疎外されたりするという客観的な屈辱と、国際ゲームで劣っていると見なされるという*主観的*な屈辱を生み出す。ポール・リクールによれば、この視線に対して、誰もが他人の能力と比較して自分の能力をどのように見ているかを認識する、としている[原注12]。19世紀のヨーロッパ協調主義から一般的に除外されていたオスマン帝国や、EUに加盟できるかどうか疑問視され、対等だと認めることを拒否されているトルコ・エルドアン政権や同様にブラジル・ルーラ政権も、隣人の核問題を解決する権利を認められていないのである。

　その後、国際ゲームは「地位の獲得をめぐる競争」となるが、少なくとも国家間では、国連憲章が宣言する国家の主権的平等以外に互いの能力を客観的に定義するいかなるルールも規定されていないため、さらに議論が深まることになる。それ以外には、地位をめぐる競争は自由であることが前提となっており、その正当性は相手の判断によって決まる。もしその判断する側に十分な資源があり、組織内での地位が認められていれば、彼の判断はなおさら屈辱を与えるものと見なされるだろう。

　このように、国際ゲームでは「地位獲得競争」がますます一般的になってきている。2極体制の終焉がその競争を激化させたことは疑いの余地がない[原注13]。冷戦中、地位は2つの対立する同盟のいずれかの立場に依存していた。ゲームから離れたり、その規範的価値に疑問を抱いたりすること自体稀であり、さらには多くの場合危険なものになった。バンドンの精神は、この最初の現れであり、すぐにその限界を露呈した。植民地化と非同盟の主張から生じる

国家の地位は、彼らにアメリカの保護が与えられるか、ソ連の保護が与えられるかは、暗黙の合意によって極めて迅速に決められた。最初はパキスタンとスリランカ、2番目はインドとエジプト…

冷戦の終わりとその先

　この2極体制への依存は間違いなく不完全な認識の形態であり、したがって屈辱を与えるものだった。しかし、システム下においては、誰もが平等に影響を受けるルールとなっていたため、これはむしろ節度のあるものであった。この屈辱が実際にその激しさとして現われたのは、2極体制に反発が出始め、個人のおびただしい亡命の影響で崩壊し始めた時である。この時の不和は基本的に、両陣営内の共同管理に対する期待の失望と、アメリカ側の認識の欠如に基づいていた。ド・ゴール将軍は、北大西洋条約機構（NATO）の統治に関する理事会の設立を求めた1958年9月の覚書がほとんど考慮されなかったことに屈辱を感じた。彼は、ロンドンとワシントンの間で、核協力が積極的に確立され、バミューダ（1957年3月のアイゼンハワーとマクミラン間で、1961年のケネディとマクミラン間で）、そしてナッソー（1962年12月のマクミランとケネディ間で）で結ばれた特権協定を侮辱と受け取った。1962年5月17日、ケネディ宣言は国家攻撃部隊を拒否したが、2日後、エリゼ宮で開催された会議でフランスは独自の核政策を発表することになった。こうして迫り来る屈辱に直面した最初の「権利の奪回」として「偉大さ」と「独自外交」の政策が構築された。

　アメリカの不屈の精神は、構造化されたシステムの内部で屈辱の論理を目覚めさせたが、他方で、それを抑制することもできたはずである。これは確かに東で見られた（ロシアがやった）ことと同じであった。毛沢東は1950年のスターリン訪問中に個人的な屈辱を受けたが、政治・軍事レベルでも（朝鮮戦争中や1959年のチベットの蜂起）、経済援助の点でも何の見返りも得られないと気づいていた。蔑みがその価値を最大限に発揮するのは、同盟関係に自発的に帰せられる物質的かつ象徴的な利点がもはやなくなったときである。

　冷戦と2極体制の終焉は、地位をめぐる競争の急激な自由化のように見える。これは今後、自由市場、あるいはほぼ自由な市場で獲得されるべきものでなければならない。自ら主張する地位をそれぞれが誇示することで、他のすべての者は、同盟の論理をまったく、あるいはほとんど考慮せずに、裁判官として振る舞うことができるようになった。したがって承認を得るためには検証されなければならない。いかなる拒否や矛盾も、国際システムの反応として屈辱の刻印として解釈されることになる。そしてそれは特定の瞬間における権力、価値観、制度の配置からほぼ機械的に解釈されることになる。

　アメリカの国際主義者ロバート・ギルピンは、壁がまだ崩壊していなかった時から、このことに気づいていた。彼は、東西対立の規範が消滅するとき、威信の序列は戦争の重大な原因となることをすでに確信していた。^{原注14}このような不協和音と、そこから派生する屈辱感の連鎖は、東西対立の規範が消え去った時にさらに強まるということは容易に理解されるだろう。2極体制が非常に早い段階から周縁部で侵食されていたことは事実である。ほとんどの植民地戦争は、旧大国が反抗勢力に対して無謀にもすぐに信頼できる地位を授けなかったということによって生じた。ところが一旦独立が獲得されると、大国は弱者をおだてて自分たちの陣営に引き付けようと動いた。

　1989年以降、国際社会における緊張の歴史全体が、あるいはほとんどすべてが、要求される承認と与えられる屈辱の弁証法に吸い込まれているかのようである。しかし、この現象には、ギルピンが描いたものとは異なり、武力的な力学は働かなかった。主な人質となったのは、統治、交渉、外交の様式である。ロシアはある意味、最初の犠牲者であった。冷戦とデタント（緊張緩和）の間、世界の共同管理者として誇っていたその役割を剥奪されたこの国は、新世界支配圏への統合を模索したり、逆にそれを不安定化しようとしたりすることによって失ったものを埋め合わせようとしてきたのである。つまり1989年以来のその外交政策は完全に、新たな地位の探求と、危険なほどに世論の注目を集めながら果たせなかった野心を誇示することを中心に設計されてきた。

　新しい国際秩序は、滅びゆくソ連と新生ロシアを含めるどころか、それ

を排除、あるいは疎外したのである。ミハイル・ゴルバチョフは、1991 年 7 月にロンドンで開催され、寡頭政治がモスクワにもたらすべき援助を議題とした G7 で屈辱を受けた。弱った大統領は控え室で長時間待たなければならなかったが、ドアの後ろに集まったほとんどの国家元首と政府首脳は、予想される彼の後継者に財政的資力のほとんどを振り向けることに同意したのであった[原注15]。

　そのボリス・エリツィンは、ナポリ（1994 年 7 月）とデンバー（1997 年 6 月）における G7 間での審議の中心人物だったが、正式にバーミンガムの審議への参加を認められたのは 1998 年だけだった。さらに入会はことさら控え目で、「G7 + 1」で話をしたのはほんの少しの間だけであり、これは、数時間前に「長老たち」が「自分たち同士」で会う口実を得るためのものであった。カナナスキス（カナダ 2002 年）でこの話は最後となった[原注16]。

　ビル・クリントンはディールと、さらにはリンケージさえも公に認めた。つまりボリス・エリツィンが NATO の旧衛星国への拡大、さらにはバルト三国のような旧ソ連諸国の一部への拡大を認めることを条件に、ロシアを寡頭政治クラブに加盟させ、その後 WTO への加盟を認めるというものだった[原注17]。だが、ロシアの G8 参加は、時が経つにつれて、西側諸国の国内政治論争の要素となり、クレムリンは、民主主義を侵害しているとして告発された。特にジョン・マケインやジョー・リーバーマンは、時折、その熱心なメッセンジャーとなり、罰を与える者へと変貌した。

　実際、G8 への加盟はロシアの地位を高めるはずだったが、むしろ下げるだけだった。モスクワは、取り込まれるためには共同の野望に終止符を打つ必要があることを理解していた。「新しいヨーロッパのためのパリ憲章」（1990 年 11 月）は、人権と法の支配の進歩、すなわち西洋の憲法基準に基づく古くからの民主主義諸国家にのみ呼びかけたものであった。欧州安定協定（1995 年 3 月）によって更新された欧州安全保障協力機構（OSCE）は最小限に抑えられ、現在完全に孤立しているロシアが入る余地はほとんど残されていなかった。ロシアは、リヴォニア戦争で敗北し、その後ヨーロッパのシーレーンから切り離されたイヴァン 4 世と同様、東へ、上海協力機構（OCS、2001 年創設）

と中国、後に BRICS に目を向ける他なかった。

　1989 年以来、国際システムが構造化されておらず、規制緩和されていた
ことを考えると、この屈辱の余地はなおさら大きかった。「ミニラテリズム」、
クラブ外交、自由な協力が 2 極体制の厳格な規則に取って代わられるように
なったことで、地位は、恣意性と偶然性に左右されることになった。ロシア
は安全保障理事会の常任理事国としての議席とそれに伴う拒否権を周期的な
不安定化の高まりを抑えることができる唯一の遮蔽装置として優位性を保ち
続けた。ロシアはそれを極度の屈辱を与えられる危険に対する究極の防波堤
として利用した。抑止力として、国連の任務に基づくセルビア領土への介入
を阻止するためや(1999 年)、西側諸国がリビアで実施した作戦がロシアの中
東での主張と相いれないためにシリアでのあらゆる行動を阻止した。またコ
ソボ問題では、1999 年 6 月 10 日の決議 1244 で、「ユーゴスラビア連邦共和
国およびこの地域、そして他のすべての国の主権と領土保全に関する」と主
張することを忘れなかった。このようにロシアは、安全保障理事会の決議に
際し、そのプライドが許す範囲内で積極的に外交を組み立てることに成功し
てきた。

　明らかに、ほとんどの国家にはそのような切り札はない。したがって、大
きな矛盾が一般的に生じる。2 極体制の終焉は外交政策の解放を意味し、反
抗的な態度と同じくらい「孤独な騎手」を生み出すことになった。そしてそ
れは往年のクライエンテリズムよりもかなり広い展望を開き、軍事大国に挑
戦することになるのである。一方で、2 極体制の終焉は、互いが示す地位の
保証を奪い、制度化された構造に対する規制緩和によって団体とクラブ（例
えば G8 など）の勝利を確固たるものにする。同様に、東西対立の終焉は、こ
の地域同盟に対する世界の絶対的な復讐と同様に、地政学的な分断に対する
包摂と相互依存の論理の優位性を示している。同時に、それは旧勢力の間で
多大な緊張を引き起こし、寡頭制秩序の維持を押し付けるためにあらゆる手
を尽くすのである。

　大きな二重性を帯びた矛盾は、自称権力者の地位を制御し、再割り当てを
行うために、戦いを過大評価することによって、あらゆる蔑みの手段を切り

開くのである。仕事はかなり丁寧である。その際自分の地位を不釣り合いに誇張する国々に屈辱を与えないように注意するだろう。時折、そこに何らかの利点を見つけることができる。例えば、カタールの外交は、寓話の中のカエル〔訳注　ラ・フォンテーヌの寓話『牛より大きくなろうとしたカエル』(La Grenouille qui se veut faire aussi grosse que le Bœuf)〕を思い出させることがあるにもかかわらず、その大胆さによって免責され、勇気づけられている。他方、サウジアラビアは、2001 年 9 月 11 日に起きた米同時多発テロの非難の文脈の中にあるが、ほとんど傷はない。

　同時に、地位の問題に対するこの過敏さは、今日特に重要な 3 つの要因によって促進されている。第一に、必然的に顕著なナショナリズムは、大部分が植民地時代のくびきから生まれていること。そして、まさに社会病理が最も強い地域において、社会の比重を高め、国際舞台で果たすべき役割と果たすべき機能についての大胆な表明を促す世界的な構成となっていること。最後に、国際機関の弱さに直面して、その機能を享受していないと考える国々は明らかに、非公式取り決め、黙認ゲーム、「ミニラテラリスト」の圧力、そして寡頭制を非難することにエネルギーのほとんどを費やしていること、である。これらすべてが、貧しい人々の着こなし方を熟知した原理主義者またはポピュリストの既製服の中に組み込まれているのである。

　脆弱な国際システムを不安定にするのにかなりの潜在的な緊張がある。権力をめぐる競争が地位をめぐる競争に勝る暴力を生み出す要素が非常に多くある。このような構成は、そこで停止してしまうと一般に「移行状況」と呼ばれるもので特定できるように非常にありきたりなものになってしまう。新しいもの、そして 19 世紀以来徐々に定着したものは、興味深い逆転によるものだ。地位の探求は、権力の序列が下になるほど、ますます好戦的になる。弱者ではないにせよ、少なくともそういったカテゴリーの中に封じ込めておきたいと思う国々が今日かつてないほど多くなっている。

　言い換えれば、平和が尊敬の念の進歩にこれほど依存したことはかつてなかったということだ。これを理性の命令として位置づけたカントの驚異的な直観が思い浮かぶ。しかし、国際関係の歴史は、他人は自分とは違うという

格言の残忍な永続性を証明しているように見える。この格言は過去にしっかりと組み立てられていたが、結局のところ今も非常に機能的であることが判明したのだ。現在、その暴走は日常的であり、壊滅的なものとなっている。ドイツの哲学者であるルソーは、際限のない自己愛の危険性を指摘し、尊敬を「自尊心に有害な価値観の表れ」と考えていたのだった。^{原注19}

　このカントの尊敬のビジョンは非常に現代的である。つまりカントは、ますます多様化する世界空間を整理するために、そこから生じる緊張を調整する方法として、尊敬というもので理想外交の原則を実質的に示したのである。特に他者（の考えや見方）が大きく異なる場合に、このコントロールされた距離と尊敬の取り戻しが、実際、相手を評価することにつながると考える。その時私たちは、単純な倫理的責務を超えた、敬意の実際の社会的有用性について確かな感触を得るのだ。

　国際関係における自尊心の制御は、真の近代性の控えの間である。それは多くの段階を経る。つまり他者について知ること、その文化に与えられるふさわしい場所を用意すること、物質的および象徴的な観点からの国際的な社会統合の活性化、包摂する権利、そしていかなる権威的命令にひるむことなく自分の立場を交渉する権利というように。このようなプログラムは、そのテタニー（筋肉のけいれんを伴う硬直）や矛盾を超えた過去の連帯主義と、現代の多国間主義を思い出させる…

　このような行程は、国際関係の現代史を読み直す1つのやり方でもある。その旅は現代史の少しばかり裏側を示すものになる。パスカルは、敬意は当然のものであるべきであるが、それでもなお使用法によって決まるものと考えていた。それは、武力の行使に由来する「必然のコード」によって、あるいは権力を見せつけることによる「想像力の糸」によって人々を拘束する。例えばシャンデリア、モールディング、金箔など…国際政治の中で信じていたもの…歴史の裏側、それは、パスカルによって描写された抵抗と再征服であり、こうした緊張関係を克服するための努力である。しかし、問題は、これらが古典的な解釈における古くから続く権力崇拝の維持ができず、間違った方向に進んだ可能性のある物語だということである。

第2章　蔑みまたは無秩序な権力

　ヨーロッパによる国際というものの発明は、考えられているほど平凡なものではない。私たちはその直接の継承者であり、全世界が主にその遺産に基づいて生きているため、私たちはそれがもたらす独創性を忘れがちである。旧大陸は戦争の影響で形成されただけではなく、その完全な保護の下で数世紀にわたって存続してきた。アメリカの政治学者チャールズ・ティリーは、「国家形成」（state-making）と「戦争形成」（war-making）の密接な関係について語り、優雅かつ確信をもってこのことを実証した。戦争は領土を形成し、国境を画定しただけでなく、権威関係や資源の動員方法も形づくった。さらに、この大陸の極端な断片化、病理学的境界線、そして地図を沢山の色で彩るこの奇妙な寄木細工の国家群についても説明している。少なくとも割合でいけば、アジアは、旧大陸のようにはなってなく、アメリカでも、南部にスペイン植民地統治の遺産があることを除けば、このようにはなっていない。

　つまり、ヨーロッパ人の記憶の中で戦争と国際関係が密接に結びついているのは、まさに戦争と交渉の間の弁証法のように、地域バランスの永続的な母体となっているからである。[原注1]この最後の概念の崇拝化が、外交を重要原則のランクにまで引き上げたのだとも言える。私たちはさらに進んで、西洋の偉大な思想家全員が戦争を国家と密接に結び付けて、それを良い方向に導くことで戦争に美徳を見出したことに驚くが、それが悪い方向にもなり得ることを忘れているようだ！マキャヴェリは、それをすべての人間に固有の無限の欲望の宿命なのだとしたが、同時にそれが内戦を回避する確実な方法であるとも考えた。特に王子でもあった彼は、生き残り、繁栄するために戦争が

必要だったのだが、そのためにも軍事力を増強する必要があったのだ。カント自身は、戦争という避けられない経験からのみ恒久平和を期待したが、ルソーはこの「必要性」を社会状態、つまり自尊心の高まりという文脈に結びつけたのであった。

屈辱に対する力

　中世以降のヨーロッパの思想は、独自の方法で機能的な戦争を発明し、ためらうことなく国際的な日常の本質を交戦秩序の中に溶解させた。当時、胎生期や思春期にあった各国では当たり前だったかもしれない協力など、誰も夢にも思わなかった。私たちは、この軍事的ビジョン——今では離れることが非常に難しい——が主にトマス・ホッブズに起因していることを知っている。イングランド内戦の恐怖を自宅で暮らし、その環境下で三十年戦争の恐怖を経験したイギリスの哲学者は、暴力が主要な社会課題であり、政治が暴力に対抗できる唯一の保護策であり、国家主権がその目的を達成できる唯一の信頼できる手段であると考えた。この『リヴァイアサン』の著者は、用心深い君主の功績を称賛したが、彼とその仲間たちを「永遠の剣闘士」としか考えることができなかった。すなわち主権が安全のために必要な場合、誰もそれを削減することはできない。剣闘士たちは終わりのない戦いを続け、生き残れるかどうかは自分たちの力とお互いのバランスをとる能力にかかっていた。

　それでは、政治は戦争なしにどうやってやっていくことができるだろうか？戦争は、政治に奉仕し、政治を強化し、政治を達成するために、政治への永遠の敬意を表すためにあるのではないだろうか？このレベルでは、国際システムは権力と対立の法則、つまりライバル君主間の地位と関係の論理性によって、ほぼ合意に基づいて再定義されるゲームの中で実現される。屈辱を生み出すために外交をする必要はない。戦争法だけが、この小さな内輪の中で誰が謙虚であるかを決めるのだ。ゲームは許容範囲内であると見なされる。

　この機能メカニズムの論理的解明は、20世紀にドイツの法学者であり哲

学者であるカール・シュミットの著作で頂点に達した。その影響は今も残る。人間は必ずしも善良であるわけではない。罪人は、いつでも敵意を抱く可能性がある。しかし、個人 (inimicus/ 私敵) として残り、赦しを受ける資格がある。一方、国民レベルでは、この敵意の本能は、よそ者としての敵 (hostis/ 公敵) に集中するが、それは政治共同体を同定する美徳を持つ。政治共同体は生きていくために、そして今後も生き残っていくためにそれが必要であるのだ。この点において、戦争は政治の基礎となるものであり、誰が*敵*であるかを決定する機能を実行するのが国家の役割であり、それが国家を強固にするのである。^{原注2}すなわち真に唯一の敵が政治の基礎となるであって、友の役割は限定的なものに過ぎない。^{原注3}

　敵は非常に重要であるため、*認識*され*承認*されるしかない。私たちの議論の核となるこの認識は、シュミット流の理想において最適となる。法則は明確だ。敵は正面から宣言されており、我々が戦う相手であるだけでなく、我々が交渉して平和を築く相手でもある。この分析の非常にデリケートな点で一旦立ち止まってみよう。シュミットは私たちに完璧な正面性をもたらし、そこでは敵意が巻き添えの漂流物を一掃するかのように見える。私たちは冷戦の光景を目の当たりにしているが、そこでは2つの軍事大国間の対立の明白さと、力の均衡を保つという考えとの間で、辱めは最小限かつ残存的な役割しか果たしていないように見える。しかし、この構想の興味深い点は、権力の真の混乱が見い出される新たな道へと私たちを導くことになることである。

　第一に、敵の概念の真の延長線上にあるものは何か？ホッブズに由来するこれに関する伝統では、考えられる敵は同等か、あるいは倍の規模か、あるいは類似のものかであり、つまり別の国家か、*同等の力を持つ国家*かのどちらかなのである … では他の考えの下ではどうなるだろうか？「決定された」敵がもはや国家ではなくなった時は？自分の矛盾に囚われ、ナチスの全体主義に引き込まれてしまったシュミットは、第三帝国と対峙するユダヤ人のことを考えた時に、自らの考えの間違いに気づくことになる。論理的にはすべてが崩壊する。リヴァイアサンは非リヴァイアサンから、つまり政治的共同体は戦争のための一式を持たない別の政治的共同体から挑戦を受けることが

できるだろうか？私たちは、この三千年紀の始まりの真っ只中にいる。非対称性は、状況の必要に応じて引き延ばされ、シュミット流の知的力学は、国家ではない新たな敵を自分より劣った地位に置き、鮮やかなスピードで蔑みという武器を強化していくのである。

　シュミットは彼が生きた時代に大きな痕跡を残したが、彼は自分の直感に忠実に、戦争はそれぞれの社会の能力を総動員することによってのみ発展し得ると断言した。この「総力戦」は1935年にルーデンドルフが述べたものであるが、暴力が依然として兵士に限定されている「現実の戦争」と、民間人と兵士が混在する「絶対的な戦争」を区別してクラウゼヴィッツによってなされた意見の相異を乗り越えていったのである。前者は確かにホッブズの考えを踏襲したものであり、戦争が政治に奉仕するというこの有用性に合致している。シュミットが論じた後者は、社会が紛争を社会病理と感じている屈辱が奥深くにあるのではないか？そして社会が戦争という不気味な舞踏に突入するにつれて、それが飛躍的に進歩したのではないか？さらに地位、評価、憎しみの問題が、すべての屈辱を結晶化させたのではないか？このような状況下での戦争の*社会化*は決定的な転換点ではないだろうか？クラウゼヴィッツは、ナポレオンに抗してスペインで繰り広げられた「ゲリラ戦」で構成されたこの新しいジャンルの戦争の誕生を見て、それを国家間の戦争と同一視することが難しかったことから、その意味で転換点を予見していたのだろう。

　実際、戦争の長い歴史全体を通じて、人々を屈辱から守るために武力行為が制限内に封じ込められる傾向があった。封建制度は「戦争のための戦争」と「死をもたらす戦争」を区別しており、前者は主君を守るものであり、騎士道の名誉と規律に一致するものであった。この貴族的な形態は、そこから遠ざかり、傭兵主義に寛容となり、その後は人民戦争へと開かれることによって、徐々に解体されていった。この解体は、社会を分断することなく国家間の関係のみに役立つという人民戦争に、それ以前の他のどの戦争よりもうまく対応していた。

　この最初の戦争形態では、限定的ではあるが非常に制御された屈辱が用いられたが、それは武力が決定した運命を象徴的かつ成文化された指標として

示したに過ぎなかった。「カレーの市民」の神話を注意深く研究すると、この非常に興味深い人間の肉体や魂をより完全な存在に錬成する試みが明らかになる。第三共和制の公文書によると 1347 年 8 月、ジャン・ド・ヴィエンヌが守るカレー市の 11 ヵ月にわたる包囲にうんざりしたイングランド王エドワード 3 世は、降伏のしるしとしてカレー市の兵 6 名を自分に引き渡すよう要求した。その意向通り、男たちが引き渡され、シャツを開けて首にロープをかけ、王が好きなように処分できるようにした。利他主義と愛国心の功績を称賛するために、共和主義の歴史学は、ユスタシュ・ド・サン・ピエールとその同族の 5 人がこの残酷な辱めを受けるために自発的に身を投げたと伝えている。ところが妊娠中の国王の妻フィリパ・デュ・エノーは同情した男爵数名と介入し、首尾よく拷問を終わらせたのだった。

　私たちは今、その話が嘘であることを知っている。[原注7]しかし、作り話はずっと興味深いものだ。フロワサールの年代記〔訳注　ジャン・フロワサールは、中世の年代記作家。フロワサールの年代記は百年戦争前半における重要な歴史資料であり、14 世紀におけるイングランド、フランスにおける騎士道文化を記した文化的傑作とも評価されている〕に似た記述に基づいているのだが、作り話はすでに当時の年代記がこの寛大な政策を評価し、戦争行為から切り離されるべき屈辱的な行為を非難していたことを示唆している。フロワサールは、男爵の一人、ゴーティエ・ド・モーリーの口から、ブルジョワの唯一の犯罪は、「王のために戦う」ことであるとさえ言わせている。その行為は非難されるべきものではなく、報われる行為でさえあったのだが。フィリパ・デュ・エノーの記述もほぼ誤りはなく、年代記には、彼女が 6 人の英雄に夕食を提供し、それぞれに 6 つの黄金の貴金属を与えたと記されている …

　しかし、偽りの物語を超えてさらに先に進むと、現実はおそらくまったく異なっていたことに瞠目する。この場面は間違いなく「公的償い」を構成し、勝者が「没収することなく赦免」できるようにするために、当時良くあったように、都市の降伏を象徴的に表現したものであった。降伏を申し出た人々は、原則として命を落とす危険もなかった。したがって、戦争は辱めを排除するものではないが、それを成文化し、枠組み化し、権力関係の枠組み内で

厳格にそれを維持し、権力関係の修正がどのように支配の効果的な変化をもたらすかを見せてくれるものだったのである。

　これと同じ意味は、3世紀後の1635年にディエゴ・ベラスケスが完成させた、かの有名な『ブレダの開城』にも見られる。画家は、スペイン王国に対して統一カルヴァン主義諸州が敵対した八十年戦争のエピソードを彼なりの方法で表現したのだった。ユスティヌス・ファン・ナッサウが守るブレダ市は、スペイン王フェリペ4世に代わってアンブロワーズ・スピノーラによって包囲された。ユスティヌスは降伏し、1625年6月2日、市の住民が寛大な扱いを受けることが保証される一方、守備隊の生存者とともに市を離れることになった。

　カレーのエピソードとは対照的に、ベラスケスの表現は歴史的真実と一致している。スペインの巨匠が描いたスピノラの寛大な態度は世界中で有名である。ここには「公的償い」はなく、常に舞台の中央に権力の象徴の存在が

写真2　ディエゴ・ベラスケス『ブレダの開城』(1634-1635年)

あり、この場合、ユスティヌス・ファン・ナッサウが勝者に手渡そうとする市の鍵があるだけである。スピノラは、敗者に立ち上がるよう励まし、その目をまっすぐに見つめることで、権力のゲームがあらゆる形態の辱めを排除することを示している。どちらの側でも武器の先が物理的に直立していることは、ステータスが完全に平等であることを示している。戦争の肉体的苦痛すらこの画には現れない。フェルディナンド・ダラゴンが、彼の時代（1492年）に最後のムーア王ボアブディルを破った後、彼が馬から降りることを拒否したのと同じように。^{原注8}

　私たちはここで、この純粋な力のゲームに直面し、その肉体的および精神的な苦痛を消し去りたいと願う明らかに非常に理想化された戦争の表現を目の当たりにする。屈辱がゲームの対象外であることを示唆するためにあらゆることが行われている。強さは偉大な魂と一体となり、いかなる劣化からも守られているかのように見える。繰り返しになるが、特にこの絵がフェリペ4世のブエン・レティーロ宮殿の王国のサロンを飾るためのものだったことがわかっているので、そのことを証明したいという願望があったことは無視できない。宣伝行為？そうだ。当時の習慣やあらゆる習慣を忠実に代表しているのだろうか？明らかにそれは違う。しかし、戦争の概念に準拠し、さらには国家の権威主義と厳格な権力闘争が支配的な国際システムに準拠していたのである。すなわち一つは社会的圧力による不安定化の影響を回避し、もう一つは完全にホッブズ的な規制の単純な有効性を保証したのである。どちらも、敗者の地位の戦略的悪化を利用した行為から免れるように、さらには禁止していたのである。

　少数に限定されたゲームでは、同等の地位の王子や多くの場合、家族の同盟によって代表されるため、それらの間の関係はそれほど劇的でも複雑な問題でもなかった。ヨーロッパはこの並置された国家の世界で自らを安定させるために、ウェストファリア体制を開始する方向に向かっていた。それはより単純になり、多数の小公国を排除することに貢献したミュンスター条約やオスナブリュック条約のように、小さな実体が徐々に消滅していった。

　問題は大陸の辺縁部でのみ生じることだ。そのとき、自分たちは「クラブ」

の一員ではない、この「ヨーロッパの家」の一員ではないと感じさせられた
人々を屈辱が襲う。その運命は仲間内と平等の間で引き裂かれることになる。
オスマン帝国は定期的にこの感情に見舞われてきた。アウグスブルク同盟戦
争中にルイ 14 世がそうしたように、より良いものがないために同盟を組む
こともできる ... だが、彼らは、交渉せず、命令する。不滅の物語によれば、
ロシア人もまたそれに苦しまなければならなかった。それは彼らを全く内側
にも外側にも置かなかった。ロシア皇后エリザベート 1 世とその公使アレク
シス・ベストイェフ＝リューミンが受けた屈辱を思い出そう。その全権はエ
クス・ラ・シャペル交渉 (1748 年) から締め出され、オーストリア継承戦争に
終止符を打ったのだが、ロシア皇后は、熱烈に参加を望んでいたのだった。^{原注9}

　ウェストファリア時代が始まるにつれて、国際関係はますます純粋な力の
ゲームで達成されるようになり、それがあるだけで十分となった。王子間の
関係を完全に支配する権力は、彼らが家族になるとすぐに、すべての人に理
解され受け入れられる正確な調整者として機能した。だが戦争は、イデオロ
ギーの分裂、政権の区別、さらには敵意やそれに伴う情動を実際に禁止する
正確な方法に従って、その役割を更新するために定期的にやって来るのだっ
た。アウグスブルク同盟戦争 (1688 − 1697 年) はその典型である。17 世紀末、
ルイ 14 世は自分のアイデンティティが「太陽王」であることを自認し、王国
を覇権的な地位に置いた。他のすべての王子たち、神聖帝国の皇帝が彼に対
して団結するのに、それほど多くは必要なかった。ギョーム 3 世、スペイン王、
サヴォイア公国、ポルトガル、スウェーデン、スコットランド ... ルイ 14 世
に残るのはポルト〔訳注　本書では La Porte としか書いていないがルイ 14 世の初代従者
であるピエール・ドゥ・ラ・ポルトを指すものと考えられる〕とジャコバイト〔訳注
1688 年の名誉革命時にフランスに逃亡したイングランド王ジェームス 2 世とその子孫の王
位復活を図った人々を指す〕だけであった ...

　ここでは、権力は権力についてのみ語りかける。イングランドを占領した
プロテスタントのウィリアム 3 世 (ナッソー王) が、まさにカトリック教徒の
オーストリア皇帝レオポルド 1 世と何らかの親近感を持っていたかどうかは
定かではない。プロテスタント諸国は、ウィリアム 3 世が連合を結成したが、

皇帝とスペイン国王に加わるように常に働きかけた ... すべてはフランスの覇権を封じ込めるというのが唯一の目的であった。数十年後、200 年以上戦争を続けてきたフランスとオーストリアは、台頭するプロイセンに対抗するという唯一の目的で、両国の同盟を締結するヴェルサイユ条約(1756 年 5 月 1 日)に署名することに躊躇しなかった。これによりプロイセンは自動的にイギリスに接近し、七年戦争につながった。これは現実主義者を喜ばせることになるが、その提唱者であるハンス・モーゲンソーにとってあまりにも都合の良いものだった。モーゲンソーは、七年戦争がどのようにして「勢力均衡のイデオロギー」形成に貢献したかを必ず強調した。[原注10]

 このゲームでは、同盟の極度の柔軟性と対立の必然性が同時に保たれている。特に、アウグスブルク同盟の戦争の例は、その覇権を維持するために、最強の勢力がその利益を拡大する必要があったことを示している。権力争いにおいては、現状維持はほぼ不可能であり、いずれにせよそれは暫定なのである。引かれた国境の複雑さにより、ルイ 14 世の側では権力の安定化と強化を必要とした。それは、ヨーロッパの各王国を隅々まで測って段階的に建設した「会議の政治」によって行われたことと同様であった。チャールズ・ティリーの言うことはまったく正しい ... 各条約は妥協を目的としていたため、それぞれの合意は曖昧さに基づいており、それが新たな戦争の準備を可能にしたのである。

 もっと多くを持ちたいという願望は存在したいという願望と混同される ... 私たちはすでに、これらすべてには時間がかかると感じている。もし人々、国家、社会、イデオロギーが介入したり、それぞれの政権が存続の危機にさらされ、ゲームがこれまでと同じではなくなるとしたら、地位に対する異議の前に大国は屈することになるだろう。付随的なものから、屈辱は、特に私たちがそこに何かを追加したり、私たちが注意を怠ったりした場合、システムに影響を及ぼすことになる。このような断層は 19 世紀に特徴的なものだ。

 これまでのところ、屈辱は冷たく抑えられたままだった。以下の各戦争を中断した交渉は、複雑で重く、慎重なものであることが判明した。1659 年にフランスとスペインの間で署名されたピレネー条約は、3 年間の交渉を必

要とした一方、ウェストファリア和平 (1648年) は予備交渉の開始から7年後にようやく日の目を見た。これらの手順の儀式には、他のバランスを打ち砕くのではなく、新しいバランスを正確に定義するという複雑な役割があった。リズウィック条約 (1697年) では、ストラスブールを含むアルザス地方に対するフランスの権利が確認され、ロレーヌ公はその土地に復帰する一方、フランス軍にはアルザス地方に対する通過権が認められた。フランス王国は征服したライン川右岸を返還し、その要塞のいくつかを破壊しなければならなかった。スペイン人を懐柔するために次の相続問題を考慮して、ルイ14世はフランドルのいくつかの町をピレネー過激王党派に譲った。ウィリアム3世は隣人のフランス人にイングランド王として認められるために、自らの主張を制限した。すべてのバランスをとるために、フランスはイスパニョーラ島の西半分 (後にハイチとドミニカ共和国となる) を受け取り、さらにプファルツに対する権利に対する金銭的補償を受け取った。

　この「ギブアンドテイク」は、ほぼ毎回、自動的になされる。ピレネー条約 (1659年) により、フランスはスペインからアルトワとフランドルの地位を獲得したが、バルセロナ郡を放棄した。この新しい配分のバランスをより良くするために、ポルトガルに対してスペイン君主制を支援した。これらすべては将来のルイ14世と王妃マリー・テレーズの間の結婚契約によって完了することになる。ナイメーヘン和約 (1678年) では、フランスによる軍事征服の放棄と引き換えに、フランシュ＝コンテをフランスに引き渡すことになった。ユトレヒト条約 (1713年) により、ルイ14世はライン川向こうの町 (ブリザッハ、ケール、フリブール) を降伏させ、オランジュとウバイエ渓谷を獲得したが、スーサ渓谷、フールネとイーペルもハプスブルク家に返還した。サン・クリストフ島と同様に，アカディアはイギリスの手に渡った…ルイ14世の孫はスペイン王として認められるが、フランス王冠の権利は放棄した…

　信じられないほど複雑にもかかわらず、バランスには常に気を配っているのだ。洗練された領土ゲームは、ほとんどの場合、統治と王朝の帰属に関するゲームで修正される。そして、国家が創設され、権力が調整され、各主人公の輪郭がその寸法の通りに描き直される。こうして新たな戦争が計画され、

新たな覇権が設計されるのだ。

　バランスを取り直すという行為は、確かに非常に苦いものになる可能性がある。パリ条約（1763 年）は七年戦争（1756 − 1763 年）に終止符を打った。その再均衡機能はすでに説明した通りである。フリードリヒ 2 世の軍事的勝利とイングランド海軍の優勢によりフランス王国が打ち破られたが、それでもフランス王国は和平の交渉人たちを受け入れたのであった。結果は深刻で、カナダの一部、オハイオ州、ミシシッピ川左岸、特にルイジアナ州、インド領のほぼすべて、アンティル諸島とセネガルの一部を失うことになり、確かに屈辱的であったかもしれない。権力の再調整には海外も関係する ... ここで、多かれ少なかれ再度のバランス調整となる。つまりサンピエール・エ・ミクロン島の獲得は信頼できるものではなかったし、ニューファンドランド島における漁業権の極限状態の保全や、ケベック州のカトリック信者を尊重するイギリスの保証以上のものはなかったのである ...

　そこに現れる屈辱は、ヴォルテールが 1763 年に『ルイ 15 世の世紀の概説』で指摘したものとまったく同じである。国家（フランス）は「最も華やいでいた頃の若々しさ、上室、海軍、貿易で流通していた半分の貨幣以上」、そして何よりも「信用」を失ったのである。再び始動して、その権力を再構築し、この王国を再征服する必要があった ... 構築された覇権と再構築するための敗北について語ることを好む現実主義者によって指摘された影響 ... それは別のものへの序曲でもある。つまりこれからは、要塞以上に商業と帝国が問題となるのだ。おそらく、国家建設のサイクルの終わりが現れ、権力に狂いが生じる最初の症状が現れることになるのかもしれない ...

権力はどのようにおかしくなるのか

　私たちがたった今考察してきたように、権力は、ホッブズからシュミットに至るまで、そしてウェストファリア和平からクリミア戦争（1856 年）を終結させたパリ条約に至るまで、理想型として現れており、それは、社会を構成する真の原理であった。つまり、それはより正確に言えば、ヨーロッパと近

代の良い部分を形成した一種の国際関係であったのだ。「権力のための権力」、あるいは正確に言えば、権力間で可能な限り正確なバランスを絶え間なく追求することが、明らかにモーゲンソーにとって国際関係における現実に対処する最善のアプローチであった。[原注11] ここで私たちは、世界の過ぎ去った時代の歴史小説にたどり着く。その時代には、その時代にふさわしい仕組みがある。ほぼ自動的に回転していた時代、屈辱で止まらなかった時代、あるいは何よりも屈辱を必要としなかった時代などである。

　18世紀に激震とともに状況は変わったが、その後は率直に言って悪化した。主に3つの要因がこの美しいメカニズムを混乱させた可能性がある。1つ目は古いものだが、ウェストファリアの現実主義の高みある時にほとんど眠っていた問題である。つまり、権力を手段化し、それによって権力を方向付け、征服するといった*正義の戦争*の考えである。2つ目は19世紀全体を占め、それ以来消滅していない問題、つまり国家に重くのしかかる*社会構造*との遭遇であり、国民運動や最も多様な社会的表現を通じて、権力を偽装し再形成する優越性を獲得するという問題である。3つ目は数十年後に始まり、さらに強くなった問題である。遠い*他者*の発見とそれがクラブからの退出と対等な関係を超越していくという問題である …

　*正義の戦争*は明らかに権力を手段化して混乱させる。力が正義や真実に奉仕するようになるとすぐに、それはホッブズの剣闘士の行為に意味を与えた平等と対称性の原則を破ることになる。憎しみから戦陣を張っていたはずの敵が、突然非難され、犯罪者扱いされることになる。戦争はもはや権力を維持するものではなく、善を回復することを目的とする。聖アンブロワーズの方程式によれば、武力行使はもはや政治単位の機能に属さず、不当な侵略者に対して救援する義務の問題となる。この論文がシュミットによって反論された理由は簡単に理解できよう。シュミットはそれについて話されるのを聞きたくなかったのだ。なぜ戦争が、特に中世にはキリスト教によってもたらされたのに、ルネサンスによって敗北してしまったのか。そのことを推測するのは簡単である。マキャヴェリは、戦争を国家にもたらすものとしてのみ理解し、その正当性と合法性を判断する権利を国家にのみ残した。つまり「戦

争は、それが必要な人々のためのものである」としたのだ。ルターにとっては、すべての戦争は必然的に不当であり、エラスムスにとっては ...

　このような議論に対処するために宗教者によって再構成された時、正義の戦争という概念はより精緻化され、したがってより正確になった。早くも16 世紀には、ドミニコ会のフランシスコ・デ・ビトリアは、大義について、以下のように正義にかなったものであること、それを遂行するための権威は公正である義務を負うということ、そして用いる手段は相応でなければならないこと、と語っている ... だがそこには危険が潜んでいる。つまり、もしレトリックがそのような一致を巧みに確立すれば、君主は際限なくそれらに耽ることができるだろう！敵には屈辱、中傷、そして十字軍の神聖化が約束されるだろう。この効果は抜群である。最も冷静な現実主義者たちも、悪と善の基準が彼らのそれと決して離れているわけではないことを理解していたのである。プロテスタントの牧師でリアリズムのインスピレーションを与えたラインホルト・ニーバーも同様だが、モーゲンソーも同様だ。権力の均衡は善と悪の間の闘争によって補強されるのだ。原注12

　その時、蔑みの機械が動き出す。私たちは中東のヒトラーとして復元されたサダム・フセインの絞首刑を撮影し、記念碑を取り壊す前に彼の像を星条旗で飾るのである。私たちは、串刺し刑からかろうじて解放され、血を流すカダフィ大佐を撮影し、あたかもツール・ド・フランスの最終ステージを撮影しているかのように、彼の拷問された体の恐ろしい光景をすべての視聴者に提供するのだ。ブレダの開城には程遠い。テロリスト、犯罪者、暗殺者、強盗。新たな戦争行為はもはや権力を表現することを目的としたものではなく、まさに犯罪者とし、それによって相手の地位を廃し破壊することを目的としている。私たちは私たちが作り出した問題の真っ只中にいる。

　非常に多くの場合、大義自体は正義であり、正義の戦争は、それが濫用されているにもかかわらず歓迎される。しかし、かなりの多くの場合、その選択は恣意的で、偽装されている。グロティウスは「最も公正な戦争は、野獣と野獣に似た人間に対して行われる戦争である」としたイソクラテスを賞賛原注13したが、しかし彼はすぐに、プルタルコスの言葉を引用して次のように付け

加えた。「野蛮な国々をより洗練された慣習に戻したいというのは、欲望を覆い隠すための口実である」[原注14]。そして、ミトリダテスの言葉を引用して、「犯罪が非常に残虐で、非常に明白である」場合を除き、「正義の戦争」は不正義の疑いがあると回想する。「彼らが追求するのは王たちの過ちではなく、彼らの権力と威厳である」[原注15]。

　正義の戦争がその枠組みを拡張し、そこから溢れ出たのだ。この例は昨日も今日もたくさんある。それは、標的となった人々の怒り、嫌悪感、憎しみを引き起こす戦争となる。それは屈辱を生み出し、新たな暴力を生み出す戦争である。

　*社会的なものとの出会い*は、はるかに複雑な、もう1つの混乱の原因を構成する。権力が社会構造に触れれば触れるほど、権力は、私たちが説明していたこの冷酷で機械的な論理を見失うのである。明らかに、関与する主体の数が多く、多様であればあるほど、関係する人々の期待や不満と混ざり合って、権力について複数の解釈が現れる可能性が高くなる。社会ゲームの参加者は、実際の社会学的地位が与えられるまでに権力を再形成し、獲得することができるという長所があるが、非常に多くの深刻な屈辱の要因があり、それが国際システムの特徴となりつつある。

　革命と帝国の戦争はこの転換の働きに大きく貢献し、初めて、私たちは神聖なゲームから抜け出すことになった。つまり、戦争はもはや王子間のトーナメントではなく、明らかに王子を打倒することを目的とした手段となるのである。まず人民の名において、次に征服の名において。「総力戦」に向けて社会を巻き込み、論理的に展開する理由は2つある。また、これらの戦争が国民感情の高揚であり、それが社会の変化の第1段階であり、今後の終わりのない屈辱の最初の発生源となる理由も2つある。

　この二重の連続要素によって深く特徴づけられているヨハン・フィヒテ（1764 − 1814年）〔訳注　フィヒテの正しい生年は1762年〕が辿った道筋を見てみよう。七年戦争の直後に生まれ、台頭するプロイセン大国の雰囲気の中で育った彼は、イエナ大学で神学を学び、その後同大学で教鞭をとった。彼はフランス革命に遭遇し、説教者として l'an II 隊〔訳注　革命暦の第2年にちなんで

Soldats de l'an II または Armée de l'an II として呼ばれた兵士たちを指す〕に従軍するまでその思想に共鳴する。そこで彼はリベラルな信念とロマンチックな感性を獲得する。しかし、プロイセンの敗北にショックを受け、彼はフランスの権力の壊滅的な影響の中にドイツ国家という概念を発見した。1 年後、彼は『ドイツ国民に告ぐ』(1807 年)を書いた。『自然法の基礎』に記録されているように、彼のヘーゲル以前の哲学は、誰もが持つ自由の本質的な源を、他者との対立と変化に置いている。すでに推測できるように、私たちは権力の変異をこれ以上うまく把握することはできない。つまり権力はバランスを維持する代わりに、他者を指名し、育て、その他者を極端なところ、すなわち憎しみ、屈辱、閉鎖、または拒絶へと誘うのだ ...

　イエナの戦いは、社会間史としておそらくドイツの国民運動の歴史における転換点としてしばしば取り上げられてきた。同年、ニュルンベルク占領下で、『ドイツとその屈辱』というタイトルがすべてを物語る小冊子が出版された。著者が誰なのか最初は定かではなかったのだが、編集した出版社の社員のヨハン・フィリップ・パームがすぐに特定された。それはレジスタンスの問題でもあり、フランス占領者に対する非難の問題でもあるが、フランスの占領者は、不幸な出版者を躊躇なく銃殺した。

　ここから、フィヒテを代表する屈辱と魅惑の奇妙な合金が生まれる。オスマン帝国に触れた後、アフリカ、アジア、植民地化、脱植民地化、バンドン、そしてあらゆる原理主義に至る今日まで長く途切れることのない歴史を切り開くのである。また、権力と解放、上からの暴力と下からの暴力の弁証法も始まる。あたかも権力が突然、社会的能力を解放する要素になったかのように。あたかも権力が、社会の力の増大に反応して、主に人々や文化の格下げを生み出す武器となることで復讐するかのように。

　この変化の例は、1945 年までのフランスとドイツの関係のあらゆる瞬間に見られ、あたかもエルプファイント（遺伝的敵）の亡霊が今や支配的であるかのようである。この権力の変容は――ここでは過去の美徳の変調と喪失に相当するが――社会との親密さを説明し、公敵 (hostis) は、現在では私敵 (inimicus) と結合し、屈辱を多くの人々に訴えるありふれた武器にするのである。

　戦争と国際関係のこの「社会化」は、明らかに*外国人排斥*、外国人に対する偏見、社会的属性、文化、習慣や習慣、さらには言語や宗教にまで影響を及ぼしている。そして私たちは、ある種の逆転、つまり権力が当初に挑発していたソーシャルゲームに服従する傾向があり、今では権力はそのソーシャルゲームの人質の一部となっているのを目の当たりにする。実際、こうした権力の方向転換が、道徳的変化を呼び起こし、正義の戦争の復活につながるのだ。

　この社会的関与が戦略に様々な影響を与えることになる。自分の威光を意識していたビスマルク首相は、この時代の象徴体系に身を委ねて、感情の高ぶりを抑えながら、1871 年 1 月 18 日、ヴェルサイユ宮殿の鏡の間でドイツ帝国を宣言した。強迫神経症の現実主義者であり、大衆の感情に全く興味のない貴族出身のこの男は、ティエールと臨時政府との間で非常に迅速に合意に達することでコミュナード共同体運動〔訳注　社会主義運動〕を利用して敵に無政府状態に陥れられないように成功したのである。

　集団動員の美徳によって、そして共和主義と反社会主義の選択肢の自然な統合の一形態として愛国主義を構築している点で、不屈で急進的なクレマンソーとはすでに方程式が異なっている。1918 年にアメリカのウィルソン大統領と経済学者ジョン・メイナード・ケインズによって具体化され、その後非常に流行した平和主義的理想主義に対する彼の真っ向からの反対は、彼を現実主義陣営に引き戻しはしたものの、と同時に社会的配慮を課すことになった。「タイガー」〔訳注　クレマンソーのあだ名〕は、自らの要求を極端に実行することによって、未来を抵当に置いて、新たな不確実で危険な国際秩序を構築し、実際、力の均衡という神聖な原則を嘲笑し、*戦略的屈辱*を作り出し、それによって相手の降格を図るのである。この*劇的な地位の喪失*は、権力関係の冷静な再定義よりも重要である。

　この屈辱の政策は典型的なものだ。敗北したドイツはまだ健在であり、その土地の支配者であったが、それまで知られていなかった扱いをヴェルサイユで自らが受けることになった。1815 年に侵略され多くの血を流したフランスがウィーンで認められたのと同じように、1856 年、ロシアはパリで認

められたのだが、そのことを思い起こせば、同国の全権が招待されていない
交渉は前例のないことだった。交渉はもはや妥協ではなく、同盟国のみが合
意する必要がある決定事項の策定であった。この作品の設定は、1871 年に
始まった象徴的な方向性を裏付けるものだった。あたかも 1 つの屈辱が別の
屈辱を消し去るかのように、鏡の間が再び使用されたのである。主な条項は、
降格と地位の喪失ということに集中した。領域の断絶は古い慣例に従って行
われた。しかし、軍縮も行われ、軍隊の定員は 10 万人、海軍の定員は 1 万
6 千人に制限され、重砲、戦艦、航空機の使用は禁止、また徴兵も禁止され、
非武装地帯 (ライン川の右岸から 50 キロメートルまで) とさらに事実上の占領地域
(ライン川左岸、マインツ、ケルン、コブレンツ) が設けられた〔訳注　休戦協定の第 5
条には次のように記載されている。「ドイツ軍によるライン川左岸からの撤退。ライン川
左岸諸国は、連合国と米国の占領軍の管理下にあり、地方自治体によって統治されること
になる。連合軍と米国の軍隊は、ライン川の主要な渡河点 [マインツ、コブレンツ、ケルン]
を守備隊が確保し、これらの地点に半径 30 キロメートルの右岸に橋頭堡を設け、連合国
による占領を確固たるものにするため、守備隊もこの地域の戦略的要所に置かれる」〕。ド
イツは自らの過ちを認識し、指導者たち、特に「戦争犯罪人」として拘束さ
れた皇帝を裁判にかけなければならなかった。ドイツはさらに 2,690 億金マ
ルクを支払うことになっており、これは国民所得の 1 年分以上に相当し、こ
の金額を超えたためにケインズは代表団を辞任することになった。方式が変
わると、ただちに屈辱に突入するのだ。

　私たちはここで、国際関係と権力の概念における新たな段階を非常にはっ
きりと目撃する。1815 年のウィーンとクリミア戦争後のパリは、負けた敗
者をヨーロッパ統治のゲームに戻し、その失敗を領土的に制裁した。こうし
てツァーリは 1856 年にモルダヴィアとワラキアの保護領を失い、ドナウ川
の自由航行、黒海の中立性、スルタンの臣民であるキリスト教徒の特別保護
を受け入れなければならなかった。しかし、彼はそこに将来のフランス、さ
らにはイギリスとの同盟の根源を見い出した。1919 年のドイツは、ヨーロッ
パの新秩序から除外される条件しか見つけられなかった。同国は、ビスマル
クが新たな勢力均衡を模索していた 1871 年に浮上したシナリオとは全く異

なるシナリオに直面し、フランスの復讐能力は限られているものの依然として存在していた。ここでは、新たな勢力均衡は問題ではなく、ウィルソンの秩序さえ問題になりえなかった …

　この屈辱の力学は、すぐに新しい国際関係と外交行動を構築した。もちろん、ドイツのナショナリズムが先鋭化して急進化し、レーベンスラウム（生存圏）という概念が形づくられたのはその影響である。この汚名を着せられることになる概念は、まるで反響するかのように、例外性、区別性、優位性の主張に反応し、人種主義的、そしてすぐに人種差別的な言説を引き起こすまでになった。また、陰謀論は、風刺画や恥ずべき行為にまで及んだ。屈辱は最も極端な態度を生み出すものではなく、それらをサポートする役割を果たした。同じ論理がドイツ外交の議題にもなったが、新たな国際秩序を準備するはずだったものが、貶めの急増の前に消え去ってしまっていたため、なおさら容易かった。多くの人々が依然として承認を求めなければならなかったにもかかわらず、ヴェルサイユはウィルソン流の国籍原則にはほとんど注意を払わなかった。同様に、真新しい国際連盟は、敗者側の陣営に属していた国々に対して当初の加盟国の地位を拒否した。一方、不思議なことに、完全な主権という基準は維持されず、自治領であるインドだけでなく特定の植民地も加盟を認められた。アルゼンチンは 1920 年に、すべての国家を事実それ自体によって *(ipso facto)* 加盟国として認めるべきだと提案したが、否決された。主権者の平等は構成的不平等に取って代わられた。

　ドイツは 1926 年に国際連盟に加盟し、1933 年に国際連盟から脱退した。その後、ドイツ空軍の創設、徴兵制の復活（1935 年）、ラインラントの再軍事化（1936 年）などドイツ帝国による軍縮に関する条項に対する非難を端緒として、屈辱の力学の中で作られたものと同じくらい好戦的な一連の外交行為が続いた。私たちは屈辱と復讐の弁証法の中で第二次世界大戦に臨むことになった。

　この観察は、間違いなく 1945 年の勝者の心の中に存在していた。それは完全には修正されてなかった。もちろん、勝者は国民よりも政権やイデオロギーを非難する方法を知っていた。彼らは、ドイツと日本の市民社会に、再

建を可能にする経済的成功と、自らの地位を守る自治の空間を残すよう配慮
した。それによってドイツの場合はヨーロッパへの統合によって急速に強化
され、それが屈辱の過程に対するまさに防波堤として機能した。彼らは最
終的に主要な政治制度、特に日本は天皇制度を守ることを選択した。同時
に、ドイツに対するベルリン宣言 (1945 年 6 月 5 日)、ポツダム会議 (1945 年 8 月)、
ロンドン会議 (1948 年)、日本に対するサンフランシスコ条約 (1951 年) で、少
なくとも冷戦中は「政治的小人」として米国に従属することになった。さらに、
国連の創設によって再構築され強化されつつあった多国間主義は、これまで
以上に勝利者のクラブとして、敗北者を排除し、安全保障理事会の常任理事
国として最初の議席が提供され、さらに拒否権という特権まで与えられるこ
とになった！大きかった屈辱の影響は、2 極体制の厳格さや同盟ゲームに特
有の連帯主義とコミュニティの力学によって緩和され、特にドイツは 10 年
も経たないうちに吸収された。

　こうして社会的プレッシャーが押し寄せかき乱された権力は、特に南から
の遠い他者が次第に発見されるとさらに混乱した。今度は、剣闘士はもはや
自分の分身ではなく、貴族戦争の延長線上で、文明の基準に照らして劣って
おりゲームから除外されたものとして扱われることになった。権力は、啓蒙
主義と同様にキリスト教の思想に由来するメシアニズムという基盤権力に出
会うのだが、それは方向転換につながるだけであった。その後、パワーバラ
ンスはその意味を失い、想定されたパワー不均衡が優先されようになった。
他者に対する行為は、優位性を具体化するものでしかなく、その結果、共通
ルールの違反が具体化されていくのである。

　最も近い者が最初に接触することになるのは明らかだった。オスマン帝国
は、ウェストファリアの近代性が構築されるにつれて、平等違反の常設実験
室となった。イスラム教が触媒として機能したが、オスマン帝国の地理的な
近さはゲームを易しいものにする可能性があった。スルタンは、次第に攻撃
的な能力を失っていったが、スレイマン大帝の失踪 (1566 年) 後すぐに、複雑
な連携に適応することができたので、一部の人々の目には好感を与えること
になった。

　私たちは 16 世紀以来、時置かずしてカピチュレーションとして列挙される不平等な外交慣行の確立を見てきた。だが、これらヨーロッパ王国の国民に提供された免除特権は、スルタンが別のスルタンに代わってもすぐに更新されるという点で、なおさら屈辱的なものであった。王子は若くとも世間知らずではなかった。王子は受け入れてもらえるように、多くの圧力の中ですべてを再交渉しなければならなかった。新たなカピチュレーションは一連の「スルタンの命令」を伴うものであり、これはスルタンの主権に多くの制限を課すと同時に外国人居住者全体に与えられる (特に税金の面での) 免除を構成するために議論の争点になった。メブリー修道院長は、いかなる信頼にも値しないと言ってトルコ人を非常に軽蔑していたが、もし彼らが「オスマン帝国についての途方もない無知」につまずいていなかったら、こうしたカピチュレーションはもっと多くなったはずだとさえ主張している。[原注18]

　この組織的な不均衡政策は、19 世紀にはヨーロッパとオスマントルコとの関係の常態となり、ニコラウス 1 世から「ヨーロッパの病人」という称号が与えられた。クリミア戦争により帝国内へのロシアの介入を封じ込めることが可能となり、パリ条約にツァーの敗北が確定した。しかし、ツァーは条約の第 9 条で憲法改正を課していたので、崇高なオスマン帝国はこれに従わなければならなかった。スルタンの勅令によって正式に「認可」されたこの改革は、権力者が直接考え、定義し、指示した方法に従って、イスラム教徒とキリスト教徒の平等な権利を促進することを目的としていた。キリスト教徒はすぐに大宰相に連絡して、1859 年 10 月 5 日付の覚書に従うよう命じたが、イギリス大使サー・ヘンリー・ブルワーは、これらの規定が履行されなかったことを遺憾に思う一方で、帝国の領事たちに相談した後、次のように述べた。「狂信 [...] は公権力を司る官僚の意向に奨励されて初めて暴力に発展する。」[原注19]

　ヨーロッパの軍隊と対峙することができなかったため、オスマン帝国はフランスまたはプロイセンから軍事顧問を招集しなければならなかった。西側からの貿易に強い挑戦を受けたため、商法を採用する必要もあった。ヨーロッパの科学と競合するため、それを生み出した大学に門戸を開かなければならなかった。大陸の国々に恩義があるため、債権者の要求に応じ、課された制

度改革を受け入れる義務があった。[原注20]ヨーロッパとオスマン帝国の関係は、19世紀の数十年にわたって、政治的転向を強制する外交を生み出した。この記憶は、トルコ人民党のアフメト・ダウトオール外務大臣の新たな戦略の始まりに甦る。

このアプローチは、ヨーロッパがイスラム世界を発見するにつれて、特にアルジェリアの征服のおかげで一般的になった。その後、特にトクヴィルによって、現地人は一般的に非難された。[原注21]この見方はすぐにすべての「南」に広がり、『アメリカのデモクラシー』の著者は、「インダス」を「獰猛であると同時に残忍な野獣」[原注22]、中国を「無能で野蛮な政府」[原注23]と捉えており、スチュアート・ミルにとって専制主義は「野蛮人に対処する際の合法的な統治形態」となった。[原注24]アルジャーノン・シドニーはアジア人を「臆病で女々しい民族」[原注25]と呼び、フランクリンは「民族のピラミッド」と呼んだ。リベラル派は力を合わせてウェストファリアの国際関係を、ヨーロッパ人たちが禁止していたものを認める不平等の関係に置き換えた。ミルはアヘン戦争を「商業の自由と自由そのものを求める運動」[原注26]とした … そのような汚点は消すのが難しく、国際システムに永続的に影響を与えるだろう。「不毛な砂漠を肥沃にする」という神の民のレトリックを使ってみよう。この場合、アメリカではレッドスキンズと対峙することになる。[原注27]

中国が今世紀を「国家屈辱の世紀」(bainion guochi)[原注28]としたのは偶然ではない。中華人民共和国宣言の日である 1949 年まで、あるいは香港返還の日である 1997 年までそれは延長する傾向さえある。この呪われた世紀は、あらゆる矛盾の世紀である。中国は地球上で最も古い帝国の 1 つであり、その発明、文化、芸術の重要性は原則として誰もが知っていた。同時に、隣国日本が明治時代に西洋に対して開放した時、世界に対する中国の閉鎖性は最も強く維持されていることが明らかになった。ある意味、西洋から来た全権は、1733年にジョージ 3 世によって派遣されたマッカートニー使節団のメンバーのように、満州皇帝に何度も追い返されたことに屈辱を感じたかもしれない。彼らは「乞食のように [そこに滞在して] 北京に入った」。囚人のように、泥棒のように [去っていく]。」17 世紀に到着したイエズス会士はほとんど姿を消

した。ドアをノックする冒険家や商人には文化も技術もなかった。[原注29]

　ここから新たな物語が始まる。それは、ヨーロッパの国際関係を新興世界に拡張するという問題ではなく、すでにマイナスになっている貿易収支を回復することであった … 昔からの話だ！西洋人は中国からの絹やお茶が好きだったが、中国は西洋人から何かを買うことに消極的だった。結論はすぐに下された。帝国は近代性に興味がないので、ヘーゲルは1822年には「中国ではいかなる進歩も起こり得ない」と主張した。この閉鎖性の客観的現実には議論の余地はない。しかし、近代化の拒否と農民（大多数は何も見ていなかった…）の恐ろしい受動性の現れとして、それ以来、特にジェーン・エリオットの作品によって批判された。[原注30]

　貿易収支を回復するには、アヘン貿易の再開が必要だった。アヘン貿易は、ヨーロッパの法律と中国の雍正皇帝の布告（1729年）の両方によって禁止されていたにもかかわらず、当時ポルトガル人、次いでオランダ人によって再び始められた。麻薬は英領インドの収入の7分の1を賄っていた。[原注31]この議論は十分であるように思われる。その後書かれるであろう物語は、陰惨な前提を呼び起こす。他者に対する寛容性は、人間的な考慮によっても、外交的な考慮によっても育まれない。実際、それは非互恵性の原理を前提としている（ヨーロッパ人にとって麻薬は悪い物だが、遠く離れた他人がそれを購入する場合には良いことになる）。この権力は開放を達成するのに役立つ。武力への抵抗は懲罰として制裁する。不平等は、そこから派生する法的秩序を構築する。これは西洋諸国間の競争を刺激する。この発明は大規模であり、かなり長く続くことになった。言葉や原則は、もはやあちこちで同じ意味を持つことはできないのだ … そこで私たちは、しばしば隠されている、極端ではあるが例外的ではない現代外交の不平等な根源を発見する。この事件は、ありふれた人種差別の痕跡だ。

　強制的に開放するか、強制的に不平等なゲームを強制するか。実際、第一次アヘン戦争を引き起こしたのは、道光帝の命令による広東に保管されていたアヘン積荷の破壊であった。広東のイギリス商務監督チャールズ・エリオット大尉は、広東に定住した外国人は中国の法律に従う必要はなかったと回想

する。帝国長官は意に介さず、パーマストンは「めった打ちにしてやる」と遠征軍の編成を選択した。最初の勝利の後で敗北し、小刻みな攻撃の後で抵抗が始まり、最終的には80隻の艦隊を派遣したが、この時皇帝はもはや抵抗できないことを理解していた。

　同じ話が20年後に繰り返された。あるいは、より正確には、同じ不平等戦争の論理により、パーマストンはイギリス国旗を掲げた船へ中国人が乗り込んだことを利用し、ナポレオン3世とともにフランス人宣教師の死を嘆いた。しかし、今度は罰が与えられる。抵抗には弾圧、補償の要求、そして「償いの使節団」の価値がある。パリカオでの勝利直後の1860年10月7日、最初はイギリス軍がその直後にフランス軍が皇帝の夏の宮殿に到着し、略奪を開始した。目撃者の回想録を信じるならば、兵士たちは未知の物の価値について分からず、ヨーロッパの規範にほとんど接したことがなかったために、まるで掠奪と仮面舞踏会が混ざったようになり、それを目の当たりにした中国人にあざけりと嘲笑が起きたとされる。^{原注32}兵士たちの略奪は無秩序に行われ、宝石の多くはその場に放棄され、農民によって拾われ、その後当局によって回収されたという。他の宝石は、ヴィクトリア女王のアパルトマン、ウジェニー・ド・モンティジョ皇后のアパルトマン、あるいはフォンテーヌブロー宮殿にあるこの目的のために設計された博物館に流れ着くことになった。

　その時、自国兵士の一部がひどい拷問を受けていたことを知った仏英軍は数日後、宮殿に火を放ち、一部の建物だけを残した。40年後の1900年8月14日、義和団戦争とその後の新たな遠征の際に、保存されていた13棟の建物も完全に破壊されてしまった。その後、フランス人、イギリス人にアメリカ人、ドイツ人、ロシア人、日本人、オーストリア人が加わり、これら全員がこの二度目の頤和園略奪に参加した。当時のヨーロッパの内部分裂はもはや問題ではなかった。私たちは別の作戦上にいた。

　これらの出来事は今日北京で外交的に精製されている。最初の略奪から150周年を迎える2009年2月、中国当局は盗品を特定するための大規模なキャンペーンを開始し、専門家グループを西洋の博物館に派遣した。2010年10月、さまざまな記念行事が行われる中、北京で回収された彫刻の展示会が始まっ

た。慎み深さとほのめかしが巧みに混ぜ合わされていた。

　その後に起こったことは同様に屈辱を与えるものだった。すでに引用した南京条約（1842 年 8 月 29 日）と第二次アヘン戦争を終結させた北京条約（1860 年 10 月 24 日）は模範的なモデルである。これにより、西洋人に新たな補償が与えられ、国際貿易への扉と水路がもう少し開かれ、ヨーロッパ人が管理する新たな利権が確立された。衰退したかに見えた古典的な権力ゲームは、現在、旧大陸の国家間の競争を組織するために再構成されている。つまり、中国は権力の主体ではなく、権力の客体である。こうしてロシアは、アイグン条約（1858 年 5 月 28 日）により、アムール川左岸と朝鮮を隔てる領土の一部を獲得した。ロシアはそこにウラジオストクを建設する、それは ...「東洋の支配」を意味するのだ！ 2 年前のクリミア戦争で同胞に打ち負かされたツァーリの慰めとなった。その後、強制開港の力学的影響として、フランスとのコーチシナ戦争（1860 年）、日清戦争（1894 年）、義和団戦争（1900 年）が起こった。その後、同じ勢いで、1931 年に日本の征服が始まった。特に南京虐殺（1937 年 12 月）は注目に値する。犠牲者は極東国際軍事裁判によれば 20 万人、中国情報源によれば 30 万人であった。20,000 人から 80,000 人の女性と子供が強姦されたとされている。日本の参謀本部は捕虜に対して国際法によって定められている「保護措置を停止」し、日本人将校の間で殺人コンテストが組織された ...[原注33]

　その最も残酷な詳細についてはここでは触れないでおこう。毛沢東の時代には、彼はそのような残虐行為について目立たないようにする方法を知っていたが、一部の日本の歴史修正主義者によってさらに議論されている。[原注34]外交的理由と社会的行動は必ずしも同じ方向に向かうとは限らず、特に中華人民共和国が古典的なパワーゲームに参加し、隣国との関係を正常化し、不平等な外交を忘れようとしている場合にはそうである。百年に及ぶ屈辱は，外国人排斥、他者不信、主権防衛、アイデンティティの肯定などの永続的な指標となる痕跡を残すという事実は依然として残っている。[原注35]また、特に義和団のように複数の秘密結社によって表現された反乱の精神によっても形成されている。また、改革の本能、外部への最も強力で新しい投影から来るモデルの輸入、新たな不平等の可能性のある原因という永遠のパラドックスも作られた。

　当時下院議員だったウィリアム・E・グラッドストンは、第一次アヘン戦争に反対票を投じたが、「広州に誇らしげにたなびくブリティッシュ国旗 ... 悪名高き密輸品の流通を守るためだけの」「不当な戦争」であり「恥」であると語った。[原注36] ヴィクトル・ユゴーは、1861 年 11 月 25 日、頤和園の略奪について次のように書いている。勝利は泥棒の可能性がある。頤和園の大規模な破壊は、2 人の勝者の間で起こった。[...] 私たちの全ての大聖堂の宝物を全て合わせても、この素晴らしく恐るべき東洋の博物館には匹敵しない。[...] 素晴らしい偉業、僥倖である。勝者の 1 人が彼のポケットを満たし、それを見て、もう 1 人が彼の金庫を満たした。そして私たちはヨーロッパに戻った。腕を組んで笑っている。これが 2 人の盗賊の物語だ。私たちヨーロッパ人は文明人であり、私たちにとって中国人は野蛮人だ。これは文明が野蛮に対して行ったことである。歴史に照らせば、2 人の盗賊のうち 1 人はフランスと呼ばれ、もう 1 人はイングランドと呼ばれる。[...] 導く者の犯罪は、導かれる者のせいではない。政府は時には盗賊であるが、国民は決してそうではない [...]。」[原注37]

　古典的な構造のパワーを混乱させる 3 つの主要な要素と屈辱外交を生み出す 3 つの要因を次で説明する。

第3章　屈辱の種類とその外交

　ここでの歴史をめぐる旅は、国際関係における屈辱の単一性と多様性を明らかにする。19世紀半ばから現在のグローバリゼーションの構築に至るまで、この慣行が出現したことを示す時間の単位。個人の選択や心理的または心理社会学的変数を超越した外交手段としてそれを位置づける機能の単位。そしてこれまで見てきたように、多様な要因がある国際的な日常の日々進展する*社会化の影響*、ヨーロッパと北米の寡頭政治の外側にある*アクターの出現*、価値観の間のギャップの拡大、正義の戦争というテーマの復活などが主なテーマである。

類型を構築する

　これら3つの要因が、革命と帝国の戦争から構築された国際システムの3つの特性として現れる。これらはすでに1つ目の時間の単位を統合しているが、19世紀には特にオスマン帝国や中国との接触の増大を通じて2つ目の機能の単位がゆっくりと誕生する。一方、3つ目は古代の物語の復活であり、植民地から解放された後、閃光を放つように広がっていくことがわかるだろう。ただし、まだ国家が国際システムの所有物ではない時期に、様々な機会で侮辱を行使し、それが実質的な影響を与えたことがあってもこのプロセスとは関係ないことに注意して欲しい。なぜなら*文脈上の効果*[原注1]を忘れてはならないからだ。私たちはここで、実際の強力な構造によって特徴付けられる*構造化された文脈の状況*と、権力の構造が依然不確実または流動的な状況を区

別する必要がある。私たちは、前者が蔑みの慣行を枠組み化した国際行動の様式に対応していると仮定する (19 世紀のヨーロッパ協調主義、冷戦時代の 2 極体制)。後者では、逆に、蔑みのゲームが構造化枠組み (戦間期のシステム、あるいは 2 極体制後のシステム …) の外で行使される断片化した国際システムを明らかにする。

　これらの*説明変数*は、屈辱の効果に応じてとられる*形式*を識別する*説明対象の変数*と一致する (**表 1** を参照)。これらは、一方が自分の*地位*を通じて他方に屈辱を与えようとするのか、それとも国際ゲームへの*統合*に関する権利を通じて他方に屈辱を与えようとするのか、標的となるターゲットに応じて

表 1　蔑みの種類 (および反応的な外交の種類) 蔑みの対象

			地位	国際的ゲームにおける統合
報復の実行の説明変数	国際的な日常における社会化	構造的システム	タイプ 1. 降格 → 報復主義 (国際システムによる包囲) 1945 年以降のドイツと日本	タイプ 2. 拒絶 → 主権主義 ナショナリティの動員 チェコスロバキア 1968 年 ハンガリー 1956 年
		非構造的システム	タイプ 1. 降格 → 強い報復主義 2 戦間期におけるドイツと 1989 年以降のロシア	
	クラブへの外部アクターの出現	構造的システム	タイプ 2. 拒絶 → 主権主義 国家のクライアント化 フランサフリクのポスト植民地主義	タイプ 3. 追放 → 対立 MNA, G77 TNP 体制
		非構造的システム	タイプ 2. 拒絶 → 主権主義 中国、19 世紀のオスマン帝国 タイプ 3. 追放　エチオピア 1936 年 中国、1931 ～ 1937 年、チェコスロバキア 1938 年	タイプ 3. 追放 → 対立 タイプ 4. 汚名 排除の外交 イラン　2005 年以降
	価値の隔たり	構造的システム	タイプ 2. 拒絶 → 主権主義 極端な西側寄りの体制 ナセル時代のエジプト、スエズ危機から 1973 年	タイプ 3. 追放 監督の実行
		非構造的システム	タイプ 3. 追放 → 対立 タイプ 4. 汚名 → 逸脱 「ならず者国家」あるいは「懸念国」 イスラム嫌悪主義 Islamophobie → 逸脱の外交	タイプ 4. 汚名 制裁　介入 逸脱の外交 NCI

区別することができる。最後に、これらのさまざまな種類の蔑みには、それに気づき、単に服従や無関心に逃げ込むことに我慢しないことを選択した国々が、それに応じて展開するさまざまな*種類*の外交が対応していることを示している（表2 (p.74) を参照）。外交を「境界を管理する技術^{原注2}」と定義すると、「蔑みの外交」は2つの意味を持つ。1つは、屈辱を与える者が、それを優位性と支配の源にするために、境界をドラマチックに表現するテクニックやスピーチを*使用*することである。溝を埋める代わりに、それを悪化させてしまうなど、私たちは期待された利益に疑問を投げかける一連の倒錯的な影響を目の当たりにするだろう。もう1つは、それぞれの種類の蔑みに直面すると、屈辱を受けた国は無関心を装うか、さらには受容に逃げ込む場合もあるが、逆に、反抗する形態をとる場合もあり、その場合非常に多くの場合、他の機能不全につながってしまう。さらにはまれに、さまざまな形で「国際共同体」に訴えかける場合もある。

タイプ1　降格による屈辱

　歴史的に見て、降格による屈辱は、戦争と国家間関係の発展そのものに関連した単純な形として、他の蔑みよりかなり前から見られる。それは、敗北者に権力としての地位の残酷な格下げを強制し、そこから世論の中に感情的なショックを引き起こすことで構成される。したがって、それは、敗北に苦しんでいる人々にとって耐えがたいほどの主観的な現実を与えることを目的としている。つまり、敗北は、彼らが自国のために望んでいたのとは異なる地位の低下を意味する。したがって、そのような見せしめは国際社会に参入する時の世論と密接に関連しており、国民感情の高揚と関連することが理解できよう。また、それは統合への要求以上に地位に影響を与えることがわかる。一般的に降格による屈辱は周縁部での統合への要求に影響を与える（国際連盟創設時にドイツを国際連盟から、その後国連から排除したことなど）が、競争国または交戦国間の平等原則にはそれほど影響を与えない。

　ルネ・ジラールはすでにそれを示してくれていた。この観点から見ると、

仏独関係は典型的なものである。イエナの戦い（1806年）でのプロイセンの敗北は、客観的に見て、18世紀に流星のごとく隆盛を誇ったドイツの地位に対して劇的な再考を促すことになった。これが権力の強化、啓蒙主義への参入、合理化された国家の形成が関わる国民感情の出現に大きな役割を果たした。この敗北は、古典となるメカニズムを引き起こした。それは、想定するには強過ぎる地位の喪失であり、それを補うのが、憎しみや中傷が入り混じった復讐心だが、同時に敵を模倣することにつながる密かな魅力をも伴う。^{原注3}

　この姿勢はその後、勢力のバランスを自国に有利に再調整しようとする強力な外交的動員と、相手方に対する民衆の敵意を維持し悪化させながら集合的な記憶を構築することを目的とした激しい政治的動員に基づいた報復主義につながる。したがって、この対立は、敗者の地位を下げるために物質的かつ象徴的な役割を果たす勝者と、ゲームから抜け出すことができるのは、はっきりした一方的な行動と真の挑発につながる象徴的な復讐の高まりによってのみであると信じている敗者が鋭く対立することになる。1871年以降、勝者の側では、鏡の間で帝国の出生証明書の署名が行われ、アルザス＝ロレーヌの併合が行われ、その後、皇帝の紋章が両側にあるオー＝ケニグスブール城の修復が奉献されたがその目的はビスマルク流のフランス封じ込めシステムの確立であった。敗北したフランス側ではどうなったか。ドイツ嫌悪派の動員の勢いが第三共和制下のナショナリズムを激化させ、それが共和党の復興主義外交として現れ、シュナーベレ事件（1887年）で明らかになったように、その行き過ぎによってフランスの秩序を危険にさらした。1918年以降、役割は逆転し、情勢は悪化していく。ビスマルクほど現実主義的ではないものの、クレマンソーは、ベルサイユ条約の交渉中にさらに踏み込んだ侮辱を行った。そのせいで、緊張は数段増し、最も極端なレベルに達した。ドイツ民族の高揚、レーベンスラウム理論、オーストリア、チェコスロバキア、ポーランドを犠牲にした組織的拡張主義、そしてユダヤ人が主な犠牲者となった陰謀論は言うまでもない。ツェントルム〔訳注　zentrum中央党のことで、1870年に創設されたカトリック系の政党でヴァイマル共和制期に活躍した〕の代議士のコンスタンティン・フェーレンバッハは、1919年に「*Memoresestate, inimici ex ossibus ultor*」（敵

よ、骨から復讐者が生まれることを覚えておくが良い^{原注4})と予言していなかっただろうか？

　1871年から1914年までのケースと同様に、これら2つの連続した歴史的事象は、まだ完全には構造化されていない国際的文脈の一部であることに注意すべきである。ヨーロッパ協調主義が終わりつつあったが、それにもかかわらず、ウィーン体制の部分的な維持は重要な役割を果たし続け、国際システム内でフランスの統合を危うくする排除政策につながる可能性のある漂流から守った。バルカン半島(1878年)とアフリカ(1885年)に関するベルリン会議でのその存在はこれを証明しており、そこでは、毎回新たな利点が得られた。同じ指摘は、協調の恒久化ゲームによってドイツが再統合された戦間期にも当てはまる(ロカルノ1925年、ドイツはグスタフ・シュトレーゼマンとともに国際連盟への参加を準備した。ストレーザ1935年、四者協定1936年、ミュンヘン1938年…)。

　反対にポスト1945年体制の構造的な性質は、ドイツと日本の「報復主義」を無力化することに貢献した。これは敗戦国と崩壊した政権を区別するために適用されたもので、連合国の政策によって支援された。実際、その後、報復主義の考え方は敵対者、特にソ連によってさらに利用され、ドイツ連邦共和国の信用を傷つけ、汚名を着せるために広範囲に利用された。ドイツ連邦共和国は、ヨーロッパと大西洋の同盟という新しい枠組みの中で自らを再建することに専念した。

　このことは、完全には構造化されていない地域状況において、特に日本にはあまり当てはまらない。1957年に首相に就任した岸信介は、第二次世界大戦中の東条英機の元協力者であり、国際法廷で実刑判決を受けたが、臆病な復讐に匹敵する国家主義的取り組みに再び着手した。彼は戦時中に罪を犯して拘留されていた数名の捕虜を解放し、日本防衛の新たな「原則」と「目的」を再導入するいくつかの文書を作成し、そして何よりも、自分の国を事実上アメリカの保護下に置いた1951年の条約を再交渉することを決定した。彼が到達した新しい条約は、1960年6月19日に発効し、事実上、信託統治の概念を「相互援助」の概念に置き換えた。その少し前に、すでに「岸・アイゼンハワー宣言」で両国間の「主権の平等と相互協力」の考えが導入されていた。^{原注5}

その過程で反中となるいくつかの事件が勃発し、中国との貿易関係の中断にまで発展した。彼の孫である安倍晋三は、2006年から2007年まで、そして2012年から政府を率いた。彼は特定の国家主義的、さらには修正主義的なテーマをすぐに取り上げ、「愛国心」の教え、国旗への敬礼、敬意を再導入した。靖国神社に参拝し、完全に自由な軍事防衛と戦争を遂行する主権の権利を獲得するためにアメリカ人によって書かれた1947年〔訳注　正確には1946年〕憲法の改正を主張した。同時に、彼は中国への挑発を倍増させたが、それはうまく撥ね返された…

　封じ込められるかどうかにかかわらず、この降格と復讐のサイクルは暴力の潜在的な支柱と見なされており、2つの戦争の観察者であり当事者であるジョン・メイナード・ケインズも非難している。だが、現代史において、戦争の再発の主要な要因を構成したのはこのサイクルだった。この問題は1922年にすでに日本に関係しており、ワシントン会議によりイギリスとアメリカは日本の海軍の保有艦船数を自国の明らかな優位性を見せつけるために5分の3に制限することになった…こうした問題はより控え目に言っても周期的に現れる。実際1990年に超大国の地位から転落したロシアの態度の内部では非常に活発であり、それ以来その外交は「穏やかな復讐」への欲求によって動機づけられ続けている。それは、ブロックしたり提案したりすることで、彼が自分の地位を回復し、シンボルや封じ込め、傍観者として不器用かつ不当に与えられた降格のショックを和らげることを可能にするのだった。このようにして、ボスニア紛争(1994年)、コソボ紛争(1999年)、イラク(2003年)、またはシリア(2011年から)における一連の妨害を解釈できる。「5+1」グループ内の西洋諸国に対する見かけ上の「黙認」を超えて、ロシアは上海協力機構内ではオブザーバーとして参加が認められているイランに対する寛容性を見せることも忘れていない。

タイプ2　拒絶による屈辱

ウェストファリアの外の世界では、すぐに別の種類の屈辱が生まれた。す

でに見たように、ウェストファリア制度、そして 1815 年のウィーン会議によるその承認は、主人公たちによって最初に構築され、主人公たちによって理解された対等な関係のゲームであり、その君主は時には血族でありながら、特定の状況下では敵である可能性もあった。「外側」の他者の発見は、新たな次元をもたらした。最初はヨーロッパの領域上での別のイデオロギーの担い手であったが、それを超えた別の文化、別の宗教、さらには当時言われていた別の「人種」の担い手は、もはや同じ関係に還元できなかった。その存在はもはや平等ではなかったし、平等になるなど考えもしなかった。ウェストファリアの統治は影響を与えなかった。「野蛮」、「獣姦」、「暴徒」、「無能」、または「凶暴性」から来たその者は、もはや同じレベルの地位を主張することも、その者が共同管理人であることに疑いの余地のないシステムに統合することもできなかった。[原注6] インド副王ジョージ・カーゾン卿は、自分が統治する人々を「真理の感覚が欠けている」と指摘して非難したのではなかったか？[原注7]

　裏口から国際的な社会に入ったこの「他者」は、後見の下に置かれ、回心と矯正、つまり「文明の基準」への調整の対象となり、叱責される以外あり得なかった。これらを下回ると、同じ権利を享受することはできず、他の罰を受ける可能性もあった。アヘン貿易の禁止が西側諸国で「自由への攻撃」であると判断されたのが、このことをよく示している。ここでの屈辱は、権利の平等の拒絶という形で表現されている。

　国際的な日常の社会化が、法律上ではないにしても、少なくとも事実上、すべての主権の廃止を正当化する主要な要因となるのは明らかである。メッテルニヒが 1821 年 1 月、ライバッハ（リュブリャナ）で、ナポリで始まった民衆動員について語ったのは屈辱的な言葉だった。トロッパウの「会議」（1820年）で「災害」として扱われた後、反乱軍は「悪徳」と同一視されたが、専制君主の両シチリア島の王フェルディナンド 1 世には「美徳」と見なされた。[原注8]民衆は彼にヨーロッパ協調主義の大国が制圧することができるように介入を求める見せかけの手紙を要求した。[原注9]翌年、ヴェローナ会議の後、ルイ 18 世のフランスは、「黄熱病」と同一視した自由主義的なスペインと戦うために「聖

ルイの 10 万人の息子たち」を派遣した。「人生最大の政治的出来事」、その発起人であるシャトーブリアンが燃え上がる！フランス国王の言葉によれば、それはスペイン王国を「破滅」から「守る」ことと、「ヨーロッパと和解する」というのが課題であった。ずっと後になって、ソ連は 1956 年にブダペストで、次に 1968 年にプラハで同じ屈辱のゲームに打ち込んだ ...

　新しいアイデアに対するこのイデオロギー的な戦いは、あらゆる形態の他者に対するより広範な吊るし上げに取って代わられた。ナポリでのエピソードは、トロカデロ占領によって不滅となったスペインでのエピソードと同様に、現代の主権原理への最初の切り口の 1 つを構成し、それによって同様に多くの憤りと将来の不信への道を開いた。しかし、もはや政治的にクラブの外部でもない新たなアクターがアジアとアフリカで「民族的に」台頭したことで、この拒絶は新たな勢いを帯び、一般的になってしまった。そのとき標的となったのは民衆運動だけではなく、人民全体であり、帝国、王国、国家も同様であった。それに伴って、介入という考え方は、課せられた屈辱を機械的に達成する手段として不可欠なものとなった。

　この第二の種類の屈辱は、第一に、侵入者の*地位*の再構築につながり、その地位はウェストファリア国家の地位よりも質的に劣るものとなる。すなわち、降伏の後、保護下に置かれ、兵士やヨーロッパの商人が自由に足を踏み入れることができる領土的自治、その後、ポスト植民地時代の状況において、国家のクライアント化、「協力協定」、「フランサフリク」... 構造化された国際的文脈において、この法的再編は、強者の安全と弱者の「保護」のために働く同盟のネットワークを維持するために策定される。冷戦時代によくあったことだが、限界に達すると、正式な主権主義は、スカルノのインドネシア、セク・トゥーレのギニア、クワメ・エンクルマのガーナをソ連陣営、一方、モブツのザイール、シャーのイランまたはハッサン 2 世のモロッコを西側陣営だと誇示して幻想を作り出した。これらの政権は 2 極体制に吸収され、超大国間の競争の利害関係者となり、大国へのお世辞や求愛によって屈辱を和らげることができた ...1989 年以降、こうした予防策は消える傾向にある ...

　こうした拒絶の実践を伴って、主権主義外交は徐々に築かれ、最初は反動

を引き起こしたが、その後はありふれたものとなった。現在の中国外交の主権主義は、中華帝国が 1949 年まで、あるいはそれ以降も苦しまなければならなかった拒絶の実践にルーツを持っている。バンドンで宣言され、今日でも「非同盟」の人々を元気づけている主権への賛歌も、同じ起源のものである。それは、インドとブラジルを筆頭に、ほぼすべての新興大国に影響を及ぼしているが、集合的な記憶が古代の悪魔として構築されたように、困難を伴う解放への反応なのである。

　この主権主義外交は西洋諸国にとっては理解しがたいものであり、西洋諸国はそれを傲慢で分かち合いの拒絶と見なしている。それは国際交渉に多くの障害を引き起こし、多国間主義を妨げ、集団的規制の方式を不確実なものにする可能性がある。それは繰り返し非難されてきた。カイロ人口会議(1994 年) における北京の主権主義、各気候変動交渉における新興国の主権主義、人権侵害で起訴された南のほとんどの国々の主権主義。

　確かに、それらは過去に濫用された主権の痕跡または遅延反応と考えることができる。しかし、それらはさらにあることを思い起こさせる。それは、ウェストファリア体制が中心であった当時、ヨーロッパの発展の条件であった権利の遵守と、その権利の剥奪により、多くの新興国家が動けなくなり、依存状態に置かれたのである。私たちは、そこに屈辱的な行為の結果として生じる勢力均衡の極めて脆弱な証拠を見つけることになろう。私たちは、そこに現在の国際システムの関係者の間に不信感が根付いており、その不信感がこのシステムの機能を永続的に掌握し、それが必然的に一方と他方の行為の拡大解釈につながっていることを特定することになろう。

タイプ3　追放による屈辱

　平等の拒絶は、それ自体、急進化への道を容易に切り開く。他者を類似したものとして認めることを拒否し、それを大声ではっきりと宣言することは、他者を世界的または地域的な統治から排除することになり、国際舞台で国家間での「消極的な国民」の役割に追いやることになる。

　実際、この追放には2つの要素があり、互いに強化し合う2つの論理に対応する。明らかに低いレベルの発展、したがって能力と権力が現れるためそれは客観的である。他方、権力者が特定の他者を「第二グループ」とされる場所に降格させ、維持することにつながるためそれは主観的なものでもある … そこから派生するこの二重の地位は、その対象となる人々を、独自の外交を展開するよう導く可能性がある。私たちは「抗議外交」という名札の下でそれを検討しよう。

　発展レベルにおける不平等は必然的に事実上の追放として認識され、したがってその影響を受ける人々にとっては屈辱だと認識される。脱植民地化によってもたらされた国際システムは例外的であり、歴史上まったく前例のないものであり、非常に異なるレベルの国家を競争にさらすという、これまで見たことのないもので、不当な扱いを受け、少なからず抑制された抗議の感情を機械的に呼び起こすことしかできなかった。バンドン会議(1955年4月)の雰囲気はこのようなものだったことはもっと注目されていい。最終決議は、特に最も裕福で最も恵まれた国家が新たに獲得した主権を危険にさらしている最貧国の発展に積極的に参加することを要求することで、この苦境にある者たちの反抗を封じ込めるよう求めた。同じ精神で、1960年代初頭の大規模な脱植民地化に続いて行われた最初の仕事は、1964年に新興国家のための国連貿易開発会議(UNCTAD)の創設と、その後1965年に国連貿易開発会議から発足した国連開発計画(UNDP)である。公的開発援助を富裕国の国民総所得の1%に引き上げるという束の間の試みは、0.7%に引き上げるということになったが、こうした侮辱に直面する前は、一般的に無関心であり、その上限は0.35%だった。国連が宣言した「ミレニアム開発目標」(MDGs)は計画的に失敗し、残りはそのまま終わることになった …

　しかし、この種の屈辱の最も敏感で知覚可能な要素は、*国家としてだけ*でなく、*行為*としての追放つまり、相手を想定しているよりも低い状況に追放することを選択した権力行為に関連している。構造化されていないシステムでは、最弱者の同盟は重要でなく、正式な規則の尊重ももはや必要ないと考えられているため、追放はその犠牲者の*地位*を危ぶむ場合がある。なぜなら

追放は国際ゲームへの*統合*要請に背くことになるからである。

　このことは、オスマン帝国がヨーロッパ協調主義から追放され、オスマン帝国に直接関係する、特にバルカン半島に関する主要な会議に時々招待されるだけだった 19 世紀から観察することができる。同様に、すでに見たように、国際連盟と国際連合は、戦勝国の主導の下、主権国家を、たとえその者たちが敗者の陣営に属していなかったとしても、加入を認める際に非常に選択的であったことを示している。そこには、制度化された、あるいは想像上の形で、クラブを好まない者、あるいは単純にクラブに属さない者たちを、集団的決定や国際社会から排除したり疎外したりする、永続的な外交的特質が形成されていることがわかる。

　今日、新興国は、それが礼儀や約束のレトリックを問わず、安全保障理事会の常任理事国のサークルによって構成される「至聖所」への参入や、歓談や修辞的な約束、より非公式な意思決定へ参加するかどうかにかかわらず、このような屈辱的なことを定期的に経験している。一時的に G8 に取って代わられたものの、外交的には疎外され続けている G20 構成メンバーの長いリストは、その一例であり、複数の「コンタクトグループ」によって非常に注意深く監視されている。ブラジルとトルコは、2010 年春、イラン問題に関して外交的イニシアチブをとったことに対して多くの非難を受けたことは記憶に新しい。

　1968 年に締結された核拡散防止条約は、核爆弾を使用する可能性のある者に対してクラブの門戸を閉ざしており、これと同じ追放の論理に従い、今日では選択的であることをさらに屈辱的な方法で更新している。インドは2006 年からアメリカとの原子力協力協定の恩恵を受けるまで、条約への署名を拒否してきたことを「許可」されてきた。イスラエルは秘密裏に原爆入手を助けられ、パキスタンは慈悲深い無関心から恩恵を受け、一方、イランは決してクラブへの参加を許さないと最も強い言葉で誓う国々が動員され加入が阻止されている …

　「排除の外交」は、ますます流行しているが、外交の使命そのものに反しており、この追放の論理の極点として刻まれている。ハマスは実際にパレス

チナ自治区で選挙に勝利するとすぐに隔離された (2006 年 1 月)。安全保障理事会決議 1559 (2004 年 9 月) 以降のシリアや、一時的にカダフィ大佐のリビア、時にはキューバ、ベラルーシ、ジンバブエ、またはスーダン、シリアに関する交渉に参加しないことが一時決定されていたイラン、2013 年 7 月に「テロ組織」の長期リストに含まれたヒズボラ … このようにして「追放された」国家または主体のグループが形成されてきた。それにもかかわらず、それらの人々は、多くの場合、国際社会が解決の責任を負う紛争のまさに中心にいる。

　確かに国際法や人権に対する重大な違反を犯している国もいれば、そうでない国もある。しかし、屈辱的なのはこの選択が、すべての犯罪者に一律に適用されるわけではなく、依然として「予備サークル」の外にいる南の発展途上国などをターゲットにしているという点である。実際、価値判断を超えて、それがいかに正当なものであっても、ここでの屈辱は、現代の国際的な日常を深く特徴づける二重の断絶として構築されている。例えば*比較*によって得られる重要性によって、各主体は競争相手が経験していること、特に彼らが何を逃れられるかに応じて自分の運命を判断するようになるということ、かつてすべてを最後の手段で判断していた力の弁証法が消え去り、今や価値観の対立に取って代わったこと、等である。追放された感を悪化させ、国際システムに対する不平等な認識を先鋭化させる要素がこれではあまりにも多すぎる。

　国際システムの脆弱な構造の状況において、追放は、形式的には主権を有するとされ、そのように認められている特定の国家の*地位*にも影響を与える可能性がある。さらにその国家の価値が低下し、その存在自体が*事実上 (de facto)* 否定されることさえある。もし当該国家がいかなる制約的な同盟ネットワークにも組み込まれず、その消滅や弱体化が敵対陣営に利益をもたらさないのであれば、この軽蔑的な追放は「国際共同体」にとってますます容易になり、より低コストになるだろう。

　エチオピアの例は典型的なものである。主権が認められた王国の主となるというイタリアの主張は、正式な抗議によって 1930 年から 1936 年の間のみ認められた。イタリア軍の攻撃前の 1935 年の夏と、その後の秋の国際連盟の会議は、何の効果もなかった。非常に多くの大国が、脅威にさらされた国家

の存続の価値は、ムッソリーニを排除する場合の費用を超えるだけの価値がないと考えていたからである。このエチオピアの追放は、ピエール・ラヴァルと外務省のカウンターパートであるサミュエル・ホーアの間で封印されたイギリス・フランス・プロジェクトによって確認され、ホーアは、1935年11月に、最初の意見を求めることさえせずに、エチオピアの3分の2をイタリアに割譲することさえ提案した。アディスアベバ陥落（1936年5月）後、エチオピア王（le négus）を国際連盟総会で「ネグリヨン」と呼ぶ叫び声があったものの、丁重に歓迎されたことを私たちは知っている … 儀式的な歓迎が過ぎ、あまり効果のない制裁が採択されたが、形式的には … イギリスは3ヵ月後に制裁を解除し、2年も経たないうちに亡き帝国に対するイタリアの権利を認めることになった。

　このようにして、アフリカ国家の主権の地位は最低レベルに評価されたのであるが、これが実際に、直接の犠牲者である人々だけでなく、その原因を認識したすべての人々が受けた蔑みも屈辱の根源となっている。特に、当時若い学生だったクワメ・エンクルマがこの出来事を屈辱に感じ、彼は残りの政治人生に決定的なトラウマを負ったことがわかっている。[原注12] 実際、ヨーロッパの目にはエチオピアはそれほど価値がなかったのだ。アンリ・マッシスは当時、エチオピアについて「教育を受けていない部族の混合物」と語っていた。[原注13] 放逐は、屈辱と戦略的機会、文化的かつ現実的な考慮事項の組み合わせに基づいて行われていた。1931年の日本による満州侵攻も1937年の中国領土全体への侵攻も「国際共同体」によって受け入れられたのと同じように、ここでも日本は、「極端に西洋的」な文明を体現し、超国家主義を掲げて第二次世界大戦へ挑もうとしていた。確かに当時非常に弱体化していた中国の追放は、自由放任主義が不可欠だった同じ外交でも、すでに屈辱が遅れて影響を及ぼしていた外交の一部のように思える。同じことは、1938年のチェコスロバキアの降格についても言える。たとえその時「小国家」のアイデンティティが未開の国民のアイデンティティよりも優先されたとしても … この事件が前例となったことが分かるだろう。

　追放による屈辱は、その犠牲者である国々の間で*抗議外交*を育み、その頑

健さと活力が、かつては完全に追放から守られていた国際システムを徐々に
形作ってきた。外交というのは感情的な部分もあるが、戦略的な部分で構造
や誇示された権力に異議を唱え、国際舞台での地位と優位性を獲得すること
にある。つまり権力をめぐって競争するのではなく、権力に疑問を投げかけ、
それを外交政策の基礎にすることで、古典的なゲームは逆転する場合もある。
この政策は間違いなくバンドンの精神と非同盟運動の精神にその起源がある
ことがわかる。当時、この政策は第三世界にとって不利と見なされる国際秩
序の 2 極体制への疑問に基づいていた。今日、その標的は多様化しているが、
一部の国々はわずかな費用で可視性を獲得し、議題に影響を与える能力を得
ることができる。追放が発生した場合、それはほぼ避けられない対応であり、
場合によっては国際システムに多大な損害をもたらすこともある。

タイプ4　汚名による屈辱

　最後に、私たちは、他者と自分自身と区別する点に関して他者を中傷的に
糾弾する汚名に焦点を当てて屈辱を明らかにする。この種の屈辱は、明らか
に二重の文脈で意味を持つ。それは、政治的、そして何よりも、強く異なる、
あるいは対立さえする文化的特徴を動員する場合である。そしてもう 1 つ
が、国力レベルが著しく低い場合である。最初の条件は、相対的な現代性を
表している。かつては、十字軍時代のイスラム帝国のように、実際には国際
システムの外側にあるのだが、このラベルが意味するようにすべての意味で
「異教徒」の汚名を着せられた国家を指すためだけに存在していた。原注14第二の
条件は、汚名を着せられた国々の構造的劣等性を前提としている。すなわち、
強大なソ連を「悪の帝国」として告発したことでどういうわけか対立の影響、
ひいては力の均衡の中に迷い込んでしまった。この最後の概念は、倫理的非
難の「現実的」な扱い、したがってその無力化、さらにはもっぱらイデオロギー
的な使用を暗示していたのである …

　したがって、この種の屈辱が本質的に構造化されていないシステムで見ら
れるのは驚くべきことではない。他のシステムでは、それはほんのわずかに

しか現れない。同様に、この場合、地位よりも統合の問題に固執している。これらすべての理由により、この制度が実際に登場したのは 1989 年以降である。その主なターゲットとなるはずだったイスラム教は、2 極体制の時代においてはいかなる偏見も引き起こさなかった。それどころか、ジミー・カーターはソ連を封じ込めるための「グリーンベルト」創設に進んで賭けていたし、冷戦のチャンピオンであるロナルド・レーガンは、アフガニスタンやスーダンでモスクワに対抗するためにイスラム主義勢力と同盟を結んでいた。サウジアラビア政府が示す価値観の例外性や差異は、アメリカ外交では何の当惑もなく評価された。^{原注15}

　2 極体制の終焉により、覇権国アメリカは、もはやその力のレベルでは決して拮抗しない新たな敵の価値に対する非難を組み合わせた非対称的な闘争を始めた。その結果、「正義の戦争」というテーマへ回帰し、機会、選択性、必要な柔軟性を組み合わせて、それが政治的になったことで、さらに物議を醸すことになった。クリントン大統領時代に造語された「ならず者国家」という概念は、安全保障担当補佐官アンソニー・レイクの主導下で生まれたものだが、1994 年にはすでに次のことを目指していたと思われる。アメリカは「外の世界に対処できない」。こうして国際関係におけるこのこの前例のないカテゴリーが、古典的な敵の概念や、道徳的非難に依存する権力の法則とは明確に区別されるようになるのである。^{原注16}

　ただし、これだけでは非常に不正確かもしれない。確かに、この概念は構造化されたのだった。つまり、国際法や人権の侵害、テロリズムや大量破壊兵器の保有といった基準を少しずつ当てはめたのだった。関係国のリストはキューバ、北朝鮮、イラン、イラク (サダム・フセイン政権)、リビアを中心に作られたが、リビアはその後撤回された。時間が経つにつれて、マデレーン・オルブライトとその取り巻きは、「懸念すべき国家」という考え方が「不安」という概念と現実主義の古典的な教義とより良く組み合わされることに気がつき、議論した。ネオコンに関しては、ジョージ・W・ブッシュが 2002 年 1 月 29 日の一般教書演説で用いた、より非難的な「悪の枢軸」という概念に回帰する。その後、2005 年 2 月にコンドリーザ・ライスは「独裁政治の先進点」

と述べたが、ビルマ、ジンバブエ、ベラルーシが関係する話にもかかわらず、
──当時アメリカが必要としていた──シリアは除外されたし、もちろんサ
ウジアラビアも除外されたが、サウジアラビアは民主主義国家のいかなる特
質も備えていないのである …

　この柔軟性により時間の経過とともに焦点が*体制*から*文化*に移るにつれて、
汚名を浴びせる言説の屈辱的な範囲がさらに広がっていった。9 月 11 日以降、
特に意図的に不正確な「イスラム主義」という呼称の下で、イスラム教は外
交政策の領域に組み入れられた。このような宗教的言及を見つけるには、宗
教戦争まで遡らなければならないが、今回は別の意味を持っていた。かつて
プロテスタントとカトリックは、同じレベルの勢力として、神学的に正面か
ら対立して衝突した。現代の外交実務におけるイスラム主義の呼称は、まっ
たく異なる性質のものである。あいまいさと混合物を利用して、敵対者を軽
蔑的なカテゴリーに関連付けることによって貶めようとしており、そのため
如何なる詳細な分析も省略している。「イスラム・ファシズム」、「犯罪的サ
ラフィー主義」、または「イスラム主義的テロリズム」など、非常に多くの言
葉が使われている。そして実際、さらに悪いことに、彼に似た人々が平和、法、
民主主義の潜在的な敵という唯一の立場に置かれることになる。あらゆる交
渉を違法にし、さらにはそれを禁止する解釈が非常に多くある。

　宗教とそれに関連する文明の正確な位置に残る不正確さは、ある人たちに
不信感を生み出し、他の人たちに屈辱を与える。そしてますます苦々しい気
持ち、さらには憎しみを醸成するほど拡散し、制御するのが困難になる。ラ
ベル付けは内容よりも強力になる。つまり、それは十分過ぎるほどに行動を
方向づけ、外交のベンチマークを作成する。アラブの春の将来についての演
説などを聞けば、それが極度に単純化されていることが良く分かる。

　潜在的な逸脱はこのようにラベル付けされるのであり、人々を動員する可
能性がある効果的な対応であると信じている者たちを逸脱だと設定して汚名
を着せるのである。これに応じて、名指しされた方は、国際システムによっ
て制定されたルールを表向きに破ることによって、国際システム内で優位性
を得る技術として定義される逸脱外交を企てることになる。

表2　屈辱の外交

蔑みの種類	外交の形態	国際協力
1. 降格	報復主義 • 急進的（非構造化システム） • 穏健的	手段化された協力ゲーム
2. 拒絶	主権主義 • 攻撃的（大国） • 活動的（新興国） • 保護的（小国）	限定的な共謀 条件付き 不信感
3. 追放	反抗主義 • 改革的（新興国） • 急進的（小国）	条件付き 護民官の使用
4. 汚名	逸脱主義 • 象徴的 • 積極的	護民官の使用 拒絶

　したがって、4つのタイプの侮辱は、以下の表（**表2**）にまとめられた新しい外交モデルを生み出す。特に、より受動的で「賢明に」大国のクライアントになる形態を好むことが多い最弱国家の側では、反作用を示す外交は避けられないものではないことに留意すべきである。しかし、その活力と成長は無視できないものだし、経済的、さらには構造的に彼らに利益をもたらしているように見える。また、その形態は、大国（ロシア）、新興国（中国、ブラジル、インド、南アフリカ）、あるいは小国が何を目論んでいるのかによって異なる傾向があることにも留意されたい。

　しかし、それらはすべて国際協力の質に影響を及ぼす。極端な形態では、報復外交はそれを純粋な手段ゲームに追いやってしまう。主権外交は不信感と自発的な予防を引き起こし、今日のロシアのように慎重かつ限定的な黙認[原注17]ゲームによって、あるいは国際システムにおいてより有利な立場を獲得しようとする新興国によって表明される改革主義的な戦闘によって調整される。最後に、抗議的かつ逸脱した外交は不利な立場にある人々を守る護民官の姿勢に価値を見出し、多国間機関を真のフォーラムとして利用する傾向がある。

**

　このように、この最初の考察は同時に、国際システムの変革がいかに屈辱の問題に重要性と力強さを絶えず与えてきたかを明らかにしてきた。現在の国際システムの要素を考慮すると、それは危険なほど中心的な要素となっている。しかし、屈辱とシステムとのつながりは自動的なものだろうか？このように分析された順序の中に私たちは必然性を発見できるだろうか？戦略的選択、選択された構造、明確な分析の重要性から見ると、この仮説はあまり信頼できるものではないかもしれない。実際、アクターの役割が最も重要であるように見えるからだ。作り出された屈辱から記録された反応、そこから派生する国際ゲームの明らかな混乱に至るまで、選択の部分が決定的により重要であるのだ。

第 2 部
屈辱によって潤される国際システム

　今日、国際システムが屈辱によって病んでいるという事実に変わりはない。屈辱は国際システムをうるおし、戦略を生み出し、あらゆる種類の反応を引き起こし、最も絶望的な妨害に導く。もちろん屈辱が唯一の要因であるとは言わない。ましてや屈辱が主な要因であるとも主張しない。同様に、これまで見てきたように、この屈辱はさまざまな形をとり、それを単数形で語ることは不可能である。それは意識的か無意識的に関係なく、常に組織化された政策として表現されるため、再考され修正される可能性が高くなる。したがって、これは真の国際公共政策であるように思われる。

　今日の国際システムにおける屈辱のこの重要性は、私たちの国際システムの特殊性を反映する 3 つの要因の結果であり、それぞれが章の主題となる。第一に、*構成的不平等 (inégalité constitutive)* である。私たちの国際秩序は、現代国家の 3 分の 2 以上に影響を及ぼす、管理が不十分で負担のかかる脱植民地化の結果だ。植民地時代の遺産は、強制された依存という広い意味で解釈され、現在のグローバリゼーションにおける国家間の元々の不平等を維持する原因となる。これに、国際的な意思決定、ひいては資源への平等なアクセスを誰もが許可されていない*構造的不平等 (inégalité structurelle)* が加わる。この不平等は、もはや国家間、さらには政治主体間の力関係、人口動態、経済的、さらには文化的、政治的バランスの現実に対応していないため、なおさら感じられる。最後に、これら 2 つの不平等は、*機能的不平等 (inégalité fonctionnelle)* によって活性化される。つまり、寡頭制で時代遅れで排他的な現在のシステムの運営と統治の条件そのものに関係しているのである。

第4章　構成的不平等：植民地時代の過去

間違いなく、現代国際政治に関する分析では、植民地化が現在の国際シス
テムの組織と機能に及ぼす重みについての考慮が脇に置かれている。重要な
ことは、ハンス・モーゲンソーが主著の中で植民地化を扱っているのは、か
つてのヨーロッパ諸国間の権力争いの物語に新たな要素を加えているだけで
あり、その要素とは、地平線で形を現しつつあった「植民地革命」によって
かつての従属諸国が国民国家の制服を着るようになったということだけだっ
たということである。原注1　こうした考えは戦後すぐに定着していった。私たちは
すべてが国家間の時代に入った。しかし、物事はそれほど単純ではない。周
恩来の主導で中国が参加し、アイト・アハメド率いるアルジェリアのFLN
などの民族解放運動が結集した最初の脱植民地運動であったジャワで開催さ
れたアフリカ・アジア人会議の雰囲気と最終宣言を呼び起こす「バンドン症
候群」のような重みを持った植民地時代の過去の影響が、現在の国際ゲーム
を構成している。

　私たちは今1955年4月にいるとしよう。インド人のニール、エジプト人
のナセル、インドネシア人のスカルノがサミットの主催者だが、パキスタン
人のモハメド・アリ・ボグラとスリランカ人のジョン・コテラワラも同様だ。
私たちは彼らを結びつける探し求めているものをすでに認識しているが、そ
れでも彼らは非常に異なっており、ある人にとっては保守的で、またある人
にとっては進歩的である。反共産主義者で非常に西洋化されたジョン・コテ
ラワラ卿は、「アジアの声を届ける」ことを熱望していた。原注2　アリ・サストロ
アミジョヨ・インドネシア首相は、「私たち（アジアとアフリカの人々）は今日ど

こにいるのだろうか？と意味ありげに尋ねたが、インドネシアの最初の国連代表者であった。[原注3]

　参加国は非常に多様なようだ。それについて吟味してみよう。5人の主催者に加えて、ごちゃごちゃにベトナム、スーダン、エチオピア、イラン、トルコ、サウジアラビア、ガーナ、さらには中国、さらには日本も参加している。招待国は計30ヵ国で、そのうち29ヵ国が代表を派遣した。地理的な共通点として、どの国もアフリカまたはアジアに属する。真の共通性とは、超西洋性であり、冷戦を支配しようとしていた大国の側への依存と監視という、一時的であれ永続的であれ、状況の程度や形はさまざまであるが、それらに対抗することが彼らを束ねることになった。日本自体も一時は降伏ゲームに屈服しなければならなかったのではないか？

　採択された動議を読めば、きずなの質について誤解することはないだろう。最終宣言の それぞれ10項目は、植民地時代の事実を直接的または間接的に想起させる。基本的権利の尊重 (1)、主権と領土保全 (2)、人種と国家の平等 (3)、内政干渉の拒否 (4)、他国からの自国を防衛する権利の尊重 (5)、大国の特定の利益に資する可能性のあるあらゆる形態の集団的自衛の禁止 (6)、統一的領土に対する武力行使の非難および政治的独立 (7)、平和的手段による紛争の解決 (8)、協力の発展 (9)、「正義の尊重」および「国際義務」(10)。

　スカルノ大統領は閉会のスピーチで、明確に次のように述べた。「私たちは人種差別に対する共通の憎しみによって団結している。私たちは世界の平和を維持し安定させるという共通の決意によって団結している。」[原注4]

例外と過剰

　イラン、中国、エジプト、インドの結束を可能にしたのは実際何だったのだろうか？植民地を経験した過去が、最も広範かつ最も構造的な意味で共通点として理解できる。この前例のない支配体制は主権を完全に奪われていないものの、限りなく制限または破壊されていた。そして*例外性*と*過剰性*という2つの性質の交差によって表わされる屈辱の影響が始まり、それを通して

影響が伝わり、形を成し、永続することができたのだと考えている。

　植民地主義の貢献や影響について、道徳的な判断を下したり、際限なく議論を続けたりすることはもはや問題ではない。実際、この過去の溝が、現在の国際ゲームにどのように影響するかを理解することが問題となる。そうでなければ何が問題となりうるだろうか？植民地統治、委任統治領、保護領、または謙虚に「影響下にあった」と呼ばれる単純な地域など、さまざまな形で、今日の世界の国の明らかに多数が、一時的または永続的にこの部類に属していた。正式に植民地化されていなくても、中国、ペルシャ、トルコ、タイ、そして一時でも日本は、降伏ゲームや事実上の後見制度を通じてそうした記憶の下で生きたのだった。その記憶が、彼らをバンドンの忌まわしいものに敏感にし、正式な独立を獲得したばかりの若い国家との連帯を示す理由になった。

　正確に言うと、植民地主義はその本質からしても、規制された制度形態ではなかった。植民地主義は、不平等を強く感じる支配様式を前提としている。この植民地の特徴は、後に国連憲章によって改めて強調されるように、その主要な正当性が国家の主権的平等に基づいている国際秩序と照らし合わせて考慮されるべきである。この不平等の記憶と、その不平等が独立した後も永く続く危険性が屈辱の土台を生み出す。そして 2000 年紀の変わり目にあっても古い制度を身をもって体験した者が権力者である場合は風土病的となる。

　最後に、植民地主義は国際システムの破壊という文脈が興隆するにつれて、ますます活発に見られるようになったことに注意して欲しい。19 世紀後半から 1945 年まで、2 極体制は事実上存在しなかったため、宗主国は自由に行動することができ、存在しない競合陣営から来るいかなる汚名からも*事実上 (de facto)* 守られた。それどころか、共謀によって誰もが有利な条件で取引を行うことができ、ファショダで明らかになったように共謀の影響の方が競争の影響より大きかった。彼らはコンゴ盆地を共有し、その後アフリカの大部分を共有した。敗北だけが悪意を呼び起こした。1919 年のベルサイユでのドイツは、被支配国民をひどい扱いをしたという口実で植民地を剥奪されたのではなかったか？

　この黙認ゲームは、それを行使された人々の屈辱を煽るだけだった。しか

し、基本的に、これは機械的な方法で構築された。*例外性*に基づいて設立された植民地支配は、平等の拒絶を日常化した。それは*過剰*に機能し、政府の様式として汚名を着せる訓練を通してのみ自らを再生産した。記憶の構築は、持続することが約束された文化を犠牲にして発明された。さらに深刻なのは、このシステムの確立がすでに、独立性を超えて、別の手段によって永続するように仕向けていたということだ … したがって、引き起こされる屈辱の影響は、主観的にも客観的にも促進されていくことになった。[原注5]

　植民地支配は基本的に*例外*の考えに基づいている。ヨーロッパが、特にローマ主義者の業績に関連した法文化を発明することで歴史の中で名を残したとすれば、ヨーロッパの植民地時代の冒険は、法の例外の上に築かれたものだった。私たちはここに、永続する不幸の根源を見出す。今日、西洋諸国が、しばしば賢明にも、かつて植民地化された国々に法の支配を緊急に確立することを要求する一方で、その指導者たちは、誠実に、あるいは冷笑的に、植民地時代には少なくともほとんど基盤となる法がなかったことを思い出しているのだ。フランスとイギリスは西洋の制度である議会制を要求していたが、植民地の管理は議会の権限外であった。フランスの植民地秩序は立法の領域になく、基本的に大統領令、そして付随的にではあるが何よりも日常的に、知事と植民地管理者の恣意性に依存していた。イギリス側では、議会崇拝が地方議会に一定の権限を与えているように見えたが、しかし、大半が任命されたメンバーを通じて権限は植民地当局の手にあった。[原注6]

　この例外性は、人間間の不平等に身をささげた人物の地位を通じて、日常生活の隅々にまで及んだ。フランスの場合、「現地人法典 (Code de l'indigénat)」は軽蔑への賛歌として登場する。1881年からアルジェリアとコーチシナに課せられ、その後セネガルにも適用され、1904年からフランス領西アフリカ (AOF) 全土に拡大されることになった。この法律は、法の一般原則から外れて設計されており、特に法律で禁止されていないあらゆる範囲の行為に対する制裁については、秩序を維持するために推定された必要性に応じて、植民地当局の裁量に属していた。このようにして、1881年以降、将来の多くの「先住民」エリートたちが間もなくその打撃を受けることになる前例のない犯罪

のリストが出現することになる。「無礼な行為」、「許可のない会合」、「渡航許可の欠如」、「攻撃的な発言」。財産、特に土地の抑圧的な没収は、手続きなしでの横領に相当するが、裁判所命令がなくても強制収容が可能であった。コンゴ共和国だけで 1908 年から 1909 年の間に合計 1,500 件の特別犯罪が確認された。勿論控訴は存在しない。[原注7]

　個人の地位に関して言えば、大都市法と慣習法の混合は植民地当局の裁量に委ねられており、その結果、法律の読みやすさも、他人と同じように統治されているという感覚も、自分の意志に従って支配されているという感覚も促進されない複雑な法典化が生じた。しかし、何よりも政治レベルでは、市民権と国籍の間の前例のない区別により、地元住民が市政の管理から永久に排除されることになった。帰化によって「完全なフランス市民権」を取得しない限り、その者はせいぜい消極的な市民として同化させられるだけだった … これと引き換えに、アルジェリア、コーチシナ、西インド諸島、セネガルのいくつかの町、インドの一部だけが少数の議員と上院議員をパリに派遣することができた。だが、人民戦線政権下で、約 2 万人のアルジェリア人に個人的地位を放棄することなく投票できるようにする小さな窓を開くブルム・ヴィオレット計画は議会に上程されることさえなかった … これは、イデオロギーと政治的選択は、実際にはシステムにほとんど影響を与えず、少なくとも第二次世界大戦までは議論の片隅に留まっていたということなのである。[原注8]

　以上の観察は、経済的および社会的領域に拡張することで補足できる。土地所有権制度には不平等が深く染み込んでおり、それが没収や追放につながることが非常に多く、入植者と原住民の間の収入格差の劇的な悪化につながるという点で、なおさら屈辱的であった。ジンバブエが現在経験している悲劇は、独立当時、4,000 人の白人農民が最も豊かな土地を含む 1,150 万ヘクタールを耕作し、85 万人の伝統的なアフリカ人の農民が最も貧しい土地の 1,600 万ヘクタールを共有していたことを思い出さずには理解できない。1980 年代、農地改革の問題はすべての議論の根源だったが、しかし何よりもその障害が何年にもわたってポピュリズムの行き過ぎた政権の硬化をもたらし権威主義者が明らかに活性化された。[原注9]屈辱は法令によって廃止されるものではな

い。その執拗な記憶が、権力を私物化して独裁を活性化する戦略を促進することだってある。その表面は感情的なものだが、その本質はすぐに最も頑固な応答戦略の中心となる。

　ジンバブエの事例は、ほぼどこでも、特に入植による植民地化が行われている場合には繰り返される。独立前のアルジェリアでは、ミティジャのような最良の土地が 5,000 人を超えるヨーロッパの農民に分配され、残りは約 50 万のアルジェリア人家族に残されただけであった … 前者は平均して 3,000 ヘクタールの所有地を有し、後者の作業用地は平均 4 ヘクタールだった。[原注10] 1945 年のケニアでは、ヨーロッパ人は人口の 0.5％ を占めるに過ぎなかったにもかかわらず、耕地の 20％ を支配していた。例外的ではあるが、パレスチナのケースも注目に値する。戦争前夜に、66,000 人のユダヤ人入植者が耕作可能な土地の 20％ に相当する土地資産を構築することができた。現在、占領下のヨルダン川西岸だけでも、土地の 42％ がユダヤ人に没収されている。ヨルダン渓谷では、37 のイスラエル人入植地と 9,000 人の入植者が、開発可能な土地の 87％ を軍と共有している。オスロ合意は、水資源の 80％ をイスラエル人に、20％ をパレスチナ人に与えることでこの不平等を正式に認定した一方、国連の報告書では、ベドウィンコミュニティの 90％ が、彼らが推奨する食料の水位の 4 分の 1 以下で暮らしていることが世界保健機関（WHO）によって明らかになっている[原注11] …

　このように、平等の拒絶は、植民地支配のありきたりな日常の一部である。肉体的苦痛と連続した日常的に受ける屈辱を通じて代表制度が構築され、政治秩序が準備されるが、そこではポピュリズム、外国人排斥、権威主義、恣意性、汚職、小細工などありとあらゆるものが混在するのだ …

　*過剰*は、自然なほとんど機械的なものである。植民地秩序は例外を前提としているため、規則違反は常態化し、それを抑えることはできない。そのため、このタイプの支配は虐待の日常化の中で安定し、行き過ぎと非道さが親族関係となる。もちろん、善良な植民地の管理者に会う機会があれば、リスクは軽減される。象徴的な過剰は日常生活の一部である。当時エメ・セゼールが植民者の「非文明化」と呼んだ嘲笑、愚弄、あらゆる種類のあざけりの形で

与えられる小さな屈辱 ... ガンジーの人生にはそれらが散りばめられていた。彼はダーバンとプレトリアの間の列車で、ファーストクラスでの同乗に耐えられなかった白人旅行者によって、彼の裸を嘲笑され、「半裸のファキール」とさえ呼ばれ、電車から投げ落とされた ...

　刑罰の技術もこれに直接由来する。1919年にインドでヨーロッパ人宣教師が殺害された通りを地元住民が歩く場合、四つ足で歩くことが強制されたが、イギリス警察当局がそれを決定したのだった。これに加えて、教育、余暇、そして特に仕事におけるあらゆる種類の差別があり、先住民族は植民者に対して同じ保証も当然ながら同じ契約もなされていなかった。フランス本土では廃止されたはずの労働者のためのマニュアルがトンキンで復活した。強制労働は、地元住民に要求されている税金を支払わせるためだけに実際に存在した ... 私たちは侮辱、嫌悪感、いじめ、複数の多様な場所で、「犬と中国人は禁止」、あるいは別の大陸では「黒人には禁止」となることを忘れない ...

　しかし、過度に統治することは、何よりも過度に抑圧することと同じである。前例のない暴力の定期的な襲来は、抑止するためには十分な理由となるが、それは屈辱を増大させると同時に、他人に敬意を持って誰にも気兼ねすることなく生きることができるポストコロニアルな世界への憧れを強くする。法の支配のイメージをあまり傷つけないよう作成された報告書は不正確であり、絶対的抑圧は、それを実行している存在を完全に隠蔽することになる。その様式は、システムとその存続を優先的に置くために人やその権利、あるいは単純に意識の上に、衝撃と不安を拡大することになるのである ...

　1952年から1960年にかけて起きたマウマウ族の反乱では、白人住民に32人の死者を出した。ケニアのキクユ族に由来するこの秘密結社は、合図が送られるたびに各メンバーは白人を一人ずつ殺すことを誓約させた。だが、白人たちによる弾圧によって10,000人から90,000人のケニア人が虐殺され、160,000人が囚われの身になったが30万人という数字に達するとの見方もある。行き過ぎた行為によって半世紀後の2013年6月、英国政府に2,000万ポンドの賠償金の支払いが課せられたほどだった。

　カメルーンの歴史もまた、これと同じ行き過ぎた行為によって際立ってい

る。1945 年 9 月 20 日、ドゥアラ郊外でストライキが勃発した。店舗は略奪
されたものの入植者が虐殺されることはなく、他方デモ参加者は発砲され、
デモは収拾した。入植者によって復讐が始まり、軍隊が増援として呼び出さ
れ、空軍が銃撃した。公式には 9 人が死亡ということだが、おそらく 100 人
が死亡した。[原注13]

　これが、1955 年に始まり独立の余波まで続いたバミレケ国での反乱の遠
い起源なのだろうか？これにより約 12 万人が殺害され、当該地域の人口は
50％減少したが、特に一部の反乱軍の斬首や生首の展示など、信じられない
ほどの野蛮行為の記憶が残されることになった。

　マダガスカルで行われた弾圧の具体的な状況も同様に瞠目する。第一に、
それを引き起こした反乱がすでに屈辱のサイクルの一部だったからである。
1942 年にイギリス人によって占領されたこの島は、自由フランスの代表者
に引き渡され、再編を繰り返したが、罰則も 2 倍となる先住民の地位の厳格
かつ厳密な適用を実行することによって統治された。反抗した者の中には、
以前、「極悪非道な法令」を非難したとして刑事的に 3 年間の居住禁止を言
い渡された制憲議会副議員ジョセフ・ラセタのように、第二次世界大戦の結
果として生じた大混乱後、マダガスカルを平等主義的統合か完全な独立へと
導くための改革の機会と解釈している地元のエリートたちがいた …1947 年 3
月 29 日、海岸沿いのいくつかの町で数百人がヨーロッパ人を襲撃した。植
民地軍の増援のために 18,000 人が派遣され、5 月 6 日、モラマンガ収容所の
司令官は、ワゴンに監禁されていたマダガスカルの武装勢力約 100 人を機関
銃で掃射した。虐殺は連鎖する。一部の容疑者は生きたまま飛行機から投げ
落とされた。たとえ行為自体が抑止目的だと今は考えられているとしても弾
圧の犠牲者は公式には人口 70 万人に対して 89,000 人に達した … 反乱が勃発
した日である 3 月 29 日は祝日になった。[原注14]

　アルジェリアには、この分野で最も重い思い出がある。物語は 1871 年か
ら 1881 年の 10 年間の大反乱、つまりオウレッド・シディ・シェイク、モク
ラニ、シェイク・エル・ハダッドらの同胞団による大反乱が始まってそれが
「平定」の取り組みにつながっていくのだが、その終わりは独立を待つ他な

かった。1930 年代に国民運動が実際に現れる前に、主に土地収用の速度で
いくつかの反乱が発生した 1901 年 4 月にザッカルのふもとにあるマルグリッ
トの反乱は象徴的だ。[原注15] 当時の目撃者によると、ヤコブ・モハメド・ベン・エ
ル・ハジが率いる反乱は、繰り返される土地の略奪とラバが入植者の土地に
迷い込むたびに 20 フランの罰金を現地人に支払わなければならないという
一連の侮蔑的取り決めが原因だった。この反乱の結果、4 月 26 日にヨーロッ
パ人 4 人が喉を切り裂かれ、狙撃手たちの到着により 16 人の命が失われた。
この運動は 1 つの村に限定されていたが、直ちにさまざまな制裁へとつなが
ることになった。特にモンペリエでは 107 人の原住民が起訴された司法史上
最大規模の裁判が結局 2 年間も続き、懲役刑と複数の罰金が科せられた。そ
して、有罪となった部族の人々には新たに土地が没収されるなど大打撃と
なった。この裁判はフランス本土で波紋を呼び、その非道さによって国民の
爆発的な団結を引き起こし、無罪判決と土地の返還にまで至った。ヤコブは
直後に刑務所で奇妙な死を遂げた ...

　この弾圧の最も象徴的な事件はセティフでのことであり、1945 年 5 月 8
日、1 万人のデモ参加者が逮捕されたばかりのメッサリ・ハジの釈放を要求
し、兵士 19 名を含む 102 名が死亡した。この時の弾圧は最高レベルの過剰
状態となり、1 万人が動員された。巡洋艦「トリオンファント」と「デュゲイ・
トルアン」がベジャイア港から発砲し、作戦は 5 月 22 日に反乱軍が降伏する
まで続けられた。公式の死者数は「イスラム教徒」の死者数 1,500 人（フランス
軍兵士 14 人）と報告しているが、一部の歴史家は 6,000 人、10,000 人、さらに
は 15,000 人が死亡し、ベン・ベラは 65,000 人と報告している！ 1957 年のア
ルジェの戦いやその際のあまりにも有名な拷問など、他にも多くの事件が挙
げられる。

　他の場所では、キレナイカのベドウィン人口の最大半数を殺した戦間期の
イタリア弾圧のリビアの記憶や、少なくとも 1937 年 2 月のグラツィアーニ
副王襲撃未遂事件の際にエチオピアで行われた報復について言及しなければ
ならない。これは死者 3000 人を出した。20 世紀初頭、オランダがインシュ
リンディアのこの最後の自由の砦を征服していた頃、バリ人が実践してい

た儀式的な犠牲であるププタンを挙げることができる。1906 年の事件の際、最後の抵抗者たちはオランダ兵の激しい砲撃の下に殺到した。その中には、スカルノの祖父の姿もあり、彼はそれから記憶を培った … あるいは、より最近では、イスラエルが開始した「キャスト・リード」作戦を挙げることができる。2008 年のクリスマスにガザを攻撃し、ツァハル〔訳注　イスラエルでは、陸・海・空の 3 軍と司令部を、それらの頭文字を取って「ツァハル」と呼ぶ。なお、英語表記の頭文字を取って「IDF」と表記されることも多い〕側に 11 名、ガザ人に 1,500 名以上の死者を出した。

　動員された手段間の不均衡、構築された作戦と実行された作戦の間の対称性などに関する過剰さはバランスシートの不均衡からも読み取れる。このような格差は行き過ぎを想起させるが、そこから生じる無力さは同時に屈辱の道を引き寄せる。損害が大きく、得るものが少ない勝利を超えて、よりやりがいのある地位を探し求めるようになり、手ごわく、そしてしばしば非常に長い一連の出来事が引き起こされる。この探求はほとんどの場合暴力に、時には野蛮に、そして一般的には極端なイデオロギーに行き着く。特徴の 1 つはその持続時間である。もう 1 つは、それを担う主体によって行使される調停である。

屈辱の行程

　国家建設者たちは皆、たとえ植民者に近かった者がいたとしても、屈辱の行程をすべて知っていた。国家建設者たちはジョン・コテラワラ〔訳注　スリランカの政治家、同国第 3 代首相を務めた〕という 1 人の人物に倣って、バンドン以降、急に被告として法廷に現れることになった西洋の人の弁護士になることを望んだ。コテラワラは当時セイロンの分離主義者とあまりにも関係があると考えられ、18 歳でコロンボ王立大学から退学処分となり、社会的上昇の希望を失っていた。彼もその同類の者たちもイギリスやフランスなどの旧宗主国に味方しなかったが、今度は自分たちの番だとして支配しようとしてきたソ連陣営をもさしたる困難なしに圧倒した。

　屈辱の行程がその時以来重要になる。それは政治文化、世界観、国際関係を生み出す。それは、国内的にも国際的にも、被害を受けた者の政策を決定するだけでなく、私たちが同一視する英雄のモデル、あるいは、単純に言えば、私たちが慣れ親しんでいる政府のモデルをも形成する。日常的な行為とそれ自体の行き過ぎの中に、政治の新しい概念が描かれている。いずれにせよ、屈辱の行程は高度に構造化されているのである。

　ポスト植民地時代の国家建設者の人生を見ると、これまで述べてきた集団的冒険を特徴づけるのと同じ症状、つまり追放、平等の拒絶、そして汚名を着せられたりすることが個人レベルで見られることがわかる。ひとたび独立を獲得した後、権力の最前線に定住することになる人々は、当初、植民地制度の末期を、伝統的な社会における家族の地位と現在の地位を比較して喪失として経験する。西洋の支配としばしば同一視される近代性への欲求の間で引き裂かれながらも、新しく寛大なアイデアと、家族が尊重されていた時代遅れの社会の強い記憶を携えているこれらのエリートたちは、追放感を通じて変化を経験し、それが政治活動を持続的に構築することになる。周恩来は江蘇省の官僚の家庭に生まれたが、すでに経済的に困難に陥っていたため、早稲田大学の講義や京都のいくつかの学会に無料の聴講生として参加するなどして、学問的野心を抑えるしかなった。その後、「ワークスタディ」プログラムの一環としてヨーロッパ放浪を経験し、ビランクールのルノー工場を短期間訪問した。彼の将来のアシスタントの１人、楊尚昆は裕福な地主の息子だった。[原注16]ホー・チ・ミンは教育を受けた公務員の家庭に生まれ、フエ裁判所の副長官であるマンダリンの息子として生まれた。1911 年の彼の残忍な解任は、その後海外での長い冒険に乗り出した後のベトナム大統領[原注17]に大きな影響を与えた。彼の後を継いだファム・ヴァン・ドンもまた、グエン族の宮廷に通じていた高官の子孫であり、やはり総督の政治的登用の犠牲者だった。

　ジャワハルラール・ネルーがバラモン・カーストに属していたことが知られているが、その若い頃は彼が耐えなければならなかった長年の刑務所とは対照的に穏やかだった。インドネシア独立の父であるアハメド・スカルノは、伝統的な貴族階級に属する家族に生まれた。ジャワの小貴族である父親のラ

デン・ソエケミは尊敬される教師であり、母親はバリのバラモン家の出身
だった。彼の青春時代は、西洋科学の観点から建築家としてのキャリアで成
功したいという願望でいっぱいだった。西洋化され、多言語を話す彼は、逆
行していると考えていた封建制度から自分自身を解放しようと努めた。した
がって、マルクス主義だけでなくイスラム教も彼に誘惑を及ぼすようになっ
た。[原注18]方程式は共通である。統治者に挑戦し、打倒する手段を見つけ出し、近
代性と過去の地位を組み合わせて復元を試みるのである…

　ホー・チ・ミンの行程が持つ意味も同様であった。オー・ファップ(「フラ
ンス人を憎む者」)という偽名で記事に署名したホー・チ・ミンは、アドミラル・
ラトゥーシュ・トレヴィル号にサイゴンで乗船し、フランスに向かい、マル
セイユで下船し、そこで驚愕した。「ムッシュ」と呼ばれる彼は、啓蒙主義、
社会主義、アナキズム、共和主義のモットーを発見し、人権連盟の支援を受け、
論理的には第三インターナショナルに行き着く。さらに良いことに、彼はベ
ルサイユ会議でインドシナの声を届けようとしたり、植民地学校の生徒とし
て登録しようとしたり、当時植民地大臣だったアルバート・サラウトに嘆願
書を書いたりしたが、サラウトは決して応じなかった。彼の運命には別の道
もあり得た。彼の受けた屈辱は、彼らが彼に扉を開かなかったことであった。[原注19]

　将来のアフリカの指導者の多くは、伝統的権威の上層部から子供たちが社
会的に追放されるという、同じつらい体験をした。モザンビーク民族主義者
の最初の指導者であるフレリモの指導者、エドゥアルド・モンドラーネは部
族長の息子であり、しっかりとした学業と人類学の学位を持っていた。タン
ザニアの初代大統領であるジュリアス・ニエレレは、貴族の出身で、伝統的
な酋長の息子でカンパラのマケレレ大学で高等教育課程を修了し、その後イ
ギリスのエディンバラで高等教育課程を修了することができた。キャリアに
行き詰まる前、彼は学者になりたいと考えていた。ほとんどの場合、つまず
くのはここだ。野心的な性格で、多くの場合非常に才能があり、科学、現代
性、さらには西洋に惹かれる私たちのヒーローは、目の前でドアが閉まるの
を見て追放を経験する。将来パレスチナ抵抗運動の指導者となるヤセル・ア
ラファトは若い頃、テキサス州に科学を学びに行くことを夢見ていたが、ア

メリカは明らかに彼のビザ発給を拒否した。アンゴラ民族主義者の指導者ア[原注20]
ゴスティニョ・ネトも 1962 年にアメリカに目を向けたが、同様の拒否に苦
しみ、すぐにマルクス主義に導かれた。南アフリカでもイギリスでも、ガン
ジーは専門職としての地位を求めたが、それはかなわなかった。

　西洋への願望は強かったが、一般的には阻止された。間もなくパレスチナ
解放人民戦線（PFLP）の創設者となるパレスチナ人のジョルジュ・ハバシュは、
家族がパレスチナから追放されるとすぐに、医学研究を修了するためにベイ
ルート・アメリカン大学（AUB）を選んだ。西洋での訓練によって医業を養っ
た彼は、アンマンのパレスチナ難民キャンプでのみ診療所を開くことができ
た。ニエレレは、学者としてのキャリアに乗り出すためにエディンバラでの
学業を延長する準備をしていた時のことを、それは「自らの選択」だったと
述べたのに対し、政治家になったのは「偶然」だったと述べている。クワメ・[原注21]
エンクルマは、ゴールドコースト（ガーナ）の民族主義運動を指導し、コンベ
ンション人民党（CPP）を設立し、ガーナ初の大統領となる前、社会主義者で、
マルクス主義に近く、反西洋主義者であり、アメリカのリンカーンで学んだ。
アメリカに来たはいいものの黒人であることの困難の日々を生きていた …

　アハメド・スカルノはオランダの高校を選択し、その後、地元住民にとっ
て最高の教育が受けられるバンドンの高等専門学校を選択した。パキスタン
出身の父親であるモハマド・アリ・ジンナーは、カラチにあるキリスト教宣
教会が運営する高校で中等教育を終え、その後ロンドンで法律を学んだ。頻
繁に訪れることになる店で、最初から彼はビー玉ゲームに対してクリケット
を支持するなど好戦的だった。非常に急速に、彼はイギリスの習慣を内面化
していった。このイスラム教徒連盟の指導者は、ウィスキー、「*卵とベーコ
ン*」、糊付けされたシャツ、シルクのネクタイ、そして常に非の打ちどころ
のない 200 着のスーツの印象的なコレクションがあったが、そうしたものを
十分に評価する能力があった。西洋への憧れはナショナリズムから遠く離れ[原注22]
たものではない … ネルー自身としては、ハロー大学に通い、その後ケンブ
リッジのトリニティ・カレッジに通い、それが彼をフェビアン協会に近づけ、
ガリバルディを賞賛し、諸国民の協調主義へ進歩と統合を求める運動に導い

た … イギリスの刑務所を知る前に、そこで彼はマルクス主義を学ぶのに十分な時間があった。[原注23]

　彼の将来の牧師の1人である非常に国家主義的なクリシュナ・メノン (1897-1974年) はロンドン・スクール・オブ・エコノミクスで学び、そこでハロルド・ラスキの注意深く忠実な弟子となった。中華人民共和国の10人の元帥の1人で、外務大臣になる前は詩人でもあった陳儀は、中国の原爆の父である聶栄振と同じように、[原注24] グルノーブル工科大学で学んでいた。周恩来の場合、早稲田大学を卒業後、エディンバラ大学を目指したが駄目だったと言われている。

　非常に多くの西洋の夢が消え去った。多くの場合、当面の社会情勢の厳しさによるものだった。ホー・チ・ミンは、自分が料理助手兼客室係としてフランスへ渡航することになった。彼は後で掃除人として、そしてル・アーブルで庭師として再び会うことになる。大きな野心はすぐに阻止される。郵便に携わる悲惨な仕事で挫折したセク・トゥーレは、労働組合主義に勝るものがないことに目を向け、アフリカ黒人労働者総同盟 (UGTAN) を創設して政治家としてのキャリアをスタートさせ、アフリカ黒人労働者総同盟の会長に就任した。その後ギニア大統領になった。ジュリアス・ニエレレも同じように満足のいかない状況で英語と生物学を教えることにうんざりし、1954年にタンガニーカ・アフリカ民族同盟を再活動させた。[原注25] マリ独立の父であるモディボ・ケイタは、ダカールでエコールノルマル・ウィリアム・ポンティに通っていたとき「反フランス人」だとされ、その評判に応えて、ママドゥ・コナテとウェザン・クリバリとともに西アフリカ教師シンジケートを設立した。本格的な政治的キャリアを築くことが禁止になったことに直面して、彼は再びコナテとともにスーダン学者協会を創設した。

　「労働組合からの脱退」が不可能な場合、軍は迂回路として機能する。若いアハメド・ベン・ベラは、イスラム教徒が受けた差別のせいで証明書を取得できなかったことを苦に思い植民地の軍隊に入隊し、軍曹の階級に到達した。カッサン山での勇敢な行為に対してクロワ・ド・ゲール〔訳注　戦時に功績のあった者をたたえる軍事勲章〕勲章と軍人勲章を授与されたが、セティフに

降りかかった弾圧を受けて士官の地位を拒否し、軍を去った。この事件は彼だけに降りかかったわけではなかった。イタリア戦役で活躍した古参のアバネ・ラムダンもセティフでの出来事を受けて辞任した。将来の FLN 幹部には、同じくイタリアで勇敢な勲章を授与されたモスタファ・ベン・ブーライドや、アルジェリア狙撃兵第一連隊のマスター伍長ベルカセム・クリムもいた。

こうした道筋は、ハーフェズ・アサドやムアンマル・カダフィの大佐の歩みと似ている。前者は少数派のアラウィー派で、社会統合の希望はほとんどなかった。中東の少数民族に共通する傾向であるフランスにかなり近い家族の出身だったが、医学を学びたいという彼の願いは経済的余裕のなさによって妨げられ、父親は彼をベイルートのセント・ジョゼフ大学医学部に入学させることを断念せざるを得なかった。ホムスの陸軍士官学校、つまり武器を持つ職業が当時、昇進への唯一の可能性のある道だった。将来のリビア指導者にとっても、間接的な選択であるが、彼は軍隊に行くのは、それが目的ではなく、彼自身が認めているように、支配的な外国人、アメリカ、イギリス、そしてイタリア、とりわけ激しい被植民地の記憶と戦うためであった。[原注26]

したがって、労働組合主義と軍隊は、個人的および集団的屈辱を管理し誘導することを目的とした仲介者となり、それが可能な限り彼らを政治化し、彼らに本来の役割をはるかに超えた方向性を与えるという効果をもたらした。特に軍事組織は権力行使の手段として、また外交政策を策定するための永続的手段として強化されることになる。国家再征服の象徴を帯びたそれは、困難を伴う新国家の国際システムへの統合の有効的な原則となるのだ。

植民地時代の日常生活の厳しい現実から戦闘的に逃げることも、屈辱に対する抵抗の一般的な形態となる。宗教は、反社会の一形態として、支配者の文化の外側に存在する手段として頭角を現す。原理主義、まずイスラム教徒だけでなく、ヒンズー教徒、さらには仏教徒さえも、そこに明らかな起源を見出している。最も世俗的なものの中で、詩は代替表現として登場する。アンゴラ革命の父の一人であるマリオ・ピント・デ・アンドラーデは、アフリカの詩集を出版した。彼の後継者であるアゴスチーニョ・ネトは、彼と仲違いしてアンゴラ初代大統領となったが、医学的訓練とアンゴラ人民解放運

動（MPLA）のトップとしての政治活動を組み合わせて、「いのちの声 (Voix de la vie)」という屈辱のテーマが深く染み込んだ有名な詩の執筆を行った。

　鎖につながれるあなたたち
　偏見と悲惨さへ
　目隠しされたあなた
　既存の考えに盲目になってしまう
　無意志症の人たちよ
　誰が不幸の上にあなたを横たえているのか[原注27]

　これらの詩は、大衆の信心に捧げられた英雄のために創作されたものであり、苦しみと抵抗の数々の絵や行動のリズムも生み出している。行動のリズムは、ポルトガル語を話すアフリカの多くの活動家のペンから来ている。アイレス・デ・アルメイダ・ドス・サントス（1922-1991年）、アンゴラ人ジャーナリストであり、ポルトガルの刑務所に詳しい作家でもあった。デオリンダ・ロドリゲス・デ・アルメイダ、MPLA女性組織指導者、「革命の母」でネトのいとこでもあったその人は、1968年に29歳で殺害された。「ロイ司令官」、将来アンゴラの外務大臣であり、また将来マプト革命博物館の館長となるモザンビーク人のルイ・ノガル、ギニアビサウとカーボベルデで反植民地運動を主導し、とりわけ『島 (A Ilha)』や『新たな収穫 (Seara Nova)』の著者であるアミルカル・カブラルも忘れることはできない。

　しかし、全体として、これらの屈辱の道は、自発性を超えて、二重の失敗、つまり平等と統合の失敗、被支配者の二重の夢の発見によって養われていることを私たちは忘れないであろう。モザンビークを独立に導いたサモラ・マシェルの物語は、最初の物語の中で重要である。白人農家よりも安く製品を販売する必要があり、保護が不十分な鉱山での事故で兄弟を亡くした農家の家庭に生まれたマシェルは、ロレンソ・マルケスの病院で働き、そこですぐに自分の給料が彼の仲間の白人看護師たちよりも低いことに気づいた。この経験から、彼の最初の社会運動への参加、フレリモの発見が生まれ、1969

年 2 月に暗殺されたエドゥアルド・モンドラーネの後継者となった。[原注28]

　2 番目の失敗については、比類のない抑圧の学習にその例が見られる。歴史上、政治階級が外国の刑務所でこれほど教育されたことはない。この例外は明らかに、屈辱という観点から政治と密接に構築された関係を生み出す。ポスト植民地国家を指導している、あるいは指導してきた人々の多くは、過去に自らを追放または投獄した権力の代表者を国際舞台で見つけることになる。追放の影響を受けた人々の中には、李立三 (1899-1980 年) がいる。中国共産党指導者で労働大臣を務めた彼は、蔡和森 (1890-1931 年) と同じくリヨンでのデモに参加した後フランスから追放された。留学先のドイツのゲッティンゲンから追放された将来の朱徳元帥や、マルセイユ、ル・クルーゾ、バイユー、モンタルジ、シャティヨン・シュール・セーヌ、ビヤンクールなどに 5 年間 (1920-1926 年) フランスに住んでいた鄧小平もいる。バビロン通りの中国公使館を占拠したとしてすぐに国境に護送された。のちの中国外相となる陳毅元帥は、港湾労働者を皮切りに、パリの中華レストランで皿洗いをした後、クレルモンフェランのミシュラン社で働き、19 年にリヨンのフランス・中国研究所を占拠したとして 1921 年に追放された。[原注29]

　もしこの種の経験 (追放) がなかったら、南の多くの指導者はヨーロッパの指導者たちの前で自分たちの刑務所体験について語ることができただろう。マリの初代大統領モディボ・ケイタは、1947 年 2 月から 3 月にかけて 1 ヵ月間保健省に滞在し、アンゴラの初代大統領アゴスティニョ・ネトは数回逮捕され、カーボベルデで 2 年間、その後ポルトガルで投獄された。ガーナの初代大統領クワメ・エンクルマは、1948 年 2 月にアクラでのデモ後に逮捕され、釈放された後、首相に任命されるまで再び投獄された。アルジェリアの初代大統領ベン・ベラは 1951 年に逮捕され、1952 年に逃亡したが、1956 年 10 月に飛行機が離陸する前に乗り込まれ、独立の瞬間まで刑務所に戻された。ジョモ・ケニヤッタは 7 年間投獄され、その後 2 年間自宅軟禁され、その後ケニアの初代大統領となった。ファム・ヴァン・ドンは、プロ・コンドル刑務所での 7 年間の懲役 (1929 年から 1936 年) を含む 10 年間の懲役を経験した。ヴォー・グエン・ザップはフランスの刑務所で 2 年間を過ごし、妻も同様に拷問の末

にそこで死亡した。スカルノは 1929 年 12 月にジョグジャカルタで逮捕され、
バンドンで 2 年間服役した後、再び逮捕され、1933 年 8 月にフローレス島、
そしてスマトラ島に強制送還された。ネルーは 1920 年から 1945 年の間に 10
年以上の投獄を経験した。彼の娘のインディラと義理の息子フェローゼ・ガ
ンジーもまた、戦争中に監禁され、生きて帰ることはなかった。[原注30]

　強烈な経験、屈辱の個人化、神話やモデルの捏造の意味を国民全体が理解
する方法を知っていた。つまり、屈辱の経路は、長期にわたって導入されて
いるシステムの中心にあるのだ。西洋への願望と増大する西洋の拒絶、歓迎
する西洋と追放と投獄の西洋、求められる西洋と反発する西洋、人権と進
歩の西洋と例外的な西洋、等々、多くの矛盾がある。ソ連陣営への逃亡は、
1989 年までは挑戦の雰囲気を漂わせており、すぐに新たなフラストレーショ
ンと再び屈辱の源となったため、解決はさらに困難となった。過去の植民地
支配、新たなクライアント化が去来して歴史を凍結させるため、克服するこ
とはなおさら困難になる。

新たなクライアント化

　第二次世界大戦後、1960 年代に主にアフリカ諸国でほとんどのアジア諸
国が独立を獲得して以来、私たちは実際、それらの国を依然として従属状況
に置く「新植民地主義」について、さらに最近では「ポスト植民地主義」につ
いて語ることをやめた。[原注31] これらの分析はしばしば「単純」で「安っぽい」と非
難されるが、往年の植民地主義がより柔軟なバージョンによって引き継がれ
たことを疑うのは難しい。大都市の支配は、過去の屈辱を長引かせる。形式
が異なる場合、アクターも入れ替わる。「フランサフリク」(Françafrique) の強
みは、「クライアント」をいたわり、通常の状況では彼に敬意を示すような
相応の地位を与えることである。そして、危機的な状況では、ある程度の力
があるかのような錯覚さえ与える。しばしば人為的な国家主権の典型的な特
質を超えて、1960 年代初めにド・ゴール将軍がアフリカの新たな「対等者」
のために用意した式典レセプションについて考えてみて欲しい。例外という

観点から、あまりにも露骨に物事ややり方を変えようとした少なくとも2人のフランス協力大臣の辞任をオマール・ボンゴがどうしたら得られるのかどうか考えてみよう。あるいは、フランスのマリ介入中に部隊の断固とした支援を提供することで、チャドにおける人権と民主主義への自らの甚大な侵害を隠蔽したり帳消しにすることができるイドリス・デビに対しても …

　政治学によって十分に説明されているパトロン―クライアント関係の有効性は、その関係が互恵に基づいており、もはや主に制約に基づいていないという事実と、それが不平等で選択的なものであっても満足の共有を前提としているという事実に依存する。古典的な「パトロン」は、クライアントが彼[原注32]にさまざまな種類の利点を与え保護を提供する。これが平凡な個人を対象とするクライアント化から国家規模のクライアント化に移行すると状況は変わるが、本質的な部分では明らかに変わらない。この種の関係は、かつてのアメリカのラテンアメリカでの保護と同じく、基本的にフランサフリクで見られるような個人間のものであり続けるが、現在でも中東の多くの国、さらにはアジアでさえ、そのため不可欠と見なされる地元の指導者、政府、経済界、またはメディアのエリートに物質的または象徴的なメリット、つまり何よりも保護が提供される。これは実際、例えばフランスがアフリカの旧植民地で行った48回の軍事介入の意味するところである。その最初の軍事介入は1964年2月、初めの被害者によって受け入れられた「穏やかな」クーデター[原注33]によって追放されたガボン人のレオン・ムバを政権に復帰させたものがある。

　たとえ急進的な国家主義に一時的に傾いたとしても、この男は理想的なクライアントだったと言わざるを得ない。言われているところによると、ピエール・サヴォルニャン・ド・ブラザの美容師の息子で、神学校の優秀な学生で、当時は熱心な小さな税関職員で、従順で規律正しいものの、部下に対しては横暴だったが、特にド・ゴール将軍から高く評価されていた。フランスへの公式訪問中に、「すべてのガボン人はガボンとフランスという2つの祖国を持っている」と宣言することを忘れなかった。[原注34]

　このような実践から3つの指摘が生まれる。1つ目は、パトロン―クライアント関係を包括的な関係にすることである。この取引には、パトロンが

目指すべきと考えるすべての満足が含まれる。また、これは戦略的、政治的、軍事的計画だけに限定されない。また、経済的側面も統合され、事実上、双方に関与するアクターの数も増加する。石油会社エルフは、その後、1964年のリーブルヴィルへの軍事介入につながる意思決定プロセスに参加したようである。そこからこのクライアント関係に固有のものとして2番目に観察できることは、かなり広い範囲のクライアントの地位を体現する「受益者たち」のサークルを区別するということと、その中での生き残りはこの互恵様式の再生産とかなり密接に関係している、ということである。したがって、アフリカの政治エリートの間では反対意見がほとんどないため、この種の関係は比較的安定している。他方、21世紀初頭のコートジボワールにおけるローラン・バグボのような、また1983年の「革命」中にブルキナファソで権力を掌握し1987年に不明瞭な状況で暗殺されたトーマス・サンカラのような、逸脱した行動が脚色される場合もある。あるいは程度は低いが、1975年11月30日に赤旗とインターナショナルで飾り立てた「ベナン人民共和国」を宣言し、その後、より平和的に投票箱を通じて政権に復帰したマチュー・ケレコウ少佐のような場合もある。つまり、いずれにせよ、この種の関係には、想定される屈辱の領域の外側に薄い指導者層がある傾向があり、それによってより拡散し、政治性が薄れ、個人化が薄れるため、この点でおそらくより手ごわいものになる。なぜなら、文化的、特に宗教的に自らの属性を体現化するため無力化することがより難しくなるからである。

　ここで3番目の指摘が決定的になる。パトロン－クライアント関係は真のガバナンス形態になりつつあるということである。最良の指標となるのは、その長期的な安定性である。しかし正確に言えば、このタイプの関係は非常に不平等な関係である。パトロンにとってクライアントは不可欠である一方、パトロンはクライアントの喪失はわずかな痛手でしかない。この不平等は、危機の際には必然的に主権を破壊するものとなる。ナポリ王フェルディナント王時代にメッテルニヒが必要に応じて何らかの権威に「援助を求める嘆願書」を要請したように保護の是非を決定するのはパトロンだけである。フランスは、コートジボワールで行われた混乱した選挙のおかげで、2010年か

ら 2011 年の冬にかけてアラサン・ワタラの設置に関与した。しかし、2013 年の中央アフリカ共和国で軍事行動によって打倒されたボジゼ将軍を守るためには介入しなかった。チャドでは激動の歴史を通じてケースバイケースで対応したり、ガボンでは行動していながら、コンゴではそうしなかった。

　例外的と見なされる状況において総合的な決定を下すこの能力は、主権の最も伝統的な定義を満たす。それは最も伝統的なレトリックに自動的につながり、同時に最も論理的に再発明され、おそらくよりひどい屈辱をもたらすものでもある。「パトロン」が突然、主権者の意思決定者になる。私たちは、マリ介入を受けてフランスのフランソワ・オランド大統領がすでに引用した有名な一文を念頭に置いている。「私たちは 7 月末にマリで選挙を実施したいと考えている。そしてそれについては、私たちは考えを変えることはないだろう ...」しかし、主権国家の選挙日程は、それほど「扱いやすい」ものなのだろうか。あるいはそれ以上に、外国の決定によってそうされるべきものだろうか？大統領は、2013 年 6 月 5 日、ユネスコで次のように述べている。「選挙は予定された日にキダルで行われる」。彼の外務大臣は 4 月 5 日にバマコで次のように宣言した。「7 月に選挙が必要だ ...」。同様に、マリに対する「対話・和解委員会」の構想がパリで立ち上げられた。マリ軍のフランスとヨーロッパの改革、軍事地帯のフランスによる管理、またはマリの領土におけるフランスとトゥアレグの状況に即した同盟と同様に。^{原注35}フランス国防大臣は、「我々は強く物事を言わなければならない」と考えている。「強く」つまり主権の声 ...

　中央アフリカ共和国についても同じレトリックが使われてから数ヵ月が経った。 2013 年 12 月 7 日、この旧フランス植民地に平和を回復するための介入が始まると、オランド大統領は報道陣に対し、「何もできなかった、あるいはそのまま放っていた大統領をそのままにして置くわけにはいかない」と述べた。それはいつの間にか、国民の保護に関する議論から、他の場所で決定された権力の分権に関する言明へと移行していった。これらは全て、元政治学の教授であるギニア大統領アルファ・コンデが「アフリカにとって屈辱である」と述べた出来事である。^{原注36}1 ヵ月後の 2014 年 1 月 10 日、問題のミシェル・ジョトディア大統領は、ンジャメナで開催された中央アフリカ諸国経済

共同体（ECCAS）会議の同僚たちの前で辞任を申し出た。2人の独裁者、チャド人のイドリス・デビとコンゴ人のドニ・サスヌゲソは、このプロセスの遂行において名声を博した。

　アミナタ・トラオレの『蔑まれたアフリカ（L'Afrique humiliée）』というタイトル[原注37]の本の公式によれば、発言と行動は明らかな「再植民地化」の形態として認識され、受け入れられる、とされる。この新たに発見された屈辱は、継続性によって引き起こされる。この形態の行動と介入はどこからかによってもたらされるのではなく、かつての植民地支配者からもたらされるものであり、新興勢力が必ずアフリカの耳にささやきかける。それはまた、移民を団結させ、集約させ、激しく、時には略式に軍事介入し、虐待し、追い返し、追放する移民を管理し、混合させている。屈辱は、国内の国家権力と外部権力を対象とした、多規模なものである。それは何よりも社会的であり、無能で腐敗し、さらには重罪であると考えられている政治家を非難するものである。そのため、それは市民社会の象徴となり、外国人排斥と社会的暴力の原因になる可能性がある。何よりも、最も弱い立場にある人々、失業者、若者、無視されている人々に影響を及ぼす可能性がある。

＊＊

　これは、構成的不平等が抵抗することを意味する。さらに良いことに、それは自らを再生し、記憶を動員して、時には強制的な方法で、支配の致命性を呼び起こす現象の新たないくつかのビジョンを創り出す。今日の屈辱とは比較にならないほど、昨日の屈辱が強過ぎたかもしれない。少なくとも部分的には。しかし、いずれにせよ、それは国際システムに十分に根付いており、その灰の中から再生し、国際システムを方向づけ、再構築するのである。これには、現在の国際秩序の構造に参列するグローバル・ガバナンスの周縁者、排除された者、あるいは単に郊外に住む者たちである周縁諸国が寄与している。

第5章　構造的不平等：エリートの外側に　いること

　この長い植民地時代の歴史は、現代の国際システムの構成に反映されており、その構造は、しばしば過去から受け継がれた不平等と組み合わさって新たな不平等を生み出すことになる。近代的な国際システムが出現しつつあった頃、特にウィーン会議（1815 年）の時には、この問いにはあまり意味がなかった。確かに、不明瞭は生じたが、私たちは似た者同士であり、平等であり、さらには数が非常に少なかったのだ。ポルトガル王国やデンマーク王国はそれほど大きな比重を占めておらず、さらにはヨーロッパ協調主義ではほんのわずかな役割しか果たしていなかった。さらに、その不平等はシエラレオネと合衆国を隔てるほど明確ではなかった … 特に王朝間の同盟と、誰も排除しない微妙なバランスをとる行為を通じて、接触が維持されたのである。

　2 つの大きな亀裂により、非常に不平等な構造が永続的に確立され、外交上の不満と屈辱につながった。1945 年、多国間主義が奇妙な妥協の上に確立された。これが 2 極体制の出現であり、大国が必要以上に発言するようになった。一方ともう一方のどちらとも、現在の国際システムとその曖昧さの基礎であり続けている。

　国連創設のきっかけとなった 1945 年の妥協は良く知られているが、その結果がどのような影響を及ぼしたかについては十分に議論されていない。それはフランクリン・ルーズベルトに起因するもので、彼は「国連」の設立を望んだが、その条件はそれが勝者たちのもの、さらには勝者のものにするということであった。1919 年にウッドロウ・ウィルソンが受けた軽蔑と同じものを議会で自分に与えられることを恐れた彼は、1945 年に勝者とされる 5

大国の承認が得られるまで各国の集団審議を停止すべきだと考えた。こうして、拒否権を与えられた「安全保障理事会の常任理事国」の概念が生まれた。以来、国家には集団ゲームの主人であり続ける国家と、集団ゲームに服従するべき国家という2つのカテゴリーが生まれた。2年後、冷戦が正式に始まり、アメリカとソ連の対立が生じ、仮想的な共同統治から現実的な共同統治へと変化し、軍事力だけが最終決定権を与えられることになった。この時、世界には2つの超大国があった … 他にあるのはそれ以外だ。

　この階層構造は構造化されていると同時に強固なものでもある。拒否権の効果は壁崩壊後も明確に続くことになった。たとえロシアが21世紀に第二次世界大戦後の半世紀のような考えではなくなっているとしても、軍事的共同統治という考えは消えたわけではない。この階層構造は国際的・文化的なグラデーションがあるが、不平等を生み出すだけでなく、上昇を望む国々、あるいはごく単純に言えば存在を望む国々の間で複雑な行動や苦い思いを引き起こす。こうした屈辱は、多かれ少なかれ抑制されているが、最終的に「多極化世界」を夢見る「中大国」、自分たちがすでに大国の地位を獲得したと考えている「新興国」、そしてアップグレードの可能性がない小国と、どうやって生き残るかを想像するだけの国々が出会うことになる。

「中大国」の破れた夢

　壁が崩壊した時、中大国は自分たちの時代が来たと思った。しかし、彼らの呼称はすでに約40年前から存在しており、非常に大きなものと非常に小さなものの間に位置する地位を主張できるように偽造されていたのだ。中大国というこの言葉はおそらく戦前は枢軸国とうまくやっていくことに希望を抱いていたが、1945年以降、自国を軍事同盟に結びつけることに多少の不安を感じていたカナダの首相、ライアン・マッケンジー・キング（1874-1950年）から来ていると思われる。カナダは、彼の後継者であり1948年から1957年まで政府首相を務めたルイ・サンローランの時代に特に支持を集め、スエズ危機の際には外交に非常に積極的であった。大国による自動的なゲームを超

えて自国の声を届けようと決意した。

　ではどのように？自らを押しつけるには小さすぎ、沈黙するには大きすぎる中大国は、そのノウハウ、イメージ、前例のない聴取力を動員し、円熟した多国間外交によって存在することができる。このような目標を達成するには、調停、そして人道外交が理想的だ。[原注1]カナダも、その後のスカンジナビア諸国と同様に、目覚ましい多国間活動を通じてこの新たな地位を築き上げた。国連に派遣された部隊と人間の安全保障の推進の間で、その任務は疑いなく達成された。フランスも、特に 1989 年以降、日本やブラジルなど他の名高い中大国と同様に、彼らと同じ足跡をたどった。平和、開発、国際的な社会問題は、頭角を現すために利用できる「外交上のニッチ」[原注2]となった。経済的、文化的、地理的レベルで蓄積された資源は、「多極」世界の構築を可能にすることを目的としており、米ソ共同統治時代にすべての人に課せられた抹殺に対する真の復讐でもあった。この言葉はジャック・シラクだけでなく、イナシオ・ルーラ・ダ・シルバや他の多くの人々の心に刺さった。

　正確には何だったのか？確かに、2 極体制の終焉は外交政策を真剣に解放し、自主性を強化した。1989 年以前には考えられなかった方法で多くの同盟国からの批判に直面しながら、アメリカが 2003 年イラクに介入した時、ブラジル、アルゼンチン、メキシコ、カナダ、トルコ、ドイツ、フランスは遠慮せずに批判した。世界は明らかに変わっていた。

　新しい文脈の中でのこの新しい戦略の一貫性を、複雑な国際システム、つまり多数のプレーヤーで構成され、分断線がその厳格性を失いつつある脆弱な構造のシステムの中で理解することは容易である。重要なのは、中大国戦略はすでに 1956 年にスエズ危機を機にカナダによって開始されており、これは 2 つの超大国の正面対決に対する最初の例外であった。中大国は武力で強制するのに十分な軍事資源が不足しているため、平和、調停、紛争解決、あるいはより一般的には「影響力」によって頭角を現すのに十分な資源があるかもしれないことに気づくのである。この点に関して、マルティ・アハティサーリを含むフィンランド、[原注3]長期にわたるスーダン紛争に熱心に参加しているノルウェー、[原注4]スカンジナビア諸国すべて、そして人間の安全保障の問題に

関するジャン・クレティアンとロイド・アクスワージーが出身であるカナダ
などの国々の活動は、特に示唆に富む。原注5　壁崩壊のその日、「中流階級」の間
に大きな希望が生まれたのだ。

　しかし、それは完全に参加可能なゲームなのだろうか？それは期待される
満足をもたらすだろうか？結局のところ、それはフラストレーションの原因、
さらには失敗の原因となり、ひいては将来の屈辱の原因となるのではないだ
ろうか？私たちは、別の作法がうまく適用できるほど、古典的なパワーゲー
ムから十分に抜け出しているだろうか？中大国の悲劇は、もはや存在しない
古い2極世界での態度を取りながら、実際には多極化した世界に到達してい
ないにもかかわらず自分たちは多極化した世界にいると信じ込んでいること
である ...

　多極構造の中では、超大国アメリカを超えて、一定数の下位大国が独自の
カードを切り、周囲に安定した信頼できる影響力を持つゾーンを確保するの
に十分な独自の資源を持つことができると想定しているはずだ。だが、構造
化されていない世界では、この賭けは非常に危険である。自分自身のリソー
スが少なくなり、「1人でやり遂げる」という誘惑がますます強くなっている
ため、国際ゲームにおける社会の比重が優勢になる傾向があり、国家間の選
択と持続可能な戦略路線の関連性が低下することになる。2003年以降のシ
ラク外交の失敗は逆説的に見えるかもしれないが、それと同じくらい重要で
ある。フランス大統領は、イラク介入への参加を拒否することでアメリカと
いう巨人に立ち向かうことができたにもかかわらず、かなり急速に挫折に向
かって滑り落ち、大統領の支持率は、外交的勝利の恩恵を得るどころか、す
ぐに後退してしまった。原注6　彼は、2003年6月にエビアンで開催されたG8サ
ミットでアメリカ側と和解し、特にアフガニスタンでの同盟強化を特徴とす
る、中東におけるアメリカとの共生政策を開始し、有名な協定の共同草案を
作成したのである。レバノンとシリアに関する決議1559（2004年8月）、そし
て2005年7月には、パリでアリエル・シャロン・イスラエル首相が特に温
かい歓迎を受けた。その後、フランス外交界ではネオコン的な感性が勝利を
収めた。つまり、それへの傾倒が強まったのが、ニコラ・サルコジの当選で

あったが、彼はジョージ・W・ブッシュのところに急ぐも弱体化し、2009年にはフランスのNATO統合軍への復帰を決定した。シラク、サルコジの新ゴーリズム、自由主義、オランドの社会民主主義のフランスは、最も構造化された2極体制時代に比べて、全体として自律性が低下したポスト2極体制の中大国の典型に見える。その後もドナルド・トランプの当選により、フランスでのネオコンへの傾倒は二度確認された。アメリカの超大国がCOP21から脱退する時、ユネスコから脱退する時、あるいは在イスラエル大使館をテルアビブからエルサレムに移転する時に（この場合、グアテマラとパラグアイだけが支持を表明した）、欧州の中大国は、それにもかかわらず、ホワイトハウスに対して自らを主張することができなかった。通商問題でもイラン核問題でも、アメリカは近づかないように腕を振り回していたが、真の抵抗勢力としてホワイトハウスに反対することすらできないのである。実際、多極構造とは、小さな屈辱がつらなった柔らかな非極構造なのである。

　もちろん、この矛盾は明らかだが、フランス症候群はフランス単独や個人の政治的選択をはるかに超えている。これには2つの要因があることを強調しておく必要がある。第一に、誰もが頼りにできる資源が不足しており、誰もが自分のカードを使うことを好む国際システムの崩壊に関連した現象である「外交ニッチ」の不安定さに直面しているのである。2004年までが欧州連合の拡大期だと見なされているが、フランスはある程度の成功を収めて欧州連合の外交政策を構築することができたと主張できる。だが、そう主張できないドイツ、そしてEUに関心のないイギリス、成功には程遠い中小諸国は様々な問題に直面していた。2極体制の消滅後、かつてのいわゆる「東側」諸国への拡大は、最も弱い国々が目覚めて、外交的保護を受けることをかたくなに拒否しているため、徐々に不可能になっている。もはや欧州の資源の損失は、アメリカのネオコンによって阻止された多国間主義の熱意によっても、あるいは、ポスト2極体制の後、紆余曲折を経て引き起こされたコートジボワール危機にあるアフリカの裏庭をもってしても補うことはできない。1999年のクーデターから、フランスを再び巻き込んだ2010年の大統領選挙に至るまで、フランス軍がレオン・ムバを再配置した時よりもはるかにそこが危

険な場所であることを再認識することになった。

　1989年の余波で国際システムが破壊され、団結と保護の必要性が減少し、より大きな自治を望んでいたまさにその時に中大国が無力になったことは注目に値する。これが、多極性が実際に日の目を見ることはなく、実際には単なる「無極性」システムに取って代わられた理由である。決定的な資源を奪われ、依然として超大国の優越性が支配する文化に根強く居住している中大国は、その戦略的希望が打ち砕かれるのを目の当たりにしている。

　かつて同盟を結んでいた中大国は、フランスのように「同調する」必要があっただけでなく、相対的に疎外されることも受け入れなければならなかった。イギリスとしては、イラクでは同国が決定に影響を与えることができなかったのにもかかわらず、「特権同盟国」としての地位に固執する一方、2003年3月のアゾレス会議以降は、アスナールのスペインとバローゾのポルトガルがかつてないほどにアメリカに従属していることがわかった^{原注8}〔訳注　アメリカのイラクに対する開戦に対して当時フランスとロシアは安全保障理事会で拒否権を行使すると表明していた。そうした中、ポルトガル領のアゾレス諸島でアメリカ・イギリス・スペインの3首脳が集まって会談し、最終的にイラク開戦を支持することで一致した〕。

　これはかつての幻想に満ち、その希望がすぐに打ち砕かれた中大国に与えられた「屈辱」なのだろうか？実際、ヨーロッパ大陸の矮小化——近代になって初めて、もはや世界の戦場ではなくなった——は、ヨーロッパの主要大国から、かつては収益化さえできた地政学的資源を奪っていると言える。同時に、彼らの世論は、これまで以上に彼らの中立主義、平和主義、さらには反米主義を肯定している。一言で言えば、欧州はもはやそれ自体としてアメリカにとって関心を引く存在ではなく、アメリカもそのことを彼らに教えるすべを知っている。

　例えば、ヨーロッパに不利益をもたらしたバラク・オバマによるアジアへの恩恵、2009年12月の気候変動に関するコペンハーゲン交渉中に合意に反対したこれ見よがしの無知、2013年6月のアメリカ大統領のベルリン訪問中に提示された核軍縮プロジェクトにおける旧大陸の完全な後回し、アメリカ諜報機関によるヨーロッパ大陸への聴取という膨大な計画に関する暴露に

対するワシントン当局の緊張感のない反応、ドナルド・トランプがホワイトハウスに到達した際にヨーロッパに対して示した軽蔑は言うまでもない。ヨーロッパは分断された大陸であり、もはや冷戦の恩恵を受けておらず、もはや唯一の対話者でもなく、実際には私たちが夢にも思っていなかったビジネスパートナーの集合体に過ぎないのだ。

　一方で、ヨーロッパ人の域外への介入には依然として問題がある。2011年のリビアに関するイギリス・フランス・イニシアチブは、国際舞台で自らを主張したいという願望のように見えるかもしれない。それは、12年前のコソボの時とまったく同じように、アメリカのやや遠方からの支援のおかげでのみ実現できたのだった。もはや保護の必要性によってバランスが取れなくなった依存関係、スカンジナビア諸国が行っているような人道的行動、またはフランスがマリで行ったように、目に見えない分業の下でその場限りの軍事介入を行うなど、これはかなり屈辱の形態に似ている。

　確かに、これは強度と質の点で、植民地時代または植民地後の雰囲気で私たちが説明したものとはほとんど関係がない。しかし、それは、国際関係の規模において不可欠と思われる3つの側面を共有している。まず、それは明らかにリスト化されたタイプに属する。つまり*追放*のタイプである。中大国、特に欧州諸国が受けた屈辱は、地位を失うだけでなく、期待した地位ではないことに対するフラストレーションの影響でもある。冷戦から脱却し、欧州の中大国は自治権の拡大に注目したが、もはや世界的な安全保障問題の中心ではなくなってしまった欧州の戦略的転換にとりわけ苦しまなければならなかった。

　第二に、ここでも屈辱は感情的な関係ではなく、*システムの特性*となる。アメリカ外交は明確に従順な貢献をしてくれる場合を*除いて*、グローバリゼーションの進展によって*事実上* (de facto) 疎外され、世界的な交渉への参加が困難となっている多くのパートナー——パートナーたち——を*回避*する必要がある。シリア危機の記録はこれを示している。ゲームに復帰しようとするエマニュエル・マクロンの必死の努力が、ロシア系アメリカ人の沈黙に遭ったのを見ただろう。ここで私たちは、逆転したモンロー主義に直面している

ことに気づく。つまり、ヨーロッパはその大陸内に封じ込められて置かなけ
ればならず、交渉にヨーロッパを関与させる必要はないのだ。ちょうど19
世紀にすでにワシントンがヨーロッパ協調主義への参加の誘いを断ったのと
同じように。

　最後に、この屈辱は、――存在するという幻想によって和らげられている
ものの――同時に、国際秩序の時代遅れのビジョンの名の下にヨーロッパ列
強によって受け入れられている。それは、特に軍事力の過大評価によってな
されたものであり、特にアメリカの場合がそうであり、グローバリゼーショ
ンに対するある種の誤解、社会の新たな役割、そして新興勢力を考慮する際
の明らかな困難などからなる。アメリカの*超大国*について語るのはヨーロッ
パである。アメリカがその無力さを露呈したまさにその瞬間に、バラク・オ
バマとともに撤退したいという願望さえあからさまに表明しているのだ！

新興諸国と過去の屈辱の固定化

　もちろん、「新興勢力」の場合は全く異なる構成になる。彼らは「追放」で
はなく、「平等の拒絶」、時には「汚名を着せること」さえもいとも簡単に口
にするのだ。ここでの屈辱は、その根源が近代性の発見にあるというよりは、
むしろ過去の記憶とそれを克服したいという願望という事実にある。

　エマージングという概念そのものと、それを取り巻く議論によって、すで
に私たちはこの主題に導かれている。サンパウロからイスタンブールに至る
まで、新興国を多少なりとも見下している関係者たちと彼らはあまり良い関
係を持っていない。世界で最も古い政治制度が構築されたと見なされている
新興国の中国、かつての超大国であるロシア、または非常に長い帝国時代の
過去を持つトルコにそのようなレッテルを貼ることには、少なからぬ矛盾
があることを認めなければならない … おそらくこの点には誤解が見られる。
誤解の一部は、初期のグローバリゼーションにおける西洋の独占を乱した軌
跡を説明するために急いででっちあげられたこのカテゴリーにある。あたか
も思春期の危機に瀕した子供、あるいは甘やかされて育った子供を扱うよう

なこのわずかな見下しのアクセントは、自分がそのような扱いの中にいると分かればイライラするだろう。

　今日、経済学者たちがこの人工的手法に同意しているため、不快に感じている国々の主張はさらに強くなっている。つまり、中国、ブラジル、南アフリカでは軌道が大きく異なるため、このカテゴリーの統一性に関してもますます説得力を失っているように思える。その一方で、急いで承認を得た場合に良くあることだが、こうした呼び名は慣習、構造認識（他者による）、および識別（利害関係者による）に力点が移っている。エマージングという概念は経済よりも外交の分野でより多くの富を生み出し、より信頼できることが証明されているほどだ。

　「新興国」は互いに近い関係にあるものの、本質的に西側のクラブ外交によって一般的に排除されていると考えており、協力し、連合を形成し、さらには共通戦線を形成することに慣れている。当初はゴールドマン・サックスによって編み出された分析のカテゴリーであったBRICS（ブラジル、ロシア、インド、中国、その後南アフリカ）の概念はこうして政治的に活性化され、毎年サミットが開催されるようになった。IBAS（インド、ブラジル、南アフリカ）は、大陸を越えた積極的な協力を維持している。共通点が稀であればあるほど、自分のありのままではなく、自分ではないことに直面して自分を定義したいという誘惑が強くなる。したがって、西側諸国に対する不信感、確立された寡頭政治に対する不信感、そして植民地時代の過去への言及が過剰に利用されることによって、経験は不均一ではあるが、力強く団結している。特に、各国が地理的、経済的、文化的、政治的に他の共通点を見つけるのに苦労する場合、多かれ少なかれ遠い過去に受けた屈辱を戦略的に利用することになる。

　このようにして構築された歴史、さらには再構成された歴史には、参考となる指標がある。インドと中国はバンドンにいたが、1945年以来常に対立してきた両国の外交は、主権の原則を祝い、明示的か否かに関わらず、何を問題提起するかという点では、共通認識がある。彼らは、ずっと西側諸国の側から見える主権の欠落によって苦しまなければならなかった。南アフリカ

には間違いなく同じ指導者たちの殉教の歴史がある。ブラジルも、アフリカと混ざり合うより遠い植民地時代の過去を呼び起こす。軍事政権が被った過酷さは、しばしばアメリカによる圧力と関連しているが、ポスト植民地時代の困難な経験において、中国やインドの列に加わっている。ロシアは植民地ではなく帝国であり、かなり性格が異なるが、その一員として認められるよう努力している。昨日の超大国だがアメリカに敗北し、何よりも屈辱を与えられ、1989年の余波で形になった新しい国際ゲームからも排除された。もちろんタッチ〔訳注　ボールが外に出た場合の主導権の交代を指す〕は有無を言わさぬものだったが、ライン戦略は粘り強く、モスクワはむしろ主権の無条件擁護者を皮肉にも演じながら、パワーゲームに戻るための超人的な努力を重ねている。グルジア（2008年）、ウクライナ（2014年）、そして何よりもシリアのエピソードは、力のゲームを積極的かつ攻撃的に展開することで20世紀最後の10年間の屈辱を克服し、表舞台に戻るために必要な外交・軍事面の改革をあたかも実施しているように思える。ウクライナ人、シリア人は、1990年代に西側諸国に蔓延した「小さなクレマンソー」たち〔訳注　愛国主義者を指す〕の外交上ののんきさに対して血で代価を支払っているように思える。

　同時に、信頼できるものでありたいのであれば、新興国のグループは自らを永遠に屈辱を与えられている存在として提示し続けなければならない…この意味で、特に西側の世界情勢一覧表が登場するにつれて、このアプローチは常に再活性化されている。したがって、屈辱を過大評価することは、同時に、存在の仕方、生き残る方法、そして疎外する権力に対して自分自身を永続的に規定する方法でもあり、そこから独自の外交が生まれる。

　それは個人だけでなくコミュニティに対しても起こることである。「新興国」の外交的位置づけは、アメリカの社会学者サミュエル・スタウファーの有名な分析を思い出させる。アメリカ軍の兵士たちについて研究していた彼は、当時、昇進の欠如に対するフラストレーションは、昇進できなかった兵士が高いレベルの指導を受けていたため、より一層強かったと指摘していた。[原注9]ここでの論拠は同じ性質のものである。特定の国が新たに獲得した権力は、世界統治に積極的に参加したいという国家の希望をより鮮明にし、新興国が

犠牲となる拒絶とクラブ加盟を強制する際の経験をますます耐え難いものにする。国際交渉の各段階におけるこの新たな経験は、米ソ共同統治の終焉以来、ロシアさえも襲い、西洋諸国を「基準グループ」として構築するのと同じように、屈辱の公準をますます再活性化させている（スタウファーの公式による）。そして自分の支配権を他人と平等にすることができない自分を改めて認識するのだ。

　主権は過去と現在の屈辱に反応して確立されたものであり、他を排除し続ける寡頭制の圧力を制限する手段となる。反西洋主義は——多かれ少なかれ潜在的にあるが——危機的状況において「世界の取締役会」として幅を利かせる傾向にある「基準集団」に直面して自らを再構築する方法である。この種の状況では「新興国」の抗議意志はなおさら強い。しばしば西側の指導者たちが大いに驚かされることになる ... *平等の拒絶－主権主義と追放－抵抗*という組み合わせは、私たちがすでに強調したモデルに従って完璧に実行に移されている。

　平等の拒絶は、新興国の外交の成果において一定の構造的な役割を果たしている。それはまず、敵意の急性期と緊張緩和の瞬間が交互に繰り返される絶え間ない不信の形で表れ、緊張が弱まった瞬間は、不自然だが幻想的な調和が実現したかのように見える。これらの国の台頭が国際問題になる前から、例えばアメリカとブラジルの関係は周期的変化を示すまさに波動のようであった。1824年にワシントンによって承認されたブラジル帝国は、北の隣国にアマゾンの航行施設の使用許可に対して譲歩することを長い間拒否していたが、この施設の使用を隣国が頑なに要求し、最終的にボリビアがそれを認め、合意が得られたのは1853年であった。同様に、ブラジル政府は、1865年から1870年にかけてパラグアイとの間で紛争になったがアメリカの調停をきっぱりと拒否した。その後、ヒトラー率いるドイツとの戦争に引きずり込まれてしまい、パリ講和会議（1946年7月から10月）、次にサンフランシスコ会議（1951年）で、ブラジル政府は追放されていることに不満を示した。ちょうど同国が、国際連盟の常任理事国としての議席を拒否されたことに抗議し、連盟を去ったのとまるで同じ態度だった。アメリカの軍事援助条

約も 1953 年に同様に多大な困難を抱えて批准されたが、その間、ジョアン・グラール大統領はワシントンに対してキューバを精力的に擁護した。[原注10]

　中国についても同じことが言える。数ある兆候の中でも、フランソワ・ゴデマンの観察をここに残しておこう。2009 年 10 月、中華人民共和国建国 60 周年を祝った大規模な軍事パレード中、各兵士は 169 歩、つまり中華帝国とヨーロッパを戦わせた屈辱的なアヘン戦争から中国を隔てた年月と同じ歩数分を歩くように命じられた。[原注11]象徴の国では、その表現の意味は明白だった。平等の拒絶の記憶は明らかに構成要素であり、特に、中国政府が議論から除外している 3 つの属性について旧大国勢力が異議を唱える場合には、いつでも再び登場させる準備ができている。つまりそれは領土的完全性であり、そこには生態学的または商業的な影響に関係なく、チベットや新疆を含む領土保全、政権の完全な管理、発展の権利が含まれる。過去に被った不平等の名の下に、中国は現在、主権を完全なものにする絶対的な権利があると主張している。それは、習近平国家主席が過去の屈辱に対する復讐という新たな事実を示す「中国の夢」として明らかにしているが、世界規模で力を回復するのと同時に思い入れはますます強くなっており、絶対的な権利の要求は、今後もとどまることはないだろう。

　同様に有益なもう 1 つのイメージがある。トルコは、2013 年 6 月から政府に異議を唱えたデモ参加者に対するタクシム広場で行われた弾圧に対し欧州議会が発した全ての警告に対して、おそらくそれ以上に精力的に反応している。「あなたたちは自分を誰だと思っているのか？」在職中のレジェップ・タイイップ・エルドアン首相が欧州議会議員に勇ましく問いかけた。「どのような大胆さがあればそのような決定を下すことができるのか？」当時のアフメト・ダウトオール外務大臣は、トルコの地位を主張の最重要事項に据え、次のように述べた。「トルコは第一級の民主主義国家であり、誰からも教訓を垂れられる必要はない。この決議案が我々に送られてきたら、ただちに拒否するだろう」と。エゲメン・バギス欧州問題大臣も、キャサリン・アシュトン欧州連合外務・安全保障政策上級代表に対し、「トルコはヨーロッパで最も強力で最も改革を進めている国である」[原注12]とはっきりと主張するべきだと

考えていた。こうした傾向を確固たるものにし、さらに激化させているのはエルドアン大統領の指導力の現れに他ならない。真のポピュリスト護民官としての地位を築き上げているこの男は、何よりもまずトルコが世界に対して行う復讐のいくつもの象徴を振りかざすために、あらゆる出来事を利用することを躊躇しない。特にアンカラを玄関先で半世紀以上待たせるほど傲慢だったヨーロッパに対しては ...

　それは現象や表現だけではない。これらのイメージの背後に、「新興」諸国が自らの外交に関与し、それを理解するのに寄与するイメージを構築しているのを見るのは興味深い。インド、そしてさらに中国は、自らを発展途上国であると示す機会を絶対に逃さない。このため、国際規範の原則自体が彼らの目にはますます不当なものと映っている。発展を完了した国家とまだ発展していない国家に、どうやってそれを平等に強制することができるのだろうか。前者が彼らの行き過ぎを監視し制裁できる国際的な取り締まりなしで現代に突入し、後者が最も裕福な人々の快適さのために自分たちの変革を遅らせる必要があることをどうやって受け入れることができると言うのだろうか？古いホッブズの議論がここで思い出される。主権は外部からの制約に関するあらゆる概念を消滅させる。インドは、特に気候変動に関する交渉中、繰り返している。成長競争は正当であると。グローバリゼーションは発展を促すためにあるのだと。[原注13]

　このテーゼは中国のテーゼに非常に近いものであり、中国の未完の発展は過去の屈辱と結びついている。したがって、「中国の夢」は、３千年紀に近代化への特別な道を辿ることによって、この劣等状態から抜け出すことなのだ。一言で言えば、「世界の他の国々との交流と協力を加速することによって」グローバリゼーションの一員となることである。レシピはシンプルで自明である。「ゼロサムゲーム」に基づく古い戦略パターンを「ウィンウィン」ゲームに置き換えることだ。そこでは、グローバリゼーションは恐ろしいものではなく、希望の源となるだろう。そしておそらく中華帝国があらゆる国の中で最も早くそれに身を委ねるだろう。この段階では、主権主義はもはや単なるホッブズ的なものではない。もし誰かが石炭焼き職人のように常に家の中

で主人であろうとするなら、外は脅威である以上に豊かさの源であることも知らなければならない。[原注14]

　国際関係を専門とし、「*自己認識*」の重要性を主張するアフメト・ダウトオール教授は、政界に入る前、「中心国家」と「周縁国家」を対立させてそこから自国のビジョンを正確に構築した。すなわち後者のカテゴリーのトルコは、前者のカテゴリーの統合を目指す必要があると考えたのだ。成長は確かに屈辱に対する救済策である。平等の拒絶を被ったのだから、「歴史的および戦略的深さ」に由来する新たな意味を見つけ出して屈辱からの回復を目指さなければならない。[原注15]

　このように、新興国外交には主権主義を主張して過去の屈辱から回復するという共通の意味があり、それぞれがそれぞれのやり方でグローバリゼーションに参画して西側諸国を驚かせているが、保守主義が定着し、恐怖心が勝りグローバリゼーションを遠ざけている国々は、実践と反省のおかげで新興国がすぐに掴むことができた機会を逃している。この絶妙な結合は、実際にはいくつかの経路を辿る。

　中国は*自らを中心に置く*グローバリゼーションを推進しており、実際には非常に現実的である。この場合、獲得できるものを取り込み、そうでないものは倹約する。とはいえ、中国は原材料、特にエネルギーを必要としており、現在、そして何よりも将来の市場も求めている。そのため、アフリカ、中央アジア、東南アジア、さらにはラテンアメリカも視野に入れている。実際、特に鄧小平以降の指導者たちは、グローバリゼーションが何らかの形で自らの主権を強化することができるということを理解しているのだ。したがって、古い儒教精神がすべての普遍主義とすべての救世主主義を拒否していることもあり、グローバリゼーションから主権に向けての勢いがますます増している。その意味でグローバリゼーションは、他者をそのイメージに変えるためにあるのではなく、自らの尊厳の回復を保持するためにあると言えよう。中国が国際舞台で発言するのは、自国の体制、生存、領土保全に対する脅威と考えるものについてであるが、中国はその発展のためにのみ行動する。それ以外の場合は、消極的と捉えられることがあっても用心深くすることが最善

の方策である。アフガニスタン、イスラエル・パレスチナ紛争、アフリカ紛争、クーデター、弾圧、権威主義の勃興 … 過去の屈辱がある種の非暴力的復讐につながる可能性もある。

　それとは対照的に、おそらくブラジルの外交は、労働党 (PT) の政権獲得、ルーラ・ダ・シルバ大統領就任、セルソ・アモリムの外務相就任などにより、特に積極的で進取的な*外向的主権主義*(souverainisme extraverti) を推進している。主権が常にナショナリズムと韻を踏むものであるとすれば、それはまた、残酷に感じられる過去の屈辱を封じ込め、克服するためだと主張する。おそらく国益のためでもあり、過去のブラジルが奪われた世界へのビジョン、存在感、そして団結を示すためでもあったのだろう。したがって、同国の国連または WTO における多国間コミットメントの強さ、国際交渉における積極的な行動、絶えず変化する新興国のグループ形成の構えなどを見ていると、その目的は、かつて支配していた勢力を打ち負かすためだと言える。そういうわけで BRICS と IBAS に関心があるのだ。そのため、ルーラはアフリカや中東へ何度も足を運んだのだ。したがって、中国とはまったく対照的に、主な紛争の管理に積極的かつ目に見える形で関与し、むしろ最も弱い立場にある国の傍にいることを是としている。そのため西側諸国の介入主義に対する厳しい批判を行っている。

　この両者の間には、新たな外交モデルの別のモデルも登場しつつある。とりわけ、私たちはトルコのモデルの独創性に注目している。これは、ダウトオールの用語を使用して「リズミカルな主権」と称することができる。同大臣は、「戦略的深度」という概念から始めて、トルコはその歴史と地政学から、トルコが西と東を結ぶボスポラス海峡と常に関連づけられてきたが、それ以上の立場を与えられていると説明した。つまり、かつてのオスマン帝国の歴史の奥底には、中東、バルカン半島、コーカサス、中央アジアなど、自らを再確立するための資源があり、そこを臆することなく「世界の地理的中心」と呼んだ。^{原注16}したがって、トルコの外交政策は、積極的、自発的、機動的であり、グローバリゼーションとすべての主要な世界的問題を十分に包含する同心円で構成される環境の真ん中に存在しなければならないのである。当

時、アフメト・ダウトオールは、冷戦時代の静的で時代遅れの法則から脱却し、ダイナミックで動きのあるビジョンに向かっていることを誇りに思っていた。それが彼の外交を「リズミカル」なものにしていたと言うだけで十分だろう。この多立場性(multipositionalité)は、過去の連携を打破する柔軟性と関連しており、シュミット的硬直性を取り除くモデル、つまり長期にわたって損なわれてきた主権主義を保護し回復しながらグローバリゼーションを反映するモデルを呼び起こすことは間違いない。イスラエル、イラン、シリア、ヨーロッパ、米国、ロシアに対するAKP(公正発展党)率いるトルコのこの不安定性——あるいはこの強い反応——はこの国の支配的な見方であるが、しかし同時に、アンカラが終わらせたいと望む過去からの解放でもある。トルコのシリア戦への関与とロシア戦での柔軟な姿勢は、かつて受けた屈辱に対する復讐の熟練した技能であり、まず自分の存在感、力、そして自分の利益を誇示したいという願望が明らかに反映されている。

　示唆に富むこれらの複合主権主義(souverainisme composés)はその痕跡を維持する方法が分かっている。ブラジルはまさに「平和外交」、「予防」、武力行使の禁止を称賛することで外交理想を巧みに擁護し、低支出の軍事費から恩恵を受けている。ブラジルは、インド、南アフリカと共に安全保障理事会の構成の時代錯誤を非難したり、いたるところで失敗している西側の介入主義を批判したりしているが、それと同じだ。昨日ののけ者たちを団結させる大陸横断協力を経験的に発明したIBASのように。

　これらの外交は、冷戦の結果として生じた古い手法を永続させる以外に、グローバリゼーションを適切に活用する方法が分かっていることから間違いなく現代にかなっている。しかし、彼らが確固たる存在になる可能性はどのくらいだろうか？確かに、彼らは成功するにつれて進化し、変化している。国際ゲームから排除されたこれらの新興勢力は、その台頭の中で、それまで自分たちを無視したり、疎外してきた諸機関にその価値と規範を身に付けるための明白な条件を見出している。これが、アラステア・ジョンストンが中国について、特に国連システムとの接触において研究してきたことである。おそらく、ここでは権威と支配の規則への社会化がさらに問題となるだろう。

常任理事国 5 ヵ国の一員である中国の権威と支配や中南米の近隣諸国と対峙するブラジルの権威と支配、アフリカ諸国が、南アフリカに対し「白人外交」と言われたりするが、その権威と支配も問題となるだろう。まさにアパルトヘイトに関連した屈辱から生まれた「南アフリカの権威の不当性」が復活するリスクは非常に大きいと言える。[原注21]

　同様に、この活性化され手段化されたグローバリゼーションから生じる緊張については何が言えるだろうか？ジンバブエ、モザンビーク、アルジェリア、エチオピアなど、アフリカに住む 100 万人の中国人のうち、地元住民との避けられない摩擦を経験し始めているのは誰だろうか？労働法に寛容な中国の鉱山会社の職長たちが 2011 年にザンビアの鉱山労働者十数人を射殺した。一方、2012 年 8 月には炭鉱の中国人経営者がストライキ中の労働者によって殺害された。[原注22] おそらく、傷ついた尊厳の回復が新たな屈辱を生み出す閾値があるのだろう …

小国家の低いマージン

　国際システムは以下のように作られる。つまり脱植民地化によってもたらされる秩序は、新たな国家連合の中で自分たちの位置を見つけようと奮闘する非常に小さな国家の増殖を促進するだろう。彼らがそこに参列したとして、嘲笑と混じり合い、さらに恐るべき種類の屈辱を呼び起こさないのだろうか？ 1968 年以来独立した太平洋国家としての地位を保っている 10,000 人の住民がいるナウル島について、知っている者はいるだろうか。あるいはその場所について話すことができる学生がどれほどいるだろうか？[原注23] 16,000 人の国民からなるアジアとオセアニアの間にあるパラオは？ 9 つのサンゴ環礁で構成され、生態学的に消滅した国家として歴史に残る危険性のあるツバルは、今日では海に沈み、9,700 人の住民が追放を宣告された運命にあるが…？アンティグア・バーブーダ（274 平方キロメートル、人口 83,000 人）や、2,000 の島を加えた 184 平方キロメートルのモルディブのように、旅行代理店のカタログのおかげで幸運にも存在できる島もある。タックスヘイブンの地位や便宜

置籍の寛大な配布のおかげで生き残っている国もある。フランス南部の包囲された公国のように少数だが「プレス・ピープル」のおかげで存続している国もある …

　最高の屈辱、つまりこれらの国々のいくつかは、中国とその13億4,400万人の住民と並んで国連の議席を占めているが、ニューヨークの本部および代表団を維持することはおろか、派遣する経済的余裕すらない。パラオ、マーシャル諸島、ミクロネシアは、外交政策の定義と実行の任務を米国に委ねているため、国連代表団を構成する職員はグラスハウス〔訳注　ニューヨークにある国連本部の別名〕の廊下で強いテキサス訛りで目立つ存在だ …

　小国の近代化への参入は苦痛を伴うものだった。20世紀に入る頃、最初はバルカン半島、次に中央ヨーロッパで当初ヨーロッパ帝国の崩壊から生じた小国を、多くの獲物を狩るように列強が争った。秩序がもたらされるかどうかは二の次であった。消滅し、その後再構築し、時には連合し、調整し、最も強いもの、最大のものに服従する。彼らはやがて、まるでより良い仕事を突然与えられた家庭教師や保護者たちに取り囲まれたようだった。1938年から1968年まで振り回されたチェコ人の現在の記憶、1829年のロシア・トルコ条約によって正式に生まれ、1878年にベルリンのヨーロッパ会議で独立国家の国民として認められたセルビア人の現在の記憶を考えてみよう。1913年に国家的範囲が確立され、1918年に連邦化され、1992年に再び独立し、1999年にコソボから切断された … 現れては消え、そして再び現れる大国間の関係の永遠の対象であることは言うまでもない。バルト三国、またはモンテネグロ。主人を変える者たち。ミクロネシアはスペインに属し、次にドイツ、日本に属し、今はアメリカに属している。キプロスのような貪欲な近隣諸国の食欲を刺激するために出現した国々。ボスニアやモルダビアのように、潜在的な存在と現実の存在が入れ替わる人々。主権の原則の発明と一般化は、屈辱から身を守ることができないだけでなく、屈辱を強化する可能性もある！

　生き残るためには、小さな国が今度は賢くなければならない（*狡猾な国家*）。その資源を利用したり（カタール）、戦略的地位を利用したり（ジブチ）、あるい

はトランスナショナルの時代の潮流に乗る、すなわちメタ国家(méta-étatiques)あるいはメタ主権(métasouveraines)になったりする必要がある(ドバイ、シンガポール)。緩衝地(バッファー)になったり、逸脱者やマフィアになったりして、大国をもてあそびながら彼らから保護してもらえるように振る舞うことも重要だ。属国になるのも一つの手である(バーレーン)。つまり、最悪の屈辱とは、非常に簡単に言うと、この中間の状態を永遠に未完成なものとして受動的に受け入れるということだ。せいぜいそれは、自らの無能を公式に認め、より強力な主権機能がある他国に委ねるという*弱い国家*になるか、(2005 年までのイエメン対サウジアラビア、レバノン対シリア)あるいは、国家が崩壊し、民兵組織、ギャング、宗教団体、*軍閥(warlords)* に成り下がる^{原注25}*破綻国家*(崩壊した国家)になる。

　もちろん、これらの国々は団結し、大義を推進し、多国間主義を実践することができるし、大国間の競争にも挑むことができる^{原注26}。間違いなく、小さな国家には共通の特有の財がある。この証拠に、再編成と共同行動への実際の試みが挙げられる。リオサミットからわずか 2 年後の 1994 年春、111 ヵ国が参加して「小国の持続可能な発展に関する世界会議」がバルバドスで開催された。中心的な議論はこれ以上に明確だ。小国は汚染に最も関与していないのに、気候変動の影響を最も受けている。彼らは他方で、エネルギー源、特に石油に最も依存している。したがって、モーリシャスの環境大臣デヴァ・ヴィラソーミは、「開発資金の割り当てに関して国内総生産が考慮されているが、それは不公平だ」と不満を述べ、理屈を限界まで押し広げている(2013年 3 月 8 日)。だが、こうしたことはもう少し多くの支援を集める理由にはならないどころか、弱さは疎外の源であり、乏しい援助しか引き出せないのである。権威が全くないために考慮すらされていないのである。人々は屈辱の真っただ中にいる。

　実際、こうした集団デモは観客席にいるようなものだ。小島嶼国協会(AOSIS)は 43 ヵ国とオブザーバーを結集しており、そのうち 37 ヵ国が国連加盟国であり、加盟国全体の約 5 分の 1 に相当する。事務局も予算も持たない彼らの定期会合は、「気候変動に対する脆弱性に世界がもっと注意を払う

よう促す」ことを目的としており、特に海面の上昇には特に注意を払っている。彼らの演説は、国連総会の枠内で、ポスト2極体制の国際システムの主要国の演説の後に、中級外交官からなるまばらな代表団の前で行われる。礼儀正しく、しかしぼんやりして聞いている様は、それは保証された未来のない敬虔な願いに似ている。バルバドス首相は2011年9月、エスカレートするハリケーン、化石燃料の野放しの使用、廃棄物の未処理に直面し、これらの国々の存続自体が危険にさらされていると主張するために登壇した。グレナダのティルマン・トーマス首相がこのアイデアを取り上げ、温室効果ガス排出量の大幅な削減と島嶼国への大規模な援助を求めた。そして、セントビンセントおよびグレナディーン諸島のラルフ・ゴンサルベス首相は、「気候変動を阻止するという重みに耐えることを拒否する主要排出国の不屈の態度は、彼ら自身の浪費政策につながっているのだ」と非難した。^{原注27}

　私たちは、権力の他の影響の側面と、それが小さな島国に引き起こす可能性のある屈辱を考慮に入れることができるだろう。これは、例えば、フランスとコモロ共和国間でかつて起きた紛争の場合に当てはまる。一部がマイヨット島に居住し、もう一部が群島の1つに居住している場合、ビザは、家族と言えども苦痛を伴う分断をもたらす。まるで外交教育のための奇妙な実践であるかのように、コモロのアブダラ・サンビ大統領自身がレユニオン行きを希望した際にフランスのビザを拒否された。事件は2011年3月18日に発生した。^{原注28}確かに、状況はその後改善されたが、もし蔑みがあったとしたら、その欠陥がいかに簡単に最も陰惨な行動につながるかを、私たちはこの印象的な逸話を通して、屈辱のカリカチュアを把握することができよう…

　人々はここで、まさに国際システムの基礎となる二重の矛盾に直面することになる。主権が国際システムの構成原理である場合、この意味で多数の意志が表明される限り、どの共同体も主権を主張することができる。したがって、規模のレベルで勝てっこない国々、島国で隔離されている国々、あるいは内陸に囲まれた国々を、どうやっても絶望させることになる。結局、彼らが望んでもいない他者に縛り付け、連帯という名の下で彼らを無限の支配に置くことになろう。これらの理由により、主権の平等はアポリア（反する命題

が存在することによる不両立）であり、大原則である法に正式に委ねれば、ほとんど自動的に屈辱に直結する。これに加えて、共有財の考えがますます支配する状況では、小さい国家ほど資源が少なく、他国とより密接な従属関係にあるほど、共有財に対する要求や願望がより強くなる。つまり小さい国は、他の国よりも集団的な努力に依存しているのである。だが、共通善の促進に対する小規模な国々の貢献は微々たるものであり、交渉のテーブルに着くために彼らの声が考慮されるにはあまりにも弱すぎる。期待は大きいのだが、生存の観点から評価する場合、グローバル・ガバナンスの実質的なシェアはゼロになる。したがって、「小さな者たち」は、国家という形で存在すべきなのか、と絶妙な言い回しで後ろ向きに彼らの存在について疑問が呈されている。この真の平等の拒絶から、見せかけに過ぎない主権主義が生まれる。この追放はあまりに強力なために、彼らを最下位層へと置くことにつながる。彼らは口頭での挑戦でしか応じることができないがそれを効果的にするためのわずかな資源さえも欠如している。ここでは、受けた屈辱を貧弱な抵抗として演出することしかできないのである。

第 6 章　機能的不平等：ガバナンスの外にあること

　国際システムには、たとえそれが脆弱で、不正確で、不完全で、あるいは
曖昧であっても、ゲームのルールがある。しかし、これらが一般的に詳しく
説明されず、多くの者が利害関係者ではない実際には選ばれてない一部の者
にしか受け入れられていないガバナンスにつながるとしたらどうだろうか？
この国際ゲームは、過去の権力と現在のグローバリゼーション、包摂性と頑
固さの現れ、寡頭制が頂点に達していた時代のウィーン会議の記憶、そして
絶対的リーダーシップを遠ざける地球規模の次元 ... 最も力を持つ者たちの
中での一部の者によるこの強制的な区別は、外交儀礼上の屈辱を仕立て上げ、
苦労して設けられた規制メカニズムを停止させる危険がある。「少国間主義
（ミニラテラリズム）」、寡頭制の圧力、外交的パターナリズムが 3 つの主な症
状である。

少国間主義

　多くの場合、意思決定者が多過ぎると選択の質が損なわれ、共同で決定を
下す可能性さえも損なわれるという一般的に提唱される議論の名の下で、多
国間主義の境界線を狭めることが大国の強迫観念として扱われてきた。多国
間主義は形式的に存在し、ミニラテラリズムは行動のために存在する。目標
を絞った縮小は、さまざまな方式に応じて行われる。たとえば、国連安全保
障理事会内の有名な「P5（常任理事 5 ヵ国）」など、国際機関内の寡頭政治クラ
ブの推進がそれだ。権力者の非公式のサークルを作り、G8 や G20 など、重

要な案件の決定権をそこに移行する。新たな国際問題に直面するたびに、そ
れを効果的に担当する「コンタクトグループ」を設置し、他の問題を交渉か
ら排除する。控えめに「友人」と称する自警団で標的国家を取り囲み、そ
れによって集中して標的を追尾する … いずれにせよ、外側に残った人々は、
私たちによく知られた段階的な状況にさらされる。つまり、平等の拒絶であ
る。審議する権利が減らされたり破壊されたり、問題に対処する際にかつて
獲得した地位を失ったりする場合は追放であり、参加要請に拒否権が発動さ
れた場合には汚名を着せられるという具合だ。

　現実主義者のスティーヴン・ウォルトは、好んでリーダーシップの本質的
な役割について関心を寄せ、大きな問題は大国の協力によってのみ解決でき
ると主張する。^{原注1}この論文の内容は容認できるが、強調されるべき2つの留保
がある。1つ目は、このようなシンプルなガバナンスのビジョンはそれ自体
を*最小限*に減じるということである。その場合、規制は共謀、つまり最も権
力のある者同士の現実的な自作自演によって機能することになる。だが脆弱
性も併せ持つ。気候問題に関するように、両者の間の意見の相違が強すぎる
場合、状況は止まってしまう。基礎の部分で合意が可能な場合、多くの場合
共通善が犠牲になり、いかなる場合においても最も弱い国家が損害を被る。
2つ目は、この概念は議論の余地のある議論に基づいている。つまり、数が
多いことが必ずしも理性の効果と矛盾するわけではないということである。
それは妨害を非難するための簡単な口実としてよく使われるのだ。どれだけ
多くの国際条約が全員によって交渉され、国連総会で承認され、記録的な数
の批准に至ったことだろう。例えば、1965年の人種差別禁止条約は182ヵ国
が批准し、1979年の女性差別禁止条約は187ヵ国が批准し、1959年の子ど
もの権利に関する条約は190ヵ国が批准している。2015年の気候変動に関す
るパリ協定（COP21）は、ドナルド・トランプがアメリカの撤退を発表する前、
多くの国が参加した。撤退には誰もそれに追従しなかった … 国際輸送、通信、
健康に関する無数の条約は言うまでもなく、それらはすべて膨大な数をもろ
ともしなかったのである。確かに、これらの交渉では各国が同じ重みを持っ
ておらず、多国間主義は見せかけであると主張する人もいるだろう。事務局

や政府間交渉委員会(INC)に役割が集中しているため、選択肢が減っていると主張する人もいるだろう。また、特定の手続きが異常に遅かったことも思い出すことができる。1982年の海洋法条約は20年間にわたって交渉されたがゲームを妨害した少数の国々の中に、小さな異端者ではなく、アメリカという超大国がいることがはっきりとわかる！

　この論証により、私たちは交渉の力学にはほとんど注意を払っておらず、何よりも、小さな者を傍観者にして置くこともめったにない微妙な連合ゲームにもほとんど注意を払っていない、ということが分かる。G77は――77ヵ国以上の国々と最貧国の国々を結集しているが――、指導、修正、議論、時には阻止することも時に問題となるが、消極的になることはめったになく、大国の方が実際にそれ以上のことを行っているのが現実である。本当の多国間ゲームは真に包括的なものだ。結果がないわけではないが、大国はイライラし、気分を害し、実際には不快な権力の反応につながるのだ。

　したがって、少国間主義者の反撃は恐るべきものとなる。現実的な仕組みが、彼らを平等の拒絶を信条にし、さらには回避することが武器となる外交慣行へと導くことになる。したがって、モイゼス・ナイムが述べるように、解決策を目指す能力を最大にするためには、可能な限り少数の国家のみを交渉のテーブルに招待することが重要であるということになる。[原注2]言い換えれば、地元の関係者や直接の関係者が排除されればされるほど、危機を解決する可能性は高くなる ... ウォルトもまた、「強者はできる限りのことを行い、弱者は耐えなければならないことに耐える」[原注3]と付け加えている。だが、相互依存の影響や近接の影響によって、ゲームに影響を与える小さな国たちの能力がますます増大していることを、これ以上はっきりと無視することは困難である。それはまた、弱さを受動性の同義語としてとらえ、侮辱に直面したときに即座に反応する姿勢を目立たずにしておくということだ。すなわち強い国家の特徴は、国際協力に対する不信感を持つ弱い国家に、彼らにとって好ましくないと思われる制度的取り決めについて、完全な排除よりもましだろうという口実のもとに受け入れさせることであると指摘した政治学者ロイド・グルーバーの主張と一致している。[原注4]だが19世紀、戦場が最強の者の足元に

あった時代に由来する、強く逆行するこのビジョンは、紛争や不安定の原因のほとんどが貧しい地域から生じており、グローバリゼーションによって「弱いつながり」という新たな能力が与えられた弱い国家で構成されている世界には不向きである。

　これは、少国間主義で他の国を排除することは屈辱を与えるだけでなく、それ自体が非効率であることを意味する。G8 から非常に慎重に G20 への拡大したことを非難した西側外交官の警句は的を射ている。輪が広がるとすぐに、協議は「駅のホール」に似てくるだろう。世界を変えることのこの難しさは、あまりにも簡単に大数の法則のせいにされがちだが、その変化は関係者全員の真の支持を得て初めて重要なものとなる。

　したがって、少国間主義は発明というよりは生き残りであり、近代化の手段というよりも保護の手段である。フランスのヴァレリー・ジスカール・デスタン大統領の主導により 1975 年に誕生した G6 の歴史を見てみよう。重要なのは、この事態が、ドル危機、ウォーターゲート事件、そして北ベトナムとベトコンのサイゴンへの軍隊進入によって三重の打撃を受けた超大国アメリカの前例のない弱体化という状況の中で生じたということである。そこで問題となったのは、この弱点を補うか――あるいはそれを利用して――、同盟国間の協議を回復し、19 世紀にヨーロッパ協調主義を通じて最初の近代外交、すなわち以前の一種の統治を確立した慣習に戻ることだった。この 2 極体制の時代においては、依然として西側陣営のみに限定されていたため、このイニシアティヴは圧倒的なものではなかった。イニシアティヴは何も決められず、翌年 G7 形成に最終的に含まれたカナダを除けば、失敗した国に衝撃を与えることもなかった。他の国々は遠く離れており、新興国の話はまだ出てなく、2 極体制により東側からの立候補は妨げられ、クラブの出身ではない西側諸国は立候補することを考えていなかった。特にスペインは依然としてフランコ主義により瀕死の状態にあった。他者への蔑みはまだ実際の議題にはなっていなかったのである。

　だが、パラメータはすぐに変化した。超自由主義に突き動かされて、マーガレット・サッチャーとロナルド・レーガンは経済規制について議論する

ことに消極的で、アフガニスタン（1980年ベニス）、ユーロミサイル（1983年ウィリアムズバーグ）、テロ（1986年東京）、東ヨーロッパ（1989年パリ）などの政治問題にG7の方向性を変えた。ソ連の崩壊（1991年ロンドン）、ロシア（1994年ナポリ）、コソボ（1999年ケルン）、イラク（2003年エビアン）、中東（2004年シーアイランド）、アラブの春（2011年ドーヴィル）、シリア（2013年ロック・アーン）、そしてドナルド・トランプの宣言によって脅かされた世界貿易（2017年タオルマイン）。すべてが変化しつつあった。経済関係において協議することはますます稀になっているが、今や私たちは世界のこと、世界の人々ついて話し、決断に至らず、良く言えば仲良く、悪く言えば目立たない共謀をするようになった。ロシアは段階的に承認された。ロシアを西側諸国間の協議の場から世界の名簿に載せ変えるために、さらに少しの努力が加えられた。

　引き算を通じて国連の主権加盟国185ヵ国が枠の外に置かれた。蔑みは空虚に読み取られ始めた。結成されたクラブが時間の経過とともにアイデンティティを構築するにつれて、排除の影響はなおさら強くなった。1970年代には、西側のガバナンスから西側によるガバナンスへと自然に進化した。私たちは、1991年7月、ロンドンのG7が、クラブを通じて国際社会の援助を求めに来た疲れ果てて激怒していたミハイル・ゴルバチョフを、非常に傲慢な態度で彼を受け入れ屈辱を与えたことは記憶に新しい。[原注6]

　このG7の西側世界の中核への転換は、1998年のロシアの加盟とG7+1の結成によってかろうじて修正されたが、2014年にロシアはクリミア併合によって疑問視され、即時除外という代償を払っていた。この寡頭制の姿勢は、ロシアがまだ存在していた時でさえ、このグループの西側アイデンティティの再確認と混同されても何も問題なかった。アラブの春を捉えた2011年5月のドーヴィル首脳会談は、それによって20年前にソ連陣営の崩壊によってすでに動き始めていたこの同一化を加速させた。その後、G8主催者であるフランスのニコラ・サルコジ大統領は、これを「民主主義家族の非公式協議」と述べた。バラク・オバマは、ドーヴィルへ向かう途中ロンドンに立ち寄った際、そこを「近代化の発祥地」、さらにはグローバリゼーションの発祥地として西洋を挙げた。「西洋の衰退」という考えに反対の声を上げ、次

のように述べた。革命はシリコンバレーで生まれ、その結果、テクノロジーの進歩によって「中国、インド、ブラジルは急速な成長を［経験］し［...］、米国と英国が採用した市場原理に［移行］した。［...］ニュートンからダーウィン、エジソン、アインシュタインまで。アラン・チューリングからスティーブ・ジョブズに至るまで、私たちは最先端の科学と研究への取り組みにおいて世界をリードしてきた。［...］私たちは、新しい国家の出現を認め、個人が繁栄する世界を作り上げてきた」と彼は述べた。^{原注7}

　しかし、この貴族出の者たちは、まさにバラク・オバマが強調したグローバリゼーションの影響から生じた貴族のローブを着た者たちとの関連でただちに定義されなければならなかった。当初は非公式モードで行われた困難な移行であった。2008 年までは、新興国の指導者を G8 のテーブルや祝宴に招待することができた。フランソワ・ミッテランは、アルシュの頂点に立った時（1989 年）、15 人の国家元首や政府首脳を単独で祝宴に参加するよう招待し、頭角を現した。この地位を切望した者たちは、G 15 に再結集する機会を後に得た。^{原注8}このアプローチはその後も東京でも繰り返されたが、別の力学に従っていた。 2003 年にエビアンで初めて、中国、ブラジル、インド、南アフリカ、メキシコ、ナイジェリア、アルジェリア、セネガルを含む「拡大対話」の構想が浮上した。その時には、来ることができなかったモロッコ国王、サウジアラビア皇太子、マレーシア首相（当時非同盟運動大統領）、エジプト大統領、そしてサヴォイでは隣国のスイスも招待した。^{原注9}連続したサミットは、主要な新興国（結成されたばかりの BRICS）が毎回会合する場合でも、主催者の裁量に委ねられた独自の構成を持っていた。このようにして、3 つの同心円が浮かび上がった。G8 の円、重要なゲストの円、そして「コーヒーを飲みに来ただけ」になる開催国の慈悲深い保護を示す特別なゲストの円である。この「第三のサークル」には、ごちゃごちゃで、ジャック・シラクが選んだモロッコ国王とセネガル大統領、ハミド・カルザイ（アフガニスタン）、アリ・アブダラ・サレハ（イエメン）、がいる。ヨルダン国王またはウガンダのヨウェリ・ムセベニ大統領などは、ジョージ・W・ブッシュが選んだ。日本の首相から招待されたのはタイ首相（2000 年沖縄）で、ホスニ・ムバラクは含まれていなかった ... ほ

ぼあらゆる場所から選ばれた。

　2番目の円は、2008年11月誕生したG20の円である。この時、旧来からの大国は大きな経済危機に陥っていて新興大国との協議を強化する必要があると認識していた。ただし、この突然変異は新しい選択を犠牲にした場合にのみ達成できる。その後G8によって選ばれた11ヵ国（G20の加盟国は19ヵ国のみ）は、1997年からアジアを襲った別の危機のために結成された財務大臣のG20から選ばれた。選択基準は、経済的富と特定の政治的順応性を交差させたもので、明らかにこの2つ目の基準は、BRICS加盟国のような、その不在が考えられないような最強の勢力に適用されたものではなかった。すなわち、さらにそれ以下のカテゴリーの国にも当てはめられ、サウジアラビア、オーストラリア、韓国が選ばれた … 世界統治の輪を描くことに成功するためのこのふるい分けの作業は、平等の拒絶を受けた息子たちすべての糸を組み合わせたものであった。貧困層、主な世界紛争の当事者、抗議活動参加者（アルジェリアが消えてしまったのは重大である）の排除、一層有力な理由で逸脱者たち … 開放の努力は不完全だったのもあって、最初の宣言にもかかわらず、G8がすぐにG20に対する優位性を取り戻した。

寡頭制の圧力

　こうして鉄の法則のように、あらゆる統治形態を最も選択的な形態に戻すシステムの影響を観察することができる。しかし、この新造語、つまりグローバリゼーションとは、包摂の差し迫った必要性を説明するために造られたものである。それは国家のより広範な連合だけを意味するものではなく、特に地域社会に従事する、非国家的、経済的、社会的、文化的主体を集約するとさえ考えられている。原注10 だが取られた方向はすぐにその逆となり、排除がはっきりと確立され、緊張と紛争を規制するための月並みな原則に代わってしまうのである。

　「コンタクトグループ」の実践が急増していることは、その最初の兆候である。私たちは、それが2極体制の終焉と密接な関係があることを理解して

いる。そこには、中大国がゲームに参入する、またはゲームに復帰するという希望が含まれていることがわかるが、この形態が繰り返し失敗や妨害を引き起こしてきたことは容易に理解できる。限られた数の大国によるそれぞれの危機は、この寡頭制の傾向が先鋭化することになる各自の利益に導かれたものであり、機能的だということを証明するのは困難を伴う ...

　例えば 1994 年 4 月にアメリカ、ロシア、フランス、イギリス、ドイツによって形成されたコンタクトグループが設立されたのはユーゴスラビア危機が発端となった。パラドックスはすでに明らかだった。国内紛争の解決策は、主人公たちが不在の中で、彼らを後援する人々によって活発化された熟議から導き出されなければならなかったからだ。このパターンは、調停を統制するパターンとはまったく逆である。それは、デイトンプロセスが呼び起こすように、本質的に最も強い権力によって支援されて初めて、実際に解決策に直接つながるからだ。

　イランの事件はさらに巧妙なメカニズムを明らかにしている。 2003 年 8 月、ドイツ、フランス、イギリスはヨーロッパ連合を代表して、イラン核問題に関する交渉の枠組みを提案するイニシアティヴをとった。こうして始まった経験的プロセスは徐々に「トロイカ」を形式化し、2003 年 10 月には核兵器不拡散条約 (NPT) の追加議定書の適用に向けた「テヘラン宣言」の精緻化につながるのだった。同時に、このプロセスは、このようにして三つの中大国から構成されるグループに制度的枠組みの外でも政治的、外交的存在感を与えるものとなった。特にマフムード・アフマディネジャド新大統領選出で現れたイランの態度の硬化は、逆説的にこのグループを永続させ、形式上安全保障理事会の常任理事国 (P5) に近づくことになった。

　こうして、P5 にドイツを加えて拡張された G5+1 が誕生するのである。イラン・イスラム共和国は、特に 2009 年 9 月に新たな提案の形で G5+1 に自発的に話しかけ、その後、2010 年 1 月 3 日に G5+1 を準公式対話者にした。ウラン濃縮を進めるという主権的な決定を世界に知らせるためだったのだが、期せずしてそれがこのグループの強化に貢献した。

　自らの唯一の権限内にあると考えていることが妨害されたイランは傷つき

抗議し、多国間主義から逸脱したゲームになったが、結局それは、制度の外で設定された手順を公的なものにすることに貢献することになった。実際には、寡頭制の圧力が国際ゲームを生み出し、それに異議を唱えた人々によってそれが正当化された。イランに関するコンタクトグループはヨーロッパのイニシアティヴから誕生したが、安全保障理事会の常任理事国と段階的に統合するプロセスを経て形成された。ロシアと中国が加わったことで、国際的合法性に関して理事会の承認を得る際に合意に達することが困難となった。したがってグループの組織外での生成は、イラン人にとって西側の監視下に置かれているという確信を強めた。要するに、これら2つの論理の組み合わせは、閉塞と屈辱を同時に生み出し、したがってエスカレーションと緊張を生み出したのである …

この選択的反応はあらゆる危機の曲がり角にさまざまな形で見られる。非常に似ているとは言え、「友人のグループ」は、「コンタクトグループ」よりも審査的でなく、形式的でなく、よりオープンであることが判明している。多くの場合、ある種の「議会の枠組み」を提供することによって、より限定されたレベルで実行される意思決定プロセスを伴い、それを正当化している。構成は、招待状、協力オプション、および意志の宣言の複雑な組み合わせに対応している。彼らの組織は、最も強力であると評判の国々のイニシアティヴに任されているのが一般的だが、シリア危機の際のチュニジアのように、積極的な外交によってもたらされることもある。しかし、彼らが成功するには、少数の大国、ほとんどの場合西側諸国の支援が必要である。全体として、多国間主義の積極的な回避と寡頭制ゲームの再構成が多かれ少なかれ存在する。「コンタクトグループ」と「友人グループ」の間の境界も曖昧で、行き来することも珍しくない。

したがって、リビアの出来事は特別な検討に値する。リビア上空に飛行禁止空域を設定する決議1973が安全保障理事会で採択されてから12日後の2011年3月29日、ロンドンで「会議」が開催された。重要なことに、カタールとアラブ首長国連邦を除くほとんどのアラブ諸国は大使のみを代表とするだけでエジプトとアルジェリアは招待を拒否し、アラブ連盟とアフリカ連合

の事務総長も同様だった。ロシア、中国、新興国の不在により、会議の構成はヨーロッパの主要国とアメリカによって構成される西側の境界線のみに限定された。その間、NATO が作戦を担当することが決定されたのは事実であり、NATO の指導者も会議に出席していた。こうして、2 週間も経たないうちに、西側諸国で構成されたいわば西側安全保障理事会で数少ない国際的合意の 1 つが記録され、西側の単一の頂点へと変貌した。これにより、ドーハ、ローマ、アブダビで連続して会合が開催され、その後イスタンブールで 2 回会合が開かれ、危機のフォローアップが確実なものとなった。そこでリビア国家暫定評議会が「リビアを統治する正当な権威」と認められ(2011 年 7 月)、「新しいリビアを建設する」ためのロードマップが策定された (2011 年 8 月)。その後、9 月 1 日にパリで新たな会合が開催され、このコンタクトグループをリビアの友と呼ばれる新たな組織に置き換え、その後ニューヨークで会合が開かれた (9 月 20 日)。

　その後、このアーキテクチャは拡大する傾向にあったが、その役割は熟議よりも諮問的なものになった。パリには 23 の加盟国と多数のオブザーバーがいる。此加盟国は、大多数の NATO 加盟国、日本、一部の悪名高い親西洋アラブ連盟加盟国 (バーレーン、ヨルダン、クウェート、モロッコ、カタール、アラブ首長国連邦)、さらにはレバノンを含む西洋圏出身者ばかりである。これは非常に特殊な状況で、実際、「リビアの友人」にはモロッコを除いてアフリカ諸国は含まれていない。一方、オーストラリア、カナダ、ブルガリアもいる … 中国とロシアは少数派として協調主義に参加するよう招待されている。前者は視察団を派遣したが、後者は来なかった。

　確かに、その後、その構成はさらに進化し、特定のアフリカ諸国(チャド、ガボン、マリ、ニジェールなど)が加わった。しかし、これらの変化でさえ、傾向を確認しただけである。「友人のグループ」はあたかも西洋圏にカプセル化されているかのようであり、その後の新興勢力、ロシア圏や中国圏、または西側に対して批判的なことを主張する南側の政権による他の思考を全く含んでいない。こうした中で自らを認識することを拒否する外交の疎外こそが、リビア危機が生んだ不明瞭さであった。すでに迫りつつあったシリア危機の

主要段階を切り開いた根源もこの不信感にあった。相次ぐ曖昧な変化によって、多国間で合意に基づいた事柄がいかに一方的で合意に達しないものになっていったのかを如実に示した。このほぼ組織的なズレは、2極体制後の両義性を浮き彫りにし、これらがいかに急速に機能的不平等や横領の生成につながり、他の大国、ロシア、新興国、また西側諸国を疑う南側諸国が屈辱として受け取ったかを明らかにしている。

　シリア危機が悪化すると、同様のプロセスが新たに姿を見せ始めた。しかし、物事の始まりは違っていた。今回はチュニジアで、進歩派とイスラム主義者を結集させた新政府がかろうじて誕生し、率先してガマルトで「シリア人民の友人の国際会議」を招集した。そして私たちは 2012 年 2 月 24 日を迎えた。シリア内戦はほぼ 1 年にわたって続いており、西側諸国は撤退と様子見の姿勢を示した。この会議は、当時非常に包括的なものであった。ロシアと中国が招待を拒否したガマルトはかなり限定されたものになったが、その後は注目に値する拡大を見せた。パリでは 121 ヵ国の代表が集まり（2012 年 7 月）、マラケシュでは 114 ヵ国（2012 年 12 月）の代表が集まった。だが、アンマン（2013 年 5 月）とドーハ（2013 年 6 月）で開催された会議では 11 ヵ国に減少した。危機が国際問題になるにつれ、全体の引き締めと均質化が進みリビアの友の構成と同様の構成になっていった。チュニジアが消え、その後ドイツ、サウジアラビア、エジプト（バース党政権に非常に敵対的なムハンマド・ムルシ大統領の最後の数日間）、アラブ首長国連邦、米国、フランス、イタリア、ヨルダン、カタール、英国、トルコの 11 ヵ国となった…

　この焼き直しは、シリアを統治する政権と区別するために、「シリア国民」に向けた友情に言及しているが、執行委員会の役割を狙っている準同盟関係の再生としてしか歓迎されえないものだった。それもあって「リビアの友人」と「シリア人民の友人」について語ろうとしたのだ。明らかに、11 ヵ国を超えて、慎重な無関心から心配の感情まで、多様な反応があった。なぜなら少数のグループによるシリアのファイルの押収は屈辱的でさえあり、リビア文書を担当した人々と驚くほど似ているからだ。

　それにもかかわらず、このアーキテクチャは他の方式と競合していたこと

に注意する必要がある。コフィ・アナンは、国連によって設立されたシリアの調停者としての役割において、2012 年 6 月、安全保障理事会の常任理事国 5 ヵ国とトルコ、サウジアラビア、カタール、イランを連携させ、多国間主義と地域主義を横断するコンタクトグループの構想を提起した。この提案には、包括的でありながら一方で地域の関係者の効果的な関与に依存しているという二重の性質があった。つまり、機能的不平等の危険からある程度逃れることができていた。当時の国務長官だったヒラリー・クリントンの否定的な反応以外に、この構想に反響はほとんどなかったものの同プロジェクトは実行が難しいと考えられていた。外部と考えられる他者との関係に関するこの外交的不快感は、意味を狭める重要な意味を持っている。つまりそれは外交の考え方そのものに影響を与え、「分離」の問題よりもはるかに同質の文化の方へ流れていくのだ。^{原注11}

　その直後、イランは、今度はシリアに関する地域コンタクトグループの創設を提案し、このイニシアティヴは、2012 年 8 月 30 日と 31 日にまさにテヘランで開催された非同盟運動の会議中に、エジプト大統領ムハンマド・ムルシによって取り上げられた。このアイデアは、地域のプレーヤー、つまりサウジアラビア、エジプト、イラン、トルコのみを参加させることで、この形態に新しい形を提供した。彼らは改革していたし、そのメッセージも強力だった。つまり、紛争は、その解決の過程において、それを取り囲む国々の責任であり、暗号化された外交談話を超えていかなければならない。当事者たちによる「紛争の真実」の突然の表明は「代償の真実」について語るという意味でもあり、伝統的な国際ゲームのバランス調整と組み合わされて、地域大国と新興国の二重に利点をもたらした。それは寡頭政治の論理を打ち破り、別の歴史、おそらくは別の地理から来る外部権力による侵入の感覚を取り除いたのだ … それでもやはり、この構想は関係者に多かれ少なかれ誠実に受け入れられたが、実際的な効果はなく、2013 年 7 月のムルシ大統領の退任につながったカイロの軍事クーデターによって最終的に消滅した。

　異なる方式間の競争、多国間主義の要件からの逸脱、地域システムと地域アクターの不一致、調停機関の構成に不可欠な後援の論理、逸脱していると

見なされる行為者に対する排除ゲームの再発など、国際システムに影響を与える機能的不平等が維持されるだけでなく、実際には悪化させる非常に多くの要素がある。その反復性、その可視性、そしてその偏向性は、当事者のフラストレーションと屈辱を煽り、その外交の方向をますます積極的な形態の抗議へと方向転換させるのである。このようにして、地位の問題は非常に決定的なものとなり、紛争の性質そのものよりも優先されることになる。国際危機は、互いの信頼の危機としてますます結晶化する。多国間主義はそれに対処しなければならなかったが多国間主義がその主な犠牲者となったのである。

　ここで、規範、特に多国間制度を弱体化させ、国際システムのアクター間のルールの欠如を維持するクラブの論理のアノミー（社会の規範が弛緩・崩壊した無規則状態）効果について議論したい。このプログラムされた半自然状態への回帰は、同時に意思決定者間の連帯がはっきりと現れるほど、ますますそれが社会的行動を方向づける。西洋圏では、指導者たちはお互いのことを知っており、率直な友情を育むことを好むが、何よりもそれは共通の社会化メカニズムに秘密があるのだ。

　ボストンのマサチューセッツ工科大学（MIT）の例が想起させるように、学術機関の役割は実に顕著である。経済危機のさなか、欧州連合によって実際に解任されたジョルジュ・パパンドレウの後任として事実上「任命」されたギリシャの元首相ルーカス・パパデモスは、MITの学生だった。その後、彼はベン・バーナンキ元連邦準備銀行総裁が頻繁に座っていたイスと同じ場所で、フランコ・モディリアーニの講座を受講した。この論文の作成にあたっては、後にイスラエル銀行総裁となるスタンリー・フィッシャーが指揮を執ったが、彼は欧州銀行頭取マリオ・ドラギの論文の構想にも大きな役割を果たした。バーナンキ総裁は、後にイングランド銀行総裁となるマービン・キングと事務所を共有し、元チリ中央銀行総裁ホセ・デ・グレゴリオの師でもあった…ベン・バーナンキの後任となったジャネット・イエレンはMITを卒業しなかったが、彼女のノーベル経済学賞を受賞した夫のジョージ・アカロフはそこでの口頭試問に際し自分の論文を擁護した…スタンリー・フィッ

シャーの論文審査員を務めなければならなかったポール・サミュエルソンの
講座にはこれらの全員が大抵出席していた。サミュエルソンは、世界銀行の
首席エコノミスト、元米国財務長官、イングランド銀行副総裁チャールズ・
ビーンの教授であるローレンス・サマーズの叔父でもあった。[原注12] ドラギ、パパ
デモス、そして欧州連合からの圧力でイタリア政府長官にも任命されたモン
ティは、3人ともゴールドマン・サックスで働いていた。[原注13]

　慎重にこの権力がなる「木」を歓迎することが重要だ。お互いを知り、同
じ施設に頻繁に行くことは、決して同じように行動し、異なる他者を拒否す
るようにプログラムされることを意味するものではない。しかし、この教訓
は双方向に作用する。そのようなつながりを、そうでない人々を疎遠にする
だけでなく、彼らの国際的地位がどのようなものであるかについて必然的に
疑問を抱かせる「区別」のしるしとして決して無視したりすることはできな
いのだ …

外交的パターナリズム

　しかし、全体像を完成させるには、何をするのか、どのように行うのか、
どのように提示するのかを考慮する必要がある。アクターの地位は、アク
ターに対する呼びかけ方によっても評価されたり、再評価されたりする。排
除、処罰、嫌がらせ、恥辱は、優越性の主張の名の下に公式の外交手段に仕
立て上げられるまで日常的なものとなる。

　排除は、体制の性質が何であれ、国家を相互に承認するという考えに基づ
いた国際ゲームの共通の特徴となっている。この承認により、国家は国際舞
台におけるアクターとしての完全な地位を得ることができるのだ。*二国間*関
係を停止できるのは、正式な外交関係断絶の形でのみである。今日、このよ
うな劇的な慣行は非常にまれだが、国際舞台からの排除はますます強化され
ている。こうした取り組みの背景には、懲らしめや圧力をかけたいという思
いがある。イランは、特に標的にされており、シリアに関する交渉（ハッサン・
ロウハニ大統領選挙前）、銀行間取引システム（SWIFT、2012年2月）、麻薬と犯罪

に対する国連プログラム (UNODC、2012年8月)、国連人権理事会、IMF (2012年)、さらにはワールドカップ (2006年) に至るまで、一連の排除要請の対象となっている ... 他にも、2005年以降のシリア、サダム・フセイン政権のイラク、キューバ、リビア、断続的にカダフィ大佐政権下のリビア、アルバシル政権のスーダン、ジンバブエ、ベラルーシ、北朝鮮、そしてハマスやヒズボラなど、その他多くの国や団体が同じ禁止の対象となっている。

　その背後にある原因が、時には評価に値することもある。一方で、排除に一切悪影響がないわけではない。説得力を持たせるためには、その行為が、それに従事する国に利益をもたらす別の道を切り開くものであってはならない。それでも、国際システムがどのようなものであるかを考慮すると、これは実際に起こっていることだ。この姿勢は、近隣のヨーロッパ帝国が犠牲となった見下すような疎外を除けば、植民地戦争まで通用しなかった。排除の日常化は主に植民地戦争で活性化された不平等感に由来しており、植民地戦争中、伝統的勢力は解放戦線と交渉することに交渉の余地はないことを自覚していた。だが、結局彼らは交渉せざるを得なくなった。その後、この現象は1980年代にさらに拡大し、西側の民主主義諸国が、暴力に関与しテロリストと認定された非国家組織と対峙しなければならなくなった。非国家組織は、特に人質を取った際に、実際これまでしばしば拒否されてきたのと同じ反対側に彼らを置いた。最後に、ならず者国家という曖昧な概念が捏造されるにつれ、同様のレトリックが、ひどい汚名を着せられた人々に惜しみなく投げかけられるようになった。

　このような姿勢の危険性は、交渉を妨害したり、排除された国々を有害な戦略にさらに追い込むことで交渉を妨害してしまうことだ。2003年以来、イランをイラク戦争から切り離したが、イランとの秘密交渉が組織された場合を除いて、イラク戦争は激化するばかりだった。排除は明らかに、国際機関の機能への参加を通じて抗議するアクターの社会化の効果を妨げる。それは、修辞的、規範的、実践的、さらには倫理的など、あらゆる種類の疎外を達成するために構築された否定主義的テーゼの衝撃的な使用を通じて、国際システムの中でその対象国を拒絶する。それは排除された国々と国際システ

ムとの一体感を弱め、紛争につながる状況を悪化させるだけである。敵対者を無視することは、同時に、同等の者たちを明らかに疎外するためにとっておく屈辱行為の重大な変形であるように見える。冷戦中、ある国はゲームの特定の局面から自分たちを排除したが、*他の局面*では排除しなかった。

　*罰*の考え方も同じ系統に属しており、ある意味では明らかにその道徳的負荷が非常に強いため、より支持されている。この種の取り組みは平等の拒絶とも密接に関係している。罰するには、非難に値する態度に標準を合わせ、自分が罪を犯した者よりも*優位*にある必要がある。こうしたヒエラルキーによって国内法においては、その権威が国家と司法機関に委ねられることになったが、国際法では、通常、国際刑事裁判所(ICC)または国連安全保障理事会が管轄する。したがって、まだ制度化が不十分な国際的な文脈では、特にICCがまだ存在していなかった時代には、「罰」よりも「制裁」について話すことになる。だが「制裁」は圧力として考えられた。2極体制から抜け出すと、私たちはより大胆になり、冷戦の周縁部で迷惑行為の兆候を示していたそれまでさほど目立ってなかった規模の国家を指して「懲罰」について話し始めた。アパルトヘイト当時の南アフリカが単に「制裁」されていたとすれば、1986年にロナルド・レーガンがカダフィ大佐に対して決定したエルドラド峡谷作戦は「懲罰」であった。兵士たちは以前、ベルリンのディスコで犠牲者になっていた。それはアメリカ軍の攻撃に対する*報復*として実行された。しかし、この作戦は国連総会によって非難された。同様に、1998年8月、クリントン大統領は、東アフリカのアメリカ大使館襲撃に対する報復として、アフガニスタンとスーダンを懲罰する「インフィニット・リーチ作戦」を命令した。

　2013年9月のシリア危機により、新たな段階に達した。アメリカとフランスは、国民に対して化学兵器を使用したとしてシリア政権を告発し「処罰する」と主張したが、処罰と政権転覆を明確に切り離したのだった。これまでの事件とは対照的に、被害者は処罰を主張する対象国の国民ではない。したがって、人は報復から離れて、純粋な——そしてますます露骨な——道徳の管理に入る。そのようなやり方は、それがヒエラルキー的不平等の名の下

に想定される完全な措置がとられる場合、つまり、それが罰する者と罰される者を区別し、したがって地位の違いを明らかにすることができる場合のみ可能になる。

　このやり方は、弱い立場の国に対しても許されない複数のいじめや軽蔑によって引き起こされることもある。2013 年の初夏にニュースの見出しを飾ったエピソードは、その一例に値する。当時、特にヨーロッパでアメリカの情報機関が行っていた盗聴行為を暴露したエドワード・スノーデンはロシアに逃亡していたが、アメリカ政府は同国民の一人が他国に避難することを懸念して彼の追放を求めていた。ボリビア大統領は同時期にモスクワを訪問しており、帰国するため出発する予定だった。ラテンアメリカの国家元首がスノーデン氏を連れて行ったのではないかと疑い、フランス、スペイン、ポルトガル、イタリアはスノーデンの乗った飛行機の領土上空の飛行を禁止し、ウィーン空港に着陸させ 14 時間、航空機を拘束した。一方、スペイン大使は、拘束された大統領とコーヒーを飲むという口実で、航空機の内部を視察するよう命じられていた … エボ・モラレス大統領自身が明らかにした話のためこれは作り話のようだが嘘ではない。彼はまるで「模範となるような懲罰」である自分の身に起きた信じられないような経験を「インディアンの弾圧につながった」スペインによる征服と比較した。そして、「植民地主義」について語り、自分に起きたことについて権力を持った者たちに対する無力の証だと言ったのだった。^{原注14}

　実際、これら 3 つの不平等（構成的不平等、構造的不平等、機能的不平等）は今日までどうにかシステムを形成し、相互に強化し合っている。ただしこの影響は、私たちが構造化された国際システムを離れて、原則も基準もあまり明確でない、いわゆる「ポスト 2 極化」システムに突入しているため、さらに顕著である。その結果、不平等は、必然的にますます発展していく国際的な協力が前提としている取引コストを削減する最も合理的な手段だと最も権力

のある者によって認識されている。おそらく、現実との関係で誤った逆のビジョンがあり、それが逆に、排除が誰にとっても一層高くつくことになる。しかし、この傾向は、ポスト2極体制の西側外交に強く見られるまさに勝者の病理であり、棚ぼた効果への信念によってさらに強化されている。つまり不平等の政治は、「他者」を犠牲にして自分たちの地位を向上させる手段なのだ。それによって他の大部分の国々の地位を引き下げるますます陳腐な外交ゲームになりつつあり、陰謀的な国々、つまり「クラブ」のメンバー、つまり寡頭政治のメンバーだけがそれを免れることができるのである。この複合プロセスを通じてシステムは自らを再生産し、屈辱はそのシステムのほぼ機械的なパーツになるのである。

　実際、この不安定で脆弱なシステムは、それ自体を保存し永続させるために、それ自体の外側に別のシステムを生み出す傾向があり、その対極のシステムは、屈辱の犠牲者によって培われたすべての反動的な野心を中心に構成されているのだ。

第3部
屈辱の危険な影響：反システム側に？

　屈辱は、それが確かに屈辱だと受け取られていることを証明できない場合、観察者がそうだと言っても、その可能性があるだけとなる。ここで、私たちが説明したメカニズムの影響を反映した行動モデルを確立する必要がある。ここで必要とされるのは、これらの反応をさまざまなレベルで検討し、説明し、分類することである。それはまた、これらの異なるレベルを組み合わせて、公の国際舞台に対立するシステム、さらには反システムを作るつながりを示す試みでもある。

　この反システムは近代の一部であり、それはグローバリゼーションと同じレベルのものですらある。その最初のレベルは社会における達成であり、国際的な蔑みを組織する主要な様式として急速に姿を現している。第2レベルは、抗議活動や外交の逸脱であり、関係する社会と政治システムの接点で形成されるため、明らかに確認できるという利点がある。最後に、第3のレベルは、対立とそこから派生する暴力 (*conflictualité*) である。これらは、かつての国家間戦争と比較して今日支配的であり、したがって社会的および政治的接点にあたる。これら3つのレベルの組み合わせから生じるシステムの論理は、おそらく今日、古典的な権力システムによって教えられるそれよりもさらに先を見越したものになる。

第7章　社会の仲介者としての役割

　「国際的な日常の社会化」が屈辱の習慣を加速させ、ありふれたものにしていることを私たちはすでに見た。この機会に、「報復主義」は社会の動員を促し、ポピュリズムと最も多様な形のナショナリズムを活性化し、関係する社会に広く浸透することができた。他方で、平等の拒絶、追放、汚名を着せることは明らかに社会に影響を与えるものである。自分たちの権力を再正当化するため、あるいはより効果的に権力者に挑戦するため、それらを利用する方法を知っている政治起業家にとってはより手軽な手段となるだろう。しかし、屈辱に対するこの社会的敏感さは、それ以上の効果をもたらす。それは古典的な要因の順序を逆転させ、ますます行動の優先権を社会そのものに委ね、社会は社会で政治の介入なしに、国際ゲームに直接参加することになっている。このように私たちは、社会力学、運動、社会問題の国際化がかなりの程度進んでいるのを目の当たりにする。国際的な行動は、社会の仲介効果を通じて一層実行されているのである。

社会の国際的な動員

　今日、国家間競争をレイモン・アロン流の見方に限定して分析することはできない。たとえ多くの人がそれを認めたくないとしても、社会はゲームに参入し、時にはゲームを支配するところまで来ているのである。これは現代のコミュニケーション様式の影響によるもので、直接的であると同時に単純な方法で、敵対的な他者を見ることを可能にし、あらゆる形態の国境を瞬時

に越える交流を活性化させている。しかし、この社会の比重がさらに大きな
影響を与えることは明らかである。設置されている政治制度は弱く、もろく、
正当性に欠けているからだ。しかし、屈辱が最も一般的に受けられるのは、
まさにこのような不確実な制度化の状況においてである。したがって、その
時に行使される調停が極めて重要となる。

　このことを証明するために、年代的には平行しているが別個の2つの例が
挙げられる。それは、中国とアラブ世界である。いずれの場合でも、屈辱
に対する反撃は、まさに社会の深層から湧き出たものであった。中華帝国
は、非常に長い間、息切れした王朝、あるいはいずれにせよ成功を必要とし
ている王朝を標的とした激しい社会抗議運動に繰り返し直面しなければなら
なかった。これら運動の勃発は農民を含む秘密結社によって組織された。こ
の時代には、弱体化した清も例外でなかった。1851年から、太平天国は平
等主義の要求、また近代化、西洋化を求め、特にキリスト教からの借用を組
み合わせた社会反乱を主導した。当時、そこでは西洋諸国の浸透が始まった
ばかりで、その影響はまだほとんど誰も感じていなかった。ところが社会的
暴発の第二波は、外国人排斥、反西洋人というまったく異なる方向性を示す
ことになり、暴力の標的は中国の地に足を踏み入れたヨーロッパ人になった。
「義和団」という名前が与えられた「巨大な剣の協会」の過激派組織は、ちょ
うど世紀の変わり目に中国の秘教の伝統に由来する内因性宗教をそのエネル
ギーとしたのだった。宣教師たちはもはや模倣されるのではなく、標的にさ
れ虐殺された。重要なのは、原始国家主義的で反欧州的なレトリックが、今
や反近代主義的なレパートリーと混ざり合ったことである。中国の帝国主義
体制のエリートたちはもはや相手にされず、ほとんど無視されていた。抗議
の方向性は以降、国際社会に対する批判的、攻撃的、時には原理主義的な解
釈に落ち着くことになった。同時に、政治指導者たちは彼らのモットー（「ヨー
ロッパ人を殲滅せよ」）の重要性を考慮していなかった。運動とその合理性は社
会的な性質から立ち現れる。運動の徴用は、最初は最下層の貧しくてすでに
生活が脅かされている農民の間で行われ、次に町の下層階級、そして小規模
な職人や小規模商人の順に行われた。

　これらの特徴のほとんどはアラブ世界にも見られる。もちろん、西洋の圧力が若干遅れたため、多少異なるが、基本的には19世紀末とその後の数十年間に影響を及ぼした。しかし、ここでも中国と同様に、その応答は主に政治が弱体化したからではなく、セリム3世（1789年）以降のオスマントルコのスルタンが引き継いだように西洋の王子たちとの融和をいち早く見つけようとしたのだった。ここでもまた、ナフダ〔訳注　堕落し衰弱したイスラムを真に力あるイスラムに変えるエネルギーが、イスラムそれ自体にあるはずだ、とする考え〕を信念とする思想家らが、社会から現れたこの運動を形成していった。彼ら自身、原理主義者であると同時に近代主義者でもあるのだが、その「脱農民化」と、西洋化の波に面食らって当惑している都市住民に語りかけたのであった。1928年に西洋の影響力の可視化がピークに達し、西洋化が進み始めた頃、ナイル川デルタが社会変革と制御の効かない西洋への開放の地となった。1928年に、後にムスリム同胞団運動が生まれたのは、この急進化した雰囲気の中でのことだった。その創設者であるハサン・アル＝バンナーの人柄がそれを証明している。彼はイスマイリアの小さな時計職人の息子であり、モスクのイマームでもある。彼自身も教師として訓練を受け、ムーエズィン（祈とう時刻告知係）としても働いていた。彼はヨーロッパでの訓練を完了するための奨学金を獲得していたが、それを拒否し、エジプトに留まり、そこからイスラム教と西洋の影響に対する非難を社会的に組み合わせることを模索した。

　社会統合の危機は、徐々に明らかになりつつあり、今後も拡大し続けていくだろう。それは、同時に深刻な社会・経済的困難に影響を受けている世界のどの地域にも関係しているという点で、より一層重大であり、非常に痛みを伴う急進的な変化を引き起こすのである。巨大で匿名の都市空間の中で、地方の人々にとっては外国人排斥と反西洋のテーマが彼らの屈辱、彼らの心配、そして彼らの絶望を表現する明白な方法である。この現象は政治学によって非常に早い段階で、植民地解放の最初の瞬間から注目されていた。[原注1]その後の重要な研究では、最も貧しい犠牲者が、かつて農村部に住んでいた時に経験したような諦めの態度をもはやとっていないことを強調している。貧

しい人々の怒りは今や都市部で「より身近」なものとなっている。つまりそれは目の前にあるグローバル性と接触することで形成され、植民地支配の手先、グローバリゼーションの発明者の象徴として彼ら自身が考えている西洋諸国に急速に同化されるのだ。[原注2]

　このように、南側のどこでも、強力な先を見越した能力が、統合を二重に欠く状況にある社会を捉えている。それは、第一に、関係諸国内では、欧米化され裕福で、少なくともより高いレベルでは腐敗していることが多いエリート層と、食料や健康などの面で多くの問題に直面し、大部分が失業している大衆との間の格差が急激に拡大する傾向にあるということである。国際レベルでも同様で、南北の分断が日に日に少しずつ悪化することで社会的なコントラストが強くなっている。また、この動員の可能性は真の地殻変動の側面を持っており、これらの社会運動が伝統的な政治的作法から外れたものであるため、ショックを管理することがさらに困難となる。彼らは、明示的な政治的リーダーシップ、古典的な政党のやり方で組織されたグループ、または明示的な様々プログラムから恩恵を受けることはほとんどない。権威主義的な背景も手伝って、彼らは依然として「政治的下層(infrapolitiques)」であり、多かれ少なかれ秘密のネットワークの形で生き残り、宗教的、共同体的、さらには民族的な外観を持ち、ほとんどの場合相互扶助協会の慈善活動の形態で現れる。社会的統合の欠如という課題になおさら取り組む傾向が強くなる。

　公の政治現場との意思疎通が欠如しているため、これらの社会空間はますます制御しにくくなり、多くの場合、現存する権力よりもあらゆる意味で権威主義的で代表性のないものとなる … したがって、そのような社会空間を特徴付ける自律的な母体の性質は、外部から来る拒絶と屈辱のあらゆる象徴的なしるしによって長期にわたって刺激される——預言者の風刺画、コーランの焚刑、現実のもの、制度上のもの、または単に噂によって示されるもの、複数のケースのベール問題、または別の記録では人種差別主義的侮辱、西洋諸国に住む移民の不快感なども含まれる。つまり、こうしたあらゆることがカラチ、カノ、ジャカルタの怒りに火をつける可能性が高い。これらの組織化されていない社会的アクターは、国際舞台の主要なアクターとなるが、交

渉のためのいかなる機構・組織によってもそこに到達することはできない。

　明らかに、これらの組織化されていない非国家主体(ANENO) が求められ始めている。それは外交官たちというよりも、彼らの出身国の政治構造によるものであり、彼らは外交官たちを掌握する方法を知らず、彼らを恐れ、あえてはっきりとは言わずに彼らを軽蔑していることが多い。国の政治システムの中で、政府は外交上の方向性に応じて、誘惑したり抑圧したりしようとする。これらの方式の 1 つ目は、特に国際的な屈辱を利用し、それを正当化および反動員の源にするためにそれを脚色し、悪化させるポピュリストまたは国家主義の実施を前提としている。そこから派生する外交政策は明らかに反西洋的になるが、指導者が事前にこの選択肢に夢中になっていたからこそ、この方式は可能だったのである。ここには、イランのモサデク、エジプトのナセル、インドネシアのスカルノ、ルムンバ、エンクルマの姿が見られる ...また、まれな「転向」もいくつかある。パキスタンの指導者に定期的に影響を与えるのは、かなり親米的な路線で権力を掌握し、無人機攻撃やアフガニスタンからの難民急増のリズムに従って、アメリカに敵対的になりますますポピュリスト的なレトリックへと進化するのだ。かつてのズルフィカール・アリー・ブットー、その娘のベナジール、その後のパルヴェーズ・ムシャラフやアリ・ザルダリ、さらにはナワーズ・シャリーフやその後継者シャヒード・カカーン・アッバシらはいずれも、まさに西洋化および／または軍事化された寡頭制の原型であり、ただちに政治を掌握し、必要に応じて法を制定する。それは政治的に生き残るための屈辱のテーマである。

　王子が親西洋の外交的指向を持っている場合、ゲームははるかに困難になる。受けた屈辱は、ベールに包まれ、否定され、あるいは具体的な方法で非難されなければならない。例えば、ホスニ・ムバラクが、改革を要求する西洋の「同僚」たちから直接質問された時の非常に臆病な震えのように、あるいは、彼の間接的な後継者であるアブドゥルファッターフ・アル＝シーシーが演説や儀式に国家主義的な言及を挟み、時には自分をナセルの影に置くことさえしているように。これとは別に、「テロとの戦い」の名の下に、社会的圧力を封じ込める唯一の方法として弾圧が行われているように見える ...そ

して、その戦いの気高さに言及して、大国からの何らかの支援を要求し、一方、大国は抑圧者の政権に「穏健派」の地位を与えることで信頼していることを示そうと急ぐ。

　このような印象深い現象は、いくつかの点から観察することができる。世論の表明は、より一層強くなり、より良く測定され、すでに無視できない証拠となっている。このように反米主義は、特に国際的な日常の最も敏感な領域において、絶え間なく進歩している。もっとましなのは、人々はこの態度体系が政治的主体によって構築されるというよりも、社会に組み込まれていると認識していることだ。あたかも社会が再び道を示し、地元の政治階級が背を向けるにつれ、ますます力強くそうしているかのように見える。したがって、ハジャル・アワルジが「社会的反米主義」と呼んでいるものは、何よりもまず、この方法で危機、不満、閉塞感を管理している社会の原動力から来るのだ。[原注3]

　ブッシュ政権末期の2007年に実施されたピュー・リサーチ・センターの調査では、政府がワシントンに近い国々でアメリカに対する好感度が特に低いことが明らかになった。パキスタンで15％、ヨルダンで20％、インドで21％、エジプト、モロッコで15％。 NATO加盟国であるトルコでは、パレスチナ（13％）を除くと、伝統的に西側に近いレバノンと同様、その割合はわずか9％である。[原注4]新保守主義が去り、バラク・オバマが二期目を始めた2013年、好意的な意見はエジプトで16％、ヨルダンで14％、パレスチナで16％、パキスタンで11％にとどまった。一方で、トルコがより独立的でより批判的な外交政策に向かう中、その割合は9％から21％に上昇し、親西洋のベン・アリ政権と決別したチュニジアでは好意的な意見が42％に達している。[原注5]

　オバマという人物は魅力的な人であったが、それは一部の周辺にいる人にとってであり、文脈の効果やその歴史的な溝を消すことはなかった。当時、新大統領の選出により、エジプトにおけるアメリカのイメージが少し改善されたとしても（2007年には好意的な意見が21％、2009年には27％）、2013年には16％に戻るのにそれほど時間はかからなかった。オバマに対するエジプト国民の信頼は、カイロ会談直後には42％だったが、2013年には最終的に26％

となった …

　実際、社会が国際ゲームの中心に位置するほど、反米感情は高まる。したがって、反米主義はラテンアメリカでは後退する傾向にあり、フィリピンとセネガルでは依然として弱いままである。同様に、緊張状態にある社会がアメリカに近いと評判の人物によって導かれるほど、同じ指数はピークに達し、同時に国家主義的左派の台頭が起こる。その一方で、南米の左派国家主義者の台頭により、北方の大きな隣国に対する敵対的な意見が和らいでいる。危機にある社会の活動を裏付ける非常に多くの要素、抗議する政治階級によって伝えられない要素そのものが、国際的な動員の原動力となり、蔑みに関連したテーマをますます積極的に支持するようになる。

　世論の測定は、技術的な表示のみのように見えるが、それは欠陥があるにもかかわらず、社会の状態についてすでに全体的に信頼できる指標を与えてくれる。一方、他の表明はより直接的で、より明示的だ。社会運動には、「国内」の社会的ゲームに属する要求と、ますます国際的になることを目指す宣言との共生を、さらに目に見える形で表現するという特殊性がある。この明確な表現は、近くまたは遠く離れた他人が受けた屈辱の感情によって活性化されることは間違いない。この感覚は明らかに、抽象的な分析よりもはるかに構造化効果がある。屈辱の行為の表示は、的を射たイデオロギー的言説や政治的論文に取って代わることさえある。ゼネストのたびに起きるアテネの街頭での、予算制限や政府の経済的選択を非難する行列が思い起こされる。ドイツ首相はアドルフ・ヒトラーの風刺画のように描かれ、その両側にかぎ十字が配されていた。2012 年 10 月にメルケル首相がギリシャの首都を訪問した際、人々は、ナチスの占領とオスマン帝国の 400 年間の占領を混ぜ合わせて「第四帝国」(IVe Reich) の到来だ、などとして同首相を侮辱し非難した。[原注6]

　同様に重要なことは、2013 年 7 月にアメリカと西側諸国全体が、親ムルシ派の行進とシーシー元帥支持者の両方に対し、外国からの干渉を非難し、外国からの命令、顧問、模範を与えた人々へ汚名を着せることに一部動員するという任務に就いたことである。[原注7]あたかもこの事件を起こし、クーデターを組織したエネルギーのほとんどが、国際舞台で双方が受けた屈辱の演出か

ら引き出されたかのようだ。

　あらゆる社会運動はいつでも、不当と見なされる支配に対する非難と屈辱の象徴の中で形成される。グローバリゼーションに伴い、その国際的な変種が引き継ぎ、しばしば追いやられる地元の人々を犠牲にして外国の意志の単なる道具として現れることになる。この力関係においては――しばしば過度に単純化されがちだが、社会は「協調主義者」となり、国際主義の生産者にさえなり、動員を外に向け、国内問題を極限まで国際化し、地元指導者の外交政策を制約、あるいは制限する。つまり、しばしば現実であり、時には激怒し、まれに古い陰謀論の名の下にでっち上げられた屈辱外交を非難するような制御するのが難しいエネルギーを放出するのである。ここから、かつては社会的不満に基づいて構築されることはほとんどなかったナショナリズムの目覚め、――またはその再評価――が生まれる。この新しい共生は、構築されるイデオロギー形態を明確に方向づける。

新国家主義と原理主義

　これらの最初の教義の宣言は、外部から受けた屈辱に直面して、社会から、それもエリートによって少しずつ確立されたのである。権力を握った君主たちは、たとえあちこちで、インテリからもたらされる新しいアイデアに敏感であったとしても、主導的な役割を果たせなかった。エジプトのムハンマド・アリー、あるいはシャムのチュラロンコンと、受動性と正義の狭間で引き裂かれたオスマン帝国のスルタン、マフムード2世がどれほど似ていることか。結局、支配的な勢力が報いたのは、彼の従順さであり、それが王位を救ったのだった…

　実際には、ゲームは2つのステージで行われ、現在でもある意味交差している。1つ目は正面からではないのだが、自分が軽視されているのを見た怒りと、優位に立った人たちを真似したいという願望が微妙に結びつく段階である。2つ目は、あらゆる形態の進歩よりもアイデンティティの再構築を優先する、最も強力な急進主義につながることをためらわない段階である。あ

る視点から見ると、模倣の失敗や強すぎる模倣は、アイデンティティの離脱につながる新たな屈辱として経験される。[原注8]

　そもそもの方程式はおそらくすべての曖昧さの根源である。あなたを軽蔑する人に勝ちたければ、その人を模倣するだけで十分であると無邪気に断言している。この概念は教義というよりも姿勢に似ている。誰もそれを理論化していないが、すぐにそれは生存のためのプログラムであるだけでなく、滅亡の危機に瀕した伝統的なエリートや、麻痺した王子自身よりも有利に上昇したり国際化したりできるプログラムであるとわかる。しかし、この戦略の寿命は長い。この戦略は、今日でも南側の西洋化したエリート層の中に見出され、彼らは自らが責任を負う古い国家をどのように利用し、さらにはこの目的のために翻弄するかを完全に熟知している。

　魏源 (1794-1857 年) の人生は、19 世紀の清中国におけるこの現象の現実を示している。有能で認められた知識人であり、江蘇省の難民であったが、帝国の奉仕者でもあり、英国から配達されたアヘンの積荷を破壊させた林則徐を含む数人の高官の秘書でもあった。聖職者たちは受けた屈辱に対して立ち向かう。アヘン戦争は彼にとって特に忌まわしいもので、その惨状を告発するためにアヘン戦争に関する本を執筆した。宮廷に完全に忠誠を尽くしたこの男は、革命家ではなく改革者だった。彼はすぐに「新儒教」の流れに共感し、古典的な教義の経験的適応を要求し、古代の書物の文字通りの概念の信奉者、漢学を擁護する原理主義の人々、二千年前の過去への回帰と戦った。[原注9]

　しかし、彼の姿勢が最も啓発的であるのは、外部に対してである。その一貫性は、西洋がもたらす野蛮な行為に対処するために西洋を模倣する必要性を宣言したことである。効果的な海洋防衛の提唱者である彼は、中国沿岸から侵略者を阻止するための新たな能力を獲得するには西洋の知識が不可欠であると執筆している。こうして、1844 年に彼の『*海洋大国に関する図説*』が出版された。それ以来、以夷制夷、すなわち「野蛮人を封じ込めるために野蛮な方法を使用する」という教義がくっきりと浮かび上がることになったのである …

　義和団、秘教と伝統の魅力、地方文化の高揚、そして貧困の象徴の時代が

到来するまでには、私たちはまだ長い道のりを歩んでいる。国籍や文化を持たなくとも、その使い方を知っている人々にのみ役立つ権力の言説とは何か。屈辱を与えるのは権力ではなく、それを掌握できないことが屈辱を与えるのである。したがって、この最初の反動的な波は、当然、国家への賛美と政治的ノウハウに引き寄せられる。つまりその波は、敗北を喫っしても舞台から去ろうとしない感覚を体現している。ムスタファ・ケマルからシーシー将軍に至る南側のすべての官僚的権威主義と同様に、今日の中国にもそれがまさに存在しており、ナショナリズム、権威、戦略的妥協策などを西洋の国のそれと混ぜ合わせており、必要なときには激しく批判されることを承知で西洋諸国を模倣することになる。

　魏はすでにこの技術を非常によく習得していた。屈辱的なアヘン戦争の時にイギリスを阻止するには、フランスとアメリカを利用するべきであり、そのためにはまさに現代外交を支配する必要があるだろうと考えた。私たちに必要なのは、西洋で作られたもの、豊かで強力な国家である、なぜならこの国家だけが、条約を交渉し、歳入を獲得して管理し、武器を装備し、軍隊を組織する方法を知っているからである ... 現代の中国を統治する人々の中で、誰がそのような分析を拒否するだろうか？

　魅惑と嫌悪感、模倣願望と闘争意志、恐怖と権力への嗜好のこの複雑な混合物が、おそらく多くの逸脱、さらには後の倒錯への道を切り開いていくだろう。おそらくこれは、結局のところ、屈辱によって引き起こされるすべての被害の中で最初のものであり、厳格な権威と不確実なアイデンティティとの間の曖昧で、しばしば悲惨な融合への扉を開くことになる。イスラム世界の近代化はこれを裏付けている。最初の改革派、エジプトのリファーア・アル＝タフターウィ（1801-1889年）、チュニジアのイブン・アビー・ディアフ（1802-1874年）、あるいはハイル・アッディーン（1810-1889年）は、最初は彼らの主権者ムハンマド・アリーに同行し2回目はアハマド・ベイに同行した。アル＝タフターウィにとって、西洋諸国は敵ではなく、アフル・アル＝タマッドゥーン *(ahl-al-tamaddun)*（文明の人々）である。ここでは、少なくとも現時点では「野蛮」については話していない。逆に、ヨーロッパに行って学び、その衰

退を止めなければならない。これは、ハイル・アッディーンにとって、まず
回復しなければならない制度的能力の欠如に起因するものである。権威を呼
び起こしているわけではない。モンテスキューやオルレアン憲章は、それで
もなお権力の自由化のために採用する価値すらある。

　それにもかかわらず、その姿勢は極端であり、特に 19 世紀半ば以降、西
洋はあまり自らを明らかにしてこなかった。権力は単なるイメージであり、
まだ逆境ではなかった。西洋の征服の過程で、その形態は徐々により過激な
ものになっていく。ジャマールッディーン・アル＝アフガーニー、ムハンマド・
アブドゥ、またはラシード・リダーのあたりでは、最初はペルシャとオスマ
ン帝国、2 番目はエジプト、最後はレバントであり、アラブ・ルネサンス（ナ
フダ）がこの方程式をいくらか修正するだろう。

　屈辱はそこを通過し、その仕事を終えた。もはやヨーロッパから学ぶだけ
では十分ではなく、私たちは今、西洋の植民者に抵抗し、完全に崩壊したイ
スラム世界を再統合しなければならなくなった。したがって、カリフ制を回
復するというこの考えの高まりは、徐々に西洋文明に衝撃を与えることにな
る。確かに、科学に示される自信と同様に、私たちが評価し、宗教改革につ
ながるはずだと考える進歩と現代性に対する理性へ依然として訴えることは
できる。西洋の模倣は常に存在しており、アル＝アフガーニー自身はキリス
ト教の知識人と対話し、フリーメーソンに頻繁に出入りしており、アブドゥ
は国家主義者ウラービー・パシャのクーデター失敗国家への支援を受けてエ
ジプトから追放された後、ヨーロッパに避難している。攻撃するために戦わ
なければならない西洋と、支配するために模倣されなければならない西洋と
の間の調停は明らかである。別のアイデンティティの持ち主であるイスラム
教だけが、バランスを取り戻す仕事をできるのである。タウヒード（統一、し
たがって信者のコミュニティの統一）とイジュティハード（革新の努力、したがって現
代性への適応）〔訳注　可能な限りの努力によって法を規定することを意味するイスラム法
の用語の一つ〕が現在、中心的なカテゴリーとなっているのだ。

　しかし、何も決まっていない。たとえイスラム教が登場してイスラム主義
（イスラム教の政治的利用）になったとしても、その仲介は依然としてイスラム

世界の近代化の仲介者としてのみ意味をなす。私たちはもはや機械的に模倣することはない。私たちは占領と支配を非合法化する独自の現代性を発見する。法の近代性はもはやヨーロッパ法典の単純な輸入を意味するものではなく、現代のデータに適応した新たなイスラム法から生み出すことができるだろう。したがって、アブドゥは、社会問題に関しては、場合によってはイスラム教徒が非ハラール肉を摂取できることを認めているし、利子付き融資という「現代的」手法を認めている。彼は、一夫多妻制についても留保を表明するだろう。

　したがって、それは認識の問題であり、まだ緊張の問題ではない。今や問題は、模倣をチャネリングして制御することであり、模倣と闘うことではない。私たちは、単に魅力的であるだけでなく、支配的で抑圧的で傲慢でさえあるモデルの前で自分自身を定義する。この屈辱の場面への参入に対して、私たちは二重に肯定するアイデンティティで応答する。それは、常にその個性を保ち続けるための文明の再生のそれと、断片化され、分解され、部分的に支配されているがために、私たちがますます統合を望んでいる世界のそれだ。

　構築中のこのアイデンティティがまだ対立のアイデンティティではないとしても、近づいていることは確かだ。基本への回帰は無償ではない。それが急進的になればなるほど、それは他者に対する自己の還元不可能性を肯定することにつながり、そして何よりも、混成化を排除し、疑念を抱き、それに対抗しようとするようになる。したがって、最近のラシード・リダー（1935年没）はより急進的で、外界へのいかなる譲歩も拒否し、ワッハーブ主義を煽る法学派であるハンバリー派に近い。アル＝アフガーニーが受動的模倣を非難するなら、リダーはさらに踏み込んで、イスラム世界に留まり、ヨーロッパには旅行せず、外部から押しつけられるものを断固として拒否する。イスラム教徒の近代性は自らを主張し、したがって自らを浄化しなければならない。イスラム世界のほぼ全体が西洋諸国によって管理されている時代に、黄金時代という考えが幕を開けつつあり、消えることはないだろう。

　その間、屈辱は倍増する。外部からの圧力によって、内部を抑圧し外部に

服従する傀儡権力の恣意性が加わるからだ。このようにしてエジプトの君主制は厳しく裁かれ、それがこのイスラム主義者の抗議活動により直接的な政治的方向性を与え、ムスリム同胞団運動の誕生につながった。現存する権力は現在、西洋モデルの模倣と結びついた多かれ少なかれ露骨な世俗主義という弱点を通じて攻撃されており、無力化するのが難しい正当な論争の余地を残しているため、ますます標的にされやすい。同時に、宗教的宣告のこの日常化は二重の力学を維持している。それは、一層社会的になるイスラム教の名の下に社会的不満を吸収するということである。そしてそれは、ますますアイデンティティに基づいた排他的な傾向を強めるイスラム教の名の下に、地元勢力と西洋勢力との間の結束を白日の下にさらしそれを非難することによって、国際的な方向性をとっている。

　同胞団たちの運動は、まさにエジプト社会の倦怠感、そしてイスマイリアに特有のデルタ世界のこのディープな雰囲気から生まれたものであり、彼自身の証言によると、若いハサン・アル＝バンナーはスエズ運河会社の従業員らとそこで肩を並べていたという。従業員らは外国からの圧力とそれに伴う屈辱に対する不満を口にしていた。創設後の 15 年間で最大 20 万人の過激派を動員するために、認められ存続するためには、この運動は慈善団体にならなければならない。だが、厳密な政治的なレベルでは、それが自らを危険にさらし──しばしば敗北してしまうため──彼らは社会福祉、医療援助、高齢者の保護によって養われた活動を抑圧の影響下で展開することによって信用を勝ち取り、そして力を取り戻すのだ。同じく敬虔なエジプト社会出身のザイナブ・アル＝ガザーリーによって設立されたイスラム女性協会によって数年後に完成されたこの組織は、社会的イスラム教とナショナリズムの間のこの微妙な出会いを利用することによってのみ頭角を現すことができた。同胞のアラブ世界への拡大が、まさに異質性と屈辱が最もしっかりと交わる場所であるパレスチナに向けて最初に行われるのも不思議ではない。エジプト王政の終焉から、1952 年のクーデターの結果生じた国家主義者、汎アラブ主義者、社会主義勢力を擁する新たな軍事政権に至るまで、そのような協会がこれまで政府の不信の対象となったことも不思議ではない。したがって、

現在および過去の屈辱に対する競合する応答として、2つの公式が互いに対峙する。彼らは非常に論理的に暴力を演じ、どちらも同じ人々を動員しようとする。ナセルが進歩的な汎アラブ主義を掲げるなら、同胞団は宗教的要請やサイード・クトゥブを不敬虔な政権に対するジハードを説くよう導く力学でしか対抗できないだろう。しかしそれは、彼が推進する抗議活動よりも論理的に正当性が劣る。^{原注10}

　サラフィー主義は部分的には、この極端化、ムスリム同胞団の政治的失敗、そして何よりも妥協、支配、屈辱が地域や国家の領域を超えた世界へとアラブ世界の社会を投影するグローバリゼーションの結果である。したがって、この「敬虔な祖先」への回帰は、イスラム教の純化をさらに強調し、イスラム教をその本来の純粋さで再発明する点にまで達する。^{原注11}まさにこの事実によって、サラフィー主義はまず、政治的指導者を犠牲にして説教者を評価する社会的再イスラム化の努力を通じて、社会を自分自身に戻すことにつながるのだ。ナシール・アッディン・アル＝アルバーニ（1914-1999年）のように、もともとシュコダル（アルバニア）出身だったが、西側の影響に抗議するために家族でダマスカスに移住した。その後、男性は宗教教育を受け、アル＝バンナーの父親と同じように時計職人の職に就いた。彼にとって、説教は自分自身への回帰であり、自分自身との再会であると同時に、古典的政治への軽蔑であり、支配を求める西側諸国と自分を区別するためには止められない方法であった。したがって、*原理主義は反撃として刻まれており、教条主義の境界線*、さらにはその中心に位置することによってのみ成功することができる。このイスラム教徒の誠実さは、屈辱的であると見なされる西洋化に直面した場合、復讐ではないにしても、反応となる。ベール、教育、女性の条件、家畜を屠殺する儀式をめぐる戦いは、人々が動員されていることがわかっている反撃の一部である。西洋化が活発化すればするほど、屈辱への対応として、さらには正当な行為として、政治的勧誘の手段として西洋化を課すことがより効果的になる。

　政治の問題はほとんど付随的なものになる。一部の人々の沈黙主義、他の人々の改宗の好戦性、そして超過激化した少数派のジハード主義の間には、

共通の社会学的および教義的な点がほぼ浸透しており、ものすごい速さで見直されていく。それでもやはり、サラフィー主義〔訳注　イスラム伝統主義〕がイジュティハードや革新へのあらゆる努力から自らを切り離すことによって、アラブ世界の社会を不可能な選択に陥らせているということには変わりがない。つまり、西洋化によって近代化するか、「黄金時代」に戻って西洋の支配に挑戦するかである。　新たな屈辱として自らに課せられるこの膠着状況は、政治の価値をさらに低下させ、関係する社会のさらに深い階層で探し求められる反作用的な行動を助長することになる。

「アラブの春」のアポリア

　したがって、このアラブ革命が、1848 年頃に栄えた「ヨーロッパ人民の春」と関連付けるために西洋化された名前を付けられているというのは驚くべき逆説である。それは同時に、アラブ世界の歴史における深い断絶を示している。反政府勢力が何万人もの命を落とした極めて勇気ある蜂起であり、めったに見られない圧倒的な地殻変動であったが、政治的結末は全く不確かなものとなった。

　私たちが確立した考えからすると、この運動は非常に社会的であることに疑いの余地はない。それはおそらく、20 世紀の歴史を中断したすべての反乱とは異なり、政治指導者も、それを組織できる前衛政党も、レッテルを貼ることができる固定的教義も持たないレーニン主義後の最初の革命であると思われる。その年表は、私たちが「下から来る」社会的爆発に直面していることを示している。68 年 (soixante-huitarde)〔訳注　1968 年 5 月のイベントに参加した人たちのことを指す〕の方程式を当てはめれば、おそらくそこに新しい若者たちが見つかるだろう ....

　この社会的爆発には、屈辱に対する現代的、さらにはポストモダン的反応であるカラマ（尊厳）と呼ばれる共通点が見つかる。原注12 現実と想像の混合がその物語が創られた時から、他にはない自律的な社会動員のまさに中心に屈辱的な人々の姿を意図的に構築した方法について、私たちに多くのことを教えて

くれる。この物語は、2010年12月17日のムハンマド・ブアージジの焼身自殺から始まっていることはわかっている。彼はすぐに、チュニジアの国境をはるかに超えた集合的な歴史の瞬間全体の象徴となるだろう。パリを含む大通りや通り、彼の肖像が刻まれた切手、彼の記憶に刻まれた石碑、改名された病院、彼の写真のクリップなどに彼の名前が刻まれている。名誉、死後に授与される賞、すべてが彼を、俳優ではないにしても、少なくとも象徴にするのに貢献している。

　ここで、浮かび上がってくる想像力の一部が、社会、活動中の社会空間の潜在意識のメッセージとして歓迎されるに違いない。このメッセージは明らかに、一生に一度の屈辱でもあったその屈辱を中心に展開している。ムハンマド・ブアージジが質素な社会的出自であること、幼い頃に亡くなった彼の父親が農業従事者であったことを私たちは知っている。一家の大黒柱である若きブアージジは高校を中退し、失業者団体に登録し、雑務と何よりも資金がないために露天商で生計を立てていたのだった。彼は生活を改善し、身の回りのものを新しくしたいと思っていたが、そうする手段もなく、その一方で罰金、没収、あらゆる種類のいじめを受け生きていた。ある日、このことについて警察署に抗議することを決心したところ、嘲笑され、拒絶され、再び屈辱を与えられ、それが原因で県庁舎の前で焼身自殺を図ったのだった。

　想像力によって物語の一貫性が強化され、過激化され、伝説的な屈辱の記録が生まれるのだ。このようにして、私たちは主人公に、学業を非常に早く中断しなければならなかった失業中の不運な若者というアイデンティティを与えた。物語にするという圧力がまだ確立されていなかった時に、賄賂や汚職についての話もあったが、彼はそういったものに無縁だったとされる。とりわけ、女性警察官による平手打ちの報告があるが、事実の重要性も犯人の身元も明らかではない。逮捕された警察補佐官は、証拠不十分のため釈放されている …

　そのようなことは真の問題ではない。これらの記述は、事実の表現が社会運動と屈辱と密接に関連していることを明確に示している。さらに、それは数週間後にカイロのタハリール広場で、その後バーレーン、イエメン、リビ

ア、シリアでも発見されたのと同じ語彙であった。ここで尊厳と屈辱が一体
化するものとして現れる。暴言を吐く人々、失業者、将来の見通しのない若
者、貧困と飢餓に苦しむ人々、スラム街の住人、社会的上昇への欲求に挫折
する中産階級、あらゆる種類の少数派を結集する。グローバリゼーションの
魔法が、日常生活、経済、食料、健康不安、政治、その行き過ぎた権威主
義、恣意性、冷笑主義、汚職などあらゆるレベルで屈辱を衰退させているた
め、屈辱を受けた場合はなおさら激しいものになる。イスラエルの権力とそ
の占領政策に対する西洋の同情が混じった地域の生活は、終わりのない紛争
で構成され、勝利することはなく、一般的に無関心が長く続いてきた。世界
の人々にとって、アラブ諸国は、石油を輸送し、移民の流れを封じ込め、地
中海、特にユダヤ国家の安全を確保するための手段としての役割しか持って
いない。そのことが近年ますます如実に明らかになっている。

　したがってアラブ世界は、2 極体制の終焉から恩恵を受けなかった唯一の
領域であり、さらには 2 極体制によって苦しむ唯一の領域となった。もしこ
の機会に、ラテンアメリカが独裁政権から解放されて「自らの人生を生きる」
ことができたとしたら、もし東南アジアが効率的な経済の構築と独裁政権の
排除の両方によってグローバリゼーションを進めることができたとしたら、
もしこれらの地域のどちらか 1 つとでも、新たな国際パートナーシップを築
くことができていたとしたら。結果はアラブ世界にとって同じではなかった
だろう。アラブ世界は世界のクレーターと化し、あらゆる場面で非難され、
疑われ、そして我々が譲ったのは G20 で一議席だけだった … サウジアラビ
アに 1 席だけ割り当てられたが、控えめに言っても、チュニスやカイロのデ
モ参加者にはほとんど影響を与えなかった！

　この屈辱のもつれは、それぞれが親密に依存しており、政治が絶望的に沈
黙しているため、社会がいっそう発言力を取り戻している。西洋諸国と維持
されてきた従属や虚栄に満ちた関係によるレジーム間の一対一の関係を超え
て、イスラム主義が黄金時代の思索の中で結集したのだが、革命的言論はそ
の地位を確立するのが最も困難であった。アラブの春の第二段階——新たな
権力の導入について——は、幻滅の演出であり、国際環境が——唖然として

躊躇していた――自らの見返りを求めてコントロールを取り戻したことで、新たな屈辱はさらに強まった。リビアのように当初の任務を超えた介入という形で、あるいはシリアのように一方の陣営から多かれ少なかれ仮面を秘密裏の支援という形で ...

このレベルでは、阻止は解決の糸口を見いだせない難問となる。社会的、メタ政治的な運動を、変化をもたらすことができる選挙のアクターにどのように変換するのか？チュニジアやエジプトでは、バーレーンやシリアのように、厳しい弾圧に直面しなかったにもかかわらず、その答えは絶望的だった。元の方程式が再び現れる。社会運動が政治的に勝利できるのは、社会運動が自らを政治的主体に変え、新しい政治人材と政府の計画を推進する場合のみである。フランス革命は、当初は社会的であったが、その方法を知っていた。つまり、啓蒙時代によって蓄積されたストックから新しい政治的ビジョンを導き出し、クラブ、文学サロン、新しい都市の社交性を新しい政治エリートの生産の場にすることによって実行に移された。

イスラム主義者の抗議活動が純粋に防御的な姿勢に閉じ込められていることが、ゲームを特に困難なものにしている。アジアやラテンアメリカ、さらにはトルコで起こり得ることとして証明されたのは、グローバリゼーションの中で役割を再確立しようとする将来の主張と韻を踏むということであり、それは新たな支配階級が過去に受けた屈辱と密接に関係しているということである。

人々は、アラブの春を通して、屈辱の再発とその結果としての体系的な構築に由来するあらゆる複雑さが浮き彫りになるのを目の当たりにしている。人々はまさに悪循環に陥っているのだ。国際ゲームの日常を通して、この構造は矛盾した状況とニーズを呼び起こし、社会の疎外と監禁の誘惑、新たな権利の獲得によって屈辱を克服したいという願望、黄金時代と同化した過去、国家の建設、そして腐敗と権威主義への即時吸収に反対したいという抑えがたい願望の間で引き裂かれる。そしてすぐに汚職と権威主義に染まってしまうのである。

問題は、特定の新興大国のように、依然として旧来からの悪魔たちから完

全に解放されていないこと、そして、最も有利な国際的状況によって支えられない限り、これらの矛盾の間で決断を下すのは簡単ではないということである。これらの強い矛盾は、南側の国々、さらにはそれ以外の国々の集団生活における、現実または架空の多くのエピソードで表現されている。インドネシアの偉大な小説家、プラモエディア・アナンタ・トール（1925-2006 年）の傑作を参照する必要がある。男は左翼であり、中国に近く、さらには彼が行っていたソ連にも近かった。彼は教師の家族に生まれ、ブディ・ウトモ運動の進歩と好戦性を重視し、ナショナリストの価値観と先住民族のための教育の模索を結びつけ、交差させた「近代化者」だった。特にスハルトによってブル流刑地に送られ抑圧されたスカルノは、植民地時代の屈辱に反対する活動家である彼のヒーロー、ミンケを主人公とする『ブル・カルテット』をそこで作ったが、西洋思想の武器を使用し、インドネシアの同胞によって取り締まられ、弾圧された^{原注13} … この種の社会の苦痛の中で毎日経験される最高の屈辱。矛盾の具現化があまりに印象的で鮮烈なため逃げ道が塞がれ、絶望を喚起するのだ。

第8章　反システム外交？

　関係国は、新たな外交政策を打ち出し、社会的期待に応え、あるいは少なくともそれに倣う努力をすることで、主導権を取り戻すことができるだろうか？私たちは、最近の研究が、さまざまな国家に影響を与える社会変化の中で、あまりにも長い間、実体のない主要な戦略の専らの結果として素朴に考えられてきた外交政策の主要な源泉を一掃する必要があることを示していることを知っている。^{原注1}この観察は、社会的均衡が極めて不安定な場合、確立された外交政策の伝統がない場合、支配者による統治の正当化の必要性が特に高い場合には、さらに有効になる。こうした状況下では、2つの道が浮かび上がる。南側政権の非常に強力なクライアント化が彼らを独立外交政策の放棄に導くか、あるいは逆に、それが指導者たちのゲームの中心軸となり、新たな同盟を結び、自国民を動員するかのどちらかである。この2番目のケースでは、2つのタイプの外交が出現する可能性がある。1つは*抗議*に基づいた外交か、もう1つは*逸脱*に基づいた外交か、であるが、どちらもますます「反システム」として現れる。

　このような方向性は、冷戦と2極体制の時代には限定的なものであった。国際システムの分裂した性質は、ある種の不明瞭さを維持していた。新たに植民地から解放された国々は、実際には、かつての家庭教師に対する外交上の忠誠心から、選択肢のどちらかを選択するしかなくエンクルマのギニア、アンゴラ、またはガーナのように、ソ連の陣営に入った国もあった。ソ連の消滅により、この選択肢を選んでいた国々は突然、政治的無人地帯に残され、「非同盟」として知られる古い様式である中立主義か、「反システム」として

異議申し立てを構成し、*事実上 (de facto)* 西洋諸国と同化した「国際共同体」からも逸脱することになった。今日、この種の外交を再評価したことで、実際に感じてきた、または示された屈辱の段階とより良く調和することになった。この種の外交は、自らを制御する傾向さえあり、屈辱を受けたことをより効果的に利用するために見せびらかしたりしさえする。屈辱に対する政治的批判がこれほど戦略的になったことはかつてなかった。

抗議外交

　私たちは、抗議外交を、国内と国際舞台の両方で利益を得る目的で、国際システムの全体または一部に挑戦することに行動の重要な部分を捧げるあらゆるタイプの外交と定義する。このカテゴリーは、これらが本質的に勢力間の競争に関係する限りにおいて、伝統的に競争相手に向けられてきた批判は含まれていない。実際、抗議は、定義上、国際システム全体、つまり役割と制度の取り決めに向けられている。この意味で、そしてすでに述べたように、冷戦下では抗議外交は取るに足りないものだと考えられていたのだ。つまり、主に旧植民地国家によってバンドンから屈辱に反応する政治形態として現れたが、2極体制のゲームに吸収されてしまってその活動の重要な部分を失っていたのだった。

　バンドンで結成された非同盟運動である 77 ヵ国のグループは依然として抗議外交の原点である。その外交は明らかに 1989 年以降、本格化することになった。しかしその抗議外交は、慣れていない世界で作り出され、さらには発明され、イデオロギーの活性化よりも、過去の屈辱の利用と動員に直接結びついていた。彼らの外交は、厳密に構築されたイデオロギーに基づいて国際秩序を非難した戦間期初期のソビエト外交と比較すると、それとはほど遠い状況にある。当時のそれは、せいぜい、1920 年にバクーで開催された東方人民会議の時のように、競争的というよりは革命的な目的を意図した目的のために*他者*を動員し、屈辱を利用するというものであった。そこに最初の抗議外交の祖先があるとすれば、それは依然として、自らの再構築を目的

とした権力外交であったことは議論の余地がない。2,850人の代表者がジノ
ヴィエフの招待に応じ、ボリシェヴィキ革命を東方全土に拡大し、「帝国主
義を徹底的に非難」し、「全世界のすべての抑圧された国々のプロレタリア
人民」に団結を呼びかけたのだった。

　争いと権力の間に織りなされるこの一体化は、一種の前兆だった。それは
2極構造理論と共同統治の論理に吸い込まれ、ソ連はそれが実行されるにつ
れてその信頼性を失うことになったが、決してそれを放棄しなかった。モス
クワは植民地解放闘争が真っ盛りの頃、国際共同管理の利益が勝った場合に
は解放運動から距離を置きながらも解放運動に対する支援を手控えなかった。
アメリカがトンキン湾に機雷を仕掛けていた間も、ブレジネフは1972年5
月のワシントン訪問をキャンセルしなかった。またソ連は、偉大な外交の計
画にもっと役立つように「アメリカ帝国主義の操り人形」として扱われてい
たマグレブ民族主義運動に関して、慎み深く行動するすべを知っていた。[原注2] 実
際、ソ連は、誰も本当にだまされることなく、この護民官の象徴主義（北京
が急いで模倣した）を最後まで、そしてそれができる時まで維持した。抗議外
交がその完全な意味を帯びるには、実際には2極関係の終焉を待つ必要があ
り、今は南側諸国、つまり、はるかに強度の低い、だが、結果としてより信
頼できる勢力によって担われている。

　このモードは1960年代から南側で生まれていたが、植民地解放の波に伴
い、第三世界のいくつかの国々が最も貧しい人々や支配された人々の代弁者
となることを求める動きが必然的に起こった。バンドンはすでにこの役割を
ネルーのインド、スカルノのインドネシア、ナセルのエジプトにあてがった
が、中国のやや特殊なケースは言うまでもない。1961年、25の非同盟諸国
がチトーの主導でベオグラードに集まり、チトーはトロイカに加わった。こ
の組織化された抗議活動には2つの側面がある。世界を2つのブロックに分
割することに対する反対と、あらゆる形態の植民地主義に対する反対である。
こうして、決別は完全に完了した。国際秩序は、何世紀にもわたってそうで
あったように、もはや同盟や連合によって作られるのではなく、彼らが望ん
でいない、それまではほぼ合意の下でなされていたゲームを*非難*すること で

作られるのである。

　「非同盟サミット」の形での定期的な会合が触媒として機能し、抗議活動の日常化において参加者を社会化させたことは疑いの余地がない。しかし、興味深いことに、このことは、指導者間による模倣によって急速に増幅され、すぐに定着した。あたかも、リーダーシップの激化が受けた屈辱と表明される要求のモードの間の競争を刺激したかのようだった。ベオグラードでは、最初の首脳会談が行われ、チトー主導の統合の努力にもかかわらず、平和を新世界の象徴にしたいネルーと、その一方で真っ向からの対立、すなわち、明らかに西洋的色彩を帯びた帝国主義に対して立ち上がるよう呼びかけたセク・トゥーレとスカルノもいた。最初の決議案は勝利したが、最終決議案には民族解放運動への支持の熱烈な宣言と大国との合意のあらゆる徹底的な非難も含まれなければならなかった。

　1964 年 10 月にカイロで開催された第 2 回非同盟諸国会合では、抗議活動の基礎が築かれ加盟国は 47 ヵ国になっていた。反帝国主義に向けて、今度は干渉に対して、さらに厳格な動員が加えられた。1970 年 9 月にルサカで開催された第 3 回会合では、54 ヵ国の参加国を前にして、国際社会の構造そのものに「根本的な変化」を求める声が上がった。しかし、75 ヵ国の代表団の前で抗議外交が決定的に封印されたのは、何よりも 1973 年 9 月、サミットの主催者であるウアリ・ブーメディエンの推進の下、ブラジルなどのオブザーバーと 3 ヵ国のヨーロッパのゲスト、オーストリア、フィンランド、スウェーデンという中立国が代表団に加えられたアルジェでのことだった。

　この劇は、真に創設された 3 つの幕で上演された。フィデル・カストロは最初に「アメリカ帝国主義」に対する告発を宣言したが、痛ましい制裁による糾弾がさらにそれに拍車をかけた。彼はこの機会を利用して、当時北隣の大国が積極的に支援する軍事独裁政権のくびきの下にあったブラジルの存在を非難した。するとムアンマル・カダフィ大佐は鋭くそれに応じた。同じ日に 31 歳の誕生日を迎えた若い独裁者は、エジプトとスーダンとの完全な融合を目指す汎アラブ主義に酔いしれて、彼は二つの偉大な国家（アメリカとソ連）に対する同様の拒否に至った演説を行った。アメリカとの国交断絶、予

期されていたレガーヌ、コロン・ベシャール、メール・エル・ケビール基地からの撤退、驚くべき数の国有化などの責任を負っていたブーメディエンにとっては恩恵だった。カダフィがそれを話した時、同胞が犠牲となった複数の人種差別事件に対して声を上げるために、アルジェリア人のフランスへの移住を禁止する法令に署名したばかりだった。受けた屈辱を忘れなかったことがその後の抗議外交の真の憲章を切り開いたのも不思議ではない。

　抗議外交は、カストロとカダフィの言葉を統合したおかげで簡単に構築できた。だが、国家主義者とマルクス主義者の和解には、外交的議論の深化と安定化が必要であった。仮にアルジェリア国民が緊張緩和を本格的に歓迎していたのなら、ブーメディエンは、国民が将来の権力者と富裕層の共謀の主な犠牲者となり得るというリスクを指摘し、人々の当然の指導者となれた可能性があった。「発展への権利」、南諸国間の積極的な協力、そして第三世界が保有する資源の防衛的動員を駆使して富裕層に対抗する必要があった。抗議外交は単純なレトリックを超えて、具体的な内容に入った。1ヵ月後、クウェートでOPECの減産と石油価格の見事な値上げにつながる長いプロセスが始まったことを私たちは知っている。確かに2つの屈辱が舞台上にあった。1973年10月の戦争によってかろうじて軽減されたものの、イスラエルとその西洋の同盟国に対して被った敗北の屈辱と、数十年にわたる支配、戦争から驚異的に台頭しつつあったアルジェリアが受けた屈辱である。

　植民地化と脱植民地化のあらゆる屈辱を蓄積してきた国であるアルジェリアの指導者の役割を不思議に思われるだろうか？この役職をウアリ・ブーメディエンが担ったことに誰が驚くだろうか。彼は13歳の時に、隣人だったセティフとゲルマの虐殺を目撃し、自ら認めているように、個人的に非常に痛ましい影響を受けたのである。「[...] 私は早く老けてしまった。十代だった私は大人になった。」^{原注3}アルジェ会議から数ヵ月後、特別会期の枠内で国連の演壇に彼が立っているのを私たちは目にした。1974年4月10日、1時間20分間、彼は「新国際経済秩序」を求め、最も裕福な国々の団結を呼びかけ、万人の資源を使う権利を主張する新しい国際的な抗議の憲章を発表した。最も貧しい人々への特別な援助プログラムを呼びかけ、最後は彼の苦悩、怒

り、そして良心を目覚めさせたいという願望を反映した預言で終わった。「ある日、何百万人もの人々が南半球を離れて北半球へ向かうことになるだろう。だが彼らは友人としてそこへは行かないだろう。彼らはそれを征服するためにそこに行くからだ。そして彼らは息子たちとともにそれを征服するだろう。私たちの女性の子宮が私たちに勝利を与えてくれるだろう。」

　このようにして、活発な論争の途切れることのない外交の時代が始まったのである。これは、権力が刻印されている権力間の唯一の競争を特徴とする古い外交の精神がウィーン会議とその後に執着し続けた西洋外交の座を奪った新しい形式である。抗議する侵入者は、彼を動機づけたものについても、その結果何が起こるかについても、真剣に受け止められていなかった。アルジェリアは10年間にわたる内戦によって中断されたがその護民官であった。1989年までアルジェはすべての解放運動の首都であり、1974年4月の有名な演説に続く国連総会を主宰した外務大臣アブデルアジズ・ブーテフリカは、世俗派として注目された。1989年以降、この動きは改変されてしまった。だが、2極体制の終焉により、この抗議活動が、明文化されているかどうかにかかわらず、終わってしまった共同統治とその規則によって行使されていた管理から解放されれば、さらに大きな広がりをもたらす可能性がある。ベルリンの壁が崩壊したまさにその瞬間にアルジェリアで始まった内戦は、別の決定を下し、消滅の時代を切り開いた。「暗黒の時代」を経て、ブーテフリカがアルジェリア大統領に選出された1999年9月から彼らはこの問題に戻ってきた。アルジェでのOAU会議の前、そしてその直後、干渉行為が激しく非難された国連総会を前にして、コソボでのNATO作戦が終わりに近づき、国連の任務に基づいてティモールへの遠征が開始されようとしていた。そこで発せられた主権への称賛は場違いなものではなく、紛争の明確化においてこの原則が優先されることを裏付けた。2012年2月にアルジェで行われた演説中に再び浮上した「新国際経済秩序」の要求への回帰と同様に、大国に対する新たな警戒心を明らかにして、若干口調は和らげられたものの、抗議というラインは堅持された。

　1998年12月ベネズエラで選挙に圧勝し、権力の座についたユーゴ・チャ

ベスもまた、抗議外交の先導者となり、過激化させたこことに疑問の余地はない。その後、社会的要求と政治的要求を微妙に混ぜ合わせ、特権的な方法でアメリカをターゲットにした「第二世代」の抗議外交の出現が見られる。私たちはもはや冷戦状態ではなく、バンドンと植民地化から遠ざかり、ベネズエラ建国から170年以上が経ち、時代は変わったのだ。若い大佐は別の話題、別の屈辱、別の拒絶を経験していた。南米大陸は、その一部は免れたものの独裁政権の時代からかろうじて脱却したばかりだったが、その環境には深い傷跡が残っていて、アメリカの後見人のIMFが告発される立場に置かれていた。過去にベネズエラはIMFの構造調整政策の主な標的となったが、当時、犠牲者となった弱っている国民に対してと同様、IMFは傷ついた主権に対しても冷酷であった。1989年以降、カルロス・アンドレス・ペレス大統領は左翼の票で選出されたにもかかわらず改革を余儀なくされた。特に公共交通機関や基本的必需品の価格が大幅に上昇したことで激しい暴力を引き起こした。2月の「カラカソ」暴動はすぐに前例のない弾圧につながった。公式には数百人の死者を出したということだが、一部によると最大3,000人の犠牲者が出た … この社会的苦痛とIMFに対する非難の組み合わせは、スローガンの国際化の加速化に極めて理想的であり、チャベスが試みた最初の反乱への道を開くにも同じく理想的であった。彼自身は小農民を擁護した革命の英雄の名前にちなんでその反乱に「エセキエル・サモラ作戦」という洗礼名を与えた。だが、結局武装闘争に失敗して投獄され、同様の左翼の洗礼による第二の反乱となるが、これも結局は失敗しラファエル・カルデラが選出されるのである。以後、カルデラはIMFが提唱する同じ新自由主義政策を達成し、同じ民営化、同じ通貨切り下げ、同じ社会緊縮政策に導くことになる …

　その結果、ユーゴ・チャベスが、ポピュリズム、社会的指向、国際経済組織の非難を混ぜ合わせた、明らかに国家主義的な政策を掲げたことで、選挙に勝利した。ひとたび権力の座に就くと、彼がしなければならなかったのは、この屈辱に対する運動を新たな外交政策に転換し、可能な限り最善の組織化された方法で、彼の勝利につながったパズルのすべての要素、すなわち反米主義、世界経済秩序、主権主義、ナショナリズム、国際正義に対する告発を

企てるだけだった。

　この男はリソースを持っていた。先住民の家系の出身で、アイデンティティへの言及の扱い方を知っていた。彼は若い時に巡回セールスマンになるきっかけとなった困難な経験を有しており、社会的緊張の代償を知っていた。宗教や聖職にさえ近かった彼は、超自由主義を非難するのに必要な説得力を持っていた。軍隊に入隊した彼は、マルクス主義イデオロギー、カストロ、ゲバラ、アジェンデに近づくと同時に、ボリバルについての深い知識を獲得した。彼は、1978年まで米国が管理していたパナマ海峡における主権の回復を獲得した「パナマの指導者マッシモ」オマル・トリホスの経験に共感し、彼に倣った。

　その結果得られたレトリックは、抗議外交を具体化するための最初のアプローチを可能にした。私たちは、チャベスが2006年9月20日、国連総会で行った有名な演説を覚えている。ジョージ・W・ブッシュを「暴君」「嘘つき」「悪魔」と呼び、壇上から立ち去った。数時間前に「硫黄の匂いのような」と話した。アメリカ大統領を2002年にベネズエラ大統領を追い落とすためのクーデターを指揮したとして起訴し、「ロバ」「酔っ払い」として扱った。この件に関して、アメリカ人組織（OAS）に告訴状も提出された。その後、すべての抗議活動が反米主義へと統合されてゆく。チャベスはカラカスでもテヘランと同様に何度か会ったイランのマフムード・アフマディネジャドの友人になることを希望し、北朝鮮とベラルーシ、ジンバブエ、バッシャール・アサドを支持した。彼は「イスラエル・ファシズム」[原注4]と闘い、パレスチナの大義に全面的に関与し、イスラエルとアメリカの指導者を国際刑事裁判所に訴えるよう要求した。それは対立や逸脱というよりもむしろ紛争状態にあることの証拠であるのだが、アメリカとの貿易関係は保護されており、両国間には石油も流通している。目下のところ破壊行動よりは非難の方が勝っているが、IMFは「ドラキュラ」として扱われている。チャベスは、残念なことに、彼が情熱を注ぐベネズエラ音楽や野球でさえも、アメリカの影響がいたるところにあることを発見していることだろう …

　彼の抗議外交は糾弾し、非難し、連帯することで成り立っている。この最

後のところでは、手近な手段を利用することになるが、何よりもまず石油を使用する。ベネズエラは世界第5位の輸出国である。OPEC では、小規模生産者と貧しい消費者との同盟が作られている。ベネズエラの「石油外交」は、特に大使館が開設されているアフリカ諸国で活発である。^{原注5}その構想は、チャベス大統領が自らの資源を弱体化させないように注意しながら段階的に実施しているもので、いわゆる石油の「完全主権」政策を黒い大陸に投影しているのである。その目的は、ガンビアから赤道ギニアに至るまで、この政策を国際舞台でまさに疎外され屈辱を受けている国々を解放するための手段にするということである。^{原注6}そして、彼らが政策を打ち出すのではなく生産者ではない国々の指揮下で彼らは連帯と社会開発のために働くのだ。ベネズエラの石油は、いくつかの中米諸国や島嶼国を優遇する「ペトロカリベ」プログラムのような優遇料金でさえ提供されている。ペトロカリベは、ベネズエラ、ボリビア、キューバ、ドミニカ共和国、アンティグア、ニカラグア、セントビンセント周辺を統合するアメリカ大陸ボリバル同盟 (ALBA) を誕生させる、より政治的なプロセスを加速化することさえ目論み、アメリカの最も貧しい国民とハリケーン・カトリーナの犠牲者に、低価格で石油を提供する、ということも提案している …

　チャベス大統領によるこの新たな抗議外交は、カリスマもなく、成功もさほど期待できないニコル・マドゥロに引き継がれたが、おそらくそれは、バンドンからも、そして勿論冷戦の紆余曲折からも遠く離れたものである。昨日の偉大なイデオロギーが消え去った現在、いくぶんロマンチックな気分に浸る。その根底にある前例のない外交政策は、国内の社会的緊張や開発の失敗と密接につながっており、欺瞞的な国際経済規制の機械的かつ有害な影響として示される。もはや2極体制ではなくなった世界では、悪事は非難され、さらには侮辱され、悪魔化された「アメリカ帝国主義」に集中している。その非難は以前のように「科学的」というよりもポピュリスト的なものとなっている。それにはからかい、嘲笑、そして陰謀、不正行為、さらには迷信などのわかりやすい人物像が伴うのである …

　ということは、この抗議外交は本質的にはポスターの言葉の問題だという

ことだろうか。過去のブーメディエンと比べて、チャベスはジェスチャー、手話、言語にもっと熱中しているように思える。犠牲者に屈辱を思い出させる方法を知っている護民官なら誰でもよく知っていることだが、これはこの外交の最初の兆候かもしれない。しかし同時に、この外交はそれを超え、国際ゲームの通常の姿を変える3つの特徴を帯びている。

　第一に、他の紛争のように、もはやバランスを調整して競争する連帯的な結集ではなく、小規模な団体、または弱点を共有する団体で構成される一種の前線で結集することになる。その後、これらの者は権力競争から離れ、自律性の探求、または非対称のゲームに参加してゆく。第二に、この外交は積極的な議題設定に重きを置き、意図的に問題を提起して火をつけ、権力者に予期せぬ主題について反応させ、これまで当然のことと思われていた事柄が争点となっている状況を受け入れるよう強いる。この典型的な観点から見て、「石油外交」は、あらゆる側面において、不確実性、煩わしさ、不安の絶え間ない源である … しかし、WTOや気候変動交渉中の驚くべき取り組みから生じる他の種類の紛争も同類だ。最後に、抗議外交は、国際公共空間の中で、世界の舞台、その制度、慣習を再構築する必要性を提起する。抗議外交は、自らの正当性に基づいて行動し、弱点を示し、その日常を非難する。

　最も新しいことは、おそらく、古典的な調節メカニズムのいずれにも溶解できないことである。大国はそれを減らすのではなく、むしろ抗議外交を供給することになるため、交渉はしばしば麻痺する。さらに悪いことに、それは逸脱外交の控え室のようになるのである。

逸脱外交

　抗議外交と逸脱外交という2つの外交を分ける境界線は必ずしも明確ではない。後者は前者の急進化として現れることがあり、国際システムの規則、規範、価値観に違反することによってその中で利益を得る技術を指す。第一に、違反行為には意図的かつこれ見よがしなところがあり、挑発と見なすこともできる。デモンストレーション効果を求めている行為者らは、復讐と自

己肯定を楽しんでいるのだ。そこでターゲットとされる最初の利点は、自分の違いをよりよく示すために、秩序に対して完全に外部である自分をありのままに公に示すことにある。違反者はれっきとして存在し、気づかれ、目の前で他人に自分の定義を強制する。彼らは積極的で、舞台の中心にいるため、安価で国際的な地位を獲得する。

　しかし、違反には代償が伴う。ルールを損ない、時には、合意が得られている価値観をさらに深刻に損なうため、汚名を着せられ、道徳的非難にさらされ、したがって排除され、そして非常に多くの場合、懲罰を受けることになる。これらのリスクは、主導権を握る国々の急進主義や賭けや、忌まわしい相手に衝撃を与える喜びによって影が薄れてしまうことがよくある。彼らは、その反対の状況に直面した時や、極めて非シュミット的なモデルに直面した時には現実的な競争から完全に抜け出るため、このような状況では、悪循環が完璧に機能する。制裁したり、非難すればするほど、ますます違反を奨励することになる。実際には、これは役割を大幅に修正することによってのみ克服でき、違反者を屈辱的な立場から解放する。

　違反は、論争の延長線上に言語的な形式を取ることがある。ユーゴ・チャベスが「ヤンキーのくそったれ…」と言う時、こうした限界を超えているのではないだろうか？ 1998年、ベラルーシのアレクサンドル・ルカシェンコ大統領が、大統領官邸に近過ぎると見なされたドロズディの住宅地から20人の西側大使を追放する決定をしたことは、象徴的なものとなり得る。外交官の地位を規定する国際慣例に違反するため、その「挑発」はなおさら強力である。紛争は1年近く続き、西側諸国のマスコミの一面を飾ることになるため、このことがさらに「有益」であることが判明するだろう。ヨーロッパ最後の独裁政権と考えられていた政権を西洋の民主主義国が傍観する…しかし、すぐに新たな段階に達し、これにより、ヨーロッパ連合とアメリカはミンスクの実力者とその側近に対するビザを拒否することになった。それでも、この指導者は何とか人々の話題を集め、一時的には国の資源よりもはるかに優れた役割を担うことに成功した…

　否定主義的主張を支持するマフムード・アフマディネジャドの怒りのエス

カレートや、1981年にカダフィ大佐が「テロ」を支援するために彼の支持者たちにトリポリのアメリカ大使館を略奪「させた」時の暴力、そして執拗に「テロ」を支援した時の暴力についての話を続けよう。リビアの指導者は、最も暗い時間帯に、アイルランドのIRAとのつながりを執拗に示し、さらに悪いことに、ロッカビー攻撃への彼の関与をほのめかした。しかし、そのように極端な行為に走らずとも、逸脱の常態は何よりもまず、一方的に限定的に定められた国際秩序を乱すことにある。彼らは必然的に忌まわしい状況にあるのではなく、排他的に約束されたものは何もないことを実証することにある。こうして、ロバート・ムガベはマフムード・アフマディネジャドをハラレに迎え入れ、表向きはこの機会に、のけ者たちと一般的に国際制裁の打撃を受けている人々を団結させる連帯を示すかのように、イランとの8つの貿易協定に署名した。あるいは、エクアドルのラファエル・コレア大統領は、ジュリアン・アサンジへの亡命を自ら申請し、2012年の夏に複数の西洋諸国の警察によって追跡された。毎回、彼らは、自分たちの違いを示し、自分たちが犠牲になっている疎外感を逆転させるために、標準、あるいは西洋でそうあるとされているものを攻撃する。これはもはや、相手の致命的な優位性を示す唯一の表現ではない。しかし今は、自由な選択の結果であり彼らが糾弾する秩序に直面しての望ましい区別なのである…

　この方法は慎重に扱えばうまくいく。サダム・フセインはクウェートの主権を破壊し、首長国を併合してイラクの州にすることを決めた時、それを賢明でない高みに引き上げようとした。これは重大な逸脱であり、最も神聖な国際原則、つまり生存を確保するために誰もが特に執着している主権の原則を破壊するものであった。「国際共同体」はほぼ満場一致で、彼に理性の言うところのことを聞かせた。しかし、どこまでが行き過ぎでないのかを知ることによって、逸脱者は、客観的に主張できる場所よりもはるかに大きな、日の当たる場所を確保することができる。つまり、彼は、可視性、議題の熟達、さらには引き付ける能力、時には調停さえも獲得するのだ。

　イランの事件は注目に値する。ペルシャにとって屈辱は国家の構成要素である。敵対的であると思われる国々の真っ只中に投獄されているこの国

は、相手が力を持っている場合、彼らを容疑者と見なす習慣が身についてしまっている。^{原注7}北部では、ロシアは1906年の立憲革命を妨害しようとしており、それを利用しようとした。ソ連になってもその手法はほとんど変えず、スターリンはクルド人とイランのアゼルバイジャン人を操作して脱退に追い込む方法を知っていた。インド諸島を統治していた頃、そこからそれほど遠くなかったイギリスは、南部のイランを占領し、北部ではロシア人に好き勝手やらせるということでロシア皇帝となんとか合意に達した。イギリスもまた、あらゆる法廷陰謀に対処する方法を知っていた。さらに遠く離れたヨーロッパ諸国は、税関、郵便、タバコ、憲兵隊などの複数の利権を分かち合うことで助け合いに優れていた。トルコ人とアラブ人は、些細な弱点を突く術を知っており、最初に国境を自分たちに有利になるように修正し、次にアラビア語を話す部族、さらにはクルド人を扇動した。最後に到着したアメリカも、同じくらい貪欲だった。モーガン・シャスター、次にアーサー・ミルスポウというアメリカ国民が、レザー・シャー・パフラヴィによって財務長官に任命された。アメリカの謝罪もあり、CIAがアヤックス作戦を通じてイラン石油国有化の立案者であるモサデクを追放する軍事クーデターを画策したことを我々は公式に知っている。その後の25年間、アメリカが第二の居住地としてイランに定住し、最大3万人の顧問を派遣してシャーの統治を監督したこともわかっている。

　逸脱による反動が現れるまでに時間はかからなかった。革命当初からのテヘランのアメリカ大使館の占拠と、イスラム主義者の「学生」とパスダラン〔訳注　革命防衛隊（*pasdaran*）〕による大使館職員の拘束が、反米の礎を構成した。アメリカは「大悪魔」となり、その後、非難の一団を作り上げた。特定のエピソードでは、人々が「アメリカに死を」と叫ぶほぼ毎日の行列、ポスター、展示会、あらゆる種類のプロパガンダ、政権との複数のつながり、そしてアメリカに反対する運動、超大国と戦うすべての国々との連帯 … ここでもまた、アメリカの反応は、制裁、2003年からの複数の無人機作戦、脅迫、イラン当局者へのビザの拒否という形ですぐに現れた。ニューヨークの国連に行くと、あらゆることが「悪魔」への非難を再燃させ、それを戦闘外交の基礎にする

までになった。

　争いと逸脱の間で揺れるイラン外交と、それに腹を立てる西洋の指導者との間には、不協和音が完全に存在することになる。イランは、すべての十字軍に自らの言葉とその実践を捧げ、外国支配の犠牲となったすべての国の護民官の役割を果たすために、この逸脱をどのように演じるべきかをよく知っている…　マフムード・アフマディネジャドは2013年4月にニジェールを訪^{原注8}れた。その時、マハマドゥ・イスフ大統領は、同国がウラン鉱山開発のためにアレバと結んだ契約を厳しく批判したばかりだった。イラン指導者は、イランはより公正な顧客になることができると主張して、擁護者役割を表明することを忘れなかった。ベニンとガーナでは、帝国主義の非難と援助とパートナーシップの提案が混在している。セネガルでは、カサマンスで民主運動への支持を表明したため、そのことでイランとセネガルの間の外交関係は断絶してしまった。

　他のポピュリストデモのような混乱した外交は?建設的というよりも挑発的な外交は?極端な選択をした結果、必然的に言語の齟齬が生じてしまうのだろうか?過激な選択肢は、ますます耐え難い制裁をもたらすのではないだろうか?これらすべてに現実の部分があるが、おそらく本質的なものが省略されている。私たちの国際システムでは、排除された国々は、整合性と逸脱性のどちらかを選択するよう導かれる永遠のジレンマの囚人であり、もちろん、ある場合と他の場合とで選択肢を和らげることができる形を取る。同盟関係を結ぶ利点が保護を保証することであるとすれば、ムバラクやイランのシャーが人生を通じて計測できたようにそれが不確実なものであることがわかる。一方で、エジプトの大統領は外交の場から消え、その正当性の重要な部分を失うことになったため、その代償は高くつくことになった。逸脱した外交は、国際舞台において当該国の実際の能力や資源をはるかに超えた可視性と存在感をもたらすことになる。それはある一定の一線を超えないことを条件に、逸脱外交はこの権利をごく少数の国に限定している…

　その場合、最適な点は、対立と逸脱の維持、さらにはイランのようなよく構築された交代の微妙な組み合わせである。マフムード・アフマディネジャ

ドがモハンマド・ハータミーの後を継ぎ、その後ハッサン・ロウハニに取って代わられた時のように。おそらく政治システムの性質を考慮する必要があるのはなおさらである。その極度の制度的複雑さは、オープンで変化に迅速に対処するアクターもいれば絶対に変化を認めない「最高の指導者」が化身となった頑固なアクターまでいろいろな者から構成される。この点に基づき、イランはリスクを取りながらも、そのおかげでその外交能力を大きく超えて生きながらえている。レバノン、シリア、イラク、さらにはアフガニスタン、パレスチナ、湾岸でも、イスラム共和国は不可欠な存在になりつつある。場合によっては、仲介者であっても、その過激主義、さらには逸脱によって、国際ゲームにうまく溶け込んでいないアクターたちに真の影響力を及ぼすことを可能にすることさえある。これは、このイランの外交官が2004年に見せつけたことであるが、同国はイラクでの閉塞状況に陥っているアメリカを「支援」する用意があると主張した。「もし彼らが私たちの援助を受け入れれば、彼らは利益を得るだろう、もし彼らがそれを望まないなら、私たちは彼らの足下に〔訳注　帰国のための〕カーペットを敷くだけだ …」

　この逸脱と肯定との密接な関係は、核計画という非常にデリケートな分野においては特に、過去の屈辱の清算をしようとしている国にとっては特に、国際関係の重要な戦略の1つとなっている。それは国際システムの制度上の弱点を餌にしており、さらに古典的権力の「断固たる」反応を餌にしている。北朝鮮の例にイランの例が加わり、これらの新しい政策を説明するために、核兵器は、明日の戦争を準備したり阻止したりするための戦略的選択ではなく、自らを主張し、認識され、さらには恐れられるための手段として登場する。これらの逸脱した外交の意味を説明するのに、昨日の主人と対等になるという唯一の執念を持って北朝鮮が数十年にわたって行ってきた努力以上に適切な例があるだろうか？あたかも、関係者にとって信じられないほどの費用がかかった北朝鮮の核開発計画全体が、本質的に、2018年6月12日にシンガポールで行われた金正恩とドナルド・トランプの対等な握手を可能にするのに役立ったように。屈辱政策の特徴は、武力によって消滅するのではなく、自らに栄養を与えるのである。さらに、それがそれを実施する国の国際的地位を

向上させることを可能にする時、それらは持続するあらゆる機会を有する。

**

　抵抗や逸脱は、多くの場合非常に曖昧な境界によってひどく区別されているが、実際には国際システムの共通の産物なのである。かつて多くの国がそうであったように、彼らは統合の重大な欠陥を学ぶ。統合の欠陥は屈辱と密接に関係しており、統合の欠陥を巧みに管理することでその分離が制御されるのは当然のことである。国際的な社会統合政策だけがそれらを終わらせるか、少なくとも緩和することができる。

第9章　制御されない暴力

　今日の国際的に見られる暴力は昨日のものとは異なる。それはその例外性と秩序ある性質を失い、何世紀にもわたって獲得された伝統である規律を攻撃する軍隊にもはや対立しない。それはもはやこの対等な戦いの結果ではない。それはもうクラウゼヴィッツやカール・シュミットの規則には従わないのだ。ファイデルベがエル・ハジ・ウマルと戦った時や、キッチナーがアル・マハディと剣を交えた時など、かつてそれほど重要でなかったものが、ルールのようになり、深化して一般化した。

　社会の衝撃が国家とその軍隊の衝撃に取って代わられることも良くある。国際的に見られる暴力は社会的なものになったのだ。それはもはや国境とは関係がなく内部と外部の間の不穏な連続体を示しており、剥奪、欲求不満、そしてそれ故、屈辱と明確に表現されている。国家の論理では、拡散し断片化した社会的暴力を管理し封じ込めるのは非常に困難である。暴力は、ほとんど風土病のようなものとなり、社会的要求に同化し得るものとなる。熟練した起業家は、それを他の起業家と同様に、すぐに乗っ取り、誘導し、有利に利用するのだ …

　これらの「新たな国際紛争」は、かつて疎外され、認識が不十分であった暴力行為からではなく、この状況の変化から生じていると言うだけで十分だろう。深刻な、時には古くからの屈辱から生じるこのような社会的疎外の極端な形態は、いかなる軍事的解決にも消極的であり、実際、平和の構築方法の知識において新たな章を開かなければならない。

新たな紛争、新たな暴力

　戦争は地球内で進行し、新たな輪郭を帯びる。最後のバルカン半島の痙攣を超えて、ヨーロッパだけがもはや戦争の記録簿を厚くすることはない。旧大陸を離れ、戦争はまた、富裕層や権力者の領土を放棄し、昨日まで貧者や疎外されていた人々に向かって進んでいる。現在、南アジア、中東、アフリカが紛争の 75% 以上をカバーしているとすれば、富裕層が今日、せいぜい代理あるいは手段化によって戦争を行っていることは容易に理解できる。紛争は本質的に貧しい人々や弱者の問題となり、いずれにしても彼らが主な被害者であり当事者となる^{原注1}。したがって、小型武器の重要性が改めて高まっている^{原注2}。新たなこの社会と戦争の近接性もまた、ウェストファリア時代を通じて特徴づけられた専門化から生まれたのだった。したがって、最終的に、この役割は動員の過程で屈辱が作用しそれが新たな紛争の主な*原因*または*要素*になっていると言うのは、ばかげているが、それが主に紛争を日常化する傾向にあるメカニズムを助長しているように見える。私たちが論じているこの市場の論理では、暴力の形態は、社会的状況に応じてますます最適化する。社会的状況の訴えは、感じられた屈辱の響きとして構築されるが、これらはしばしば紛争を複雑にする。「軍閥」の戦略、略奪の欲望、あらゆる種類の取引に加えて、社会的な厚みが決定的なパラメーターになる^{原注3}。新しい紛争の大部分は国家の崩壊と関係しているだけに一層社会への加入が強くて重大なものになる。

　国家の失敗は、クラウゼヴィッツ的文脈からの紛争の出現を促進するが、同時に、それは彼らを市民の論理から遠ざけ、政治的調停を奪い、それによって社会の不満や憤りを自由にさせることになる。動員はもはや市民の忠誠に基づくものではなく、功利主義的な訴えとポピュリスト的な様式の組み合わせを前提としている。民兵や軍閥は物質的な提供を展開し、戦闘員に食料と衣服を与え、象徴的な提供を行って彼らに見せかけの誇りと存在を与え、受けた屈辱を思い出させてますます自己主張を強める。このようにして、これらの組織や民兵組織は、いとも簡単に少年兵を徴兵し、さらには、自分自身

や家族が受けた侮辱に対する復讐を求める若い女性さえも徴兵することが増えている。屈辱は新たな紛争を引き起こす社会的原動力として機能し、その結果、それを消去する手段として自らに紛争を課すことになる。この点において、私たちはウェストファリア戦争のモデルをまさに反転させた状態にいるのである。

　もちろん、この「戦争の再社会化」は、最初は脱植民地化のプロセスによって始まった。これはもはや2つの国家を互いに争わせるものではなく、植民地国家と社会——あるいは社会の断片——が、当初は屈辱を克服したいという願望を動機とし、動員されたのだった。おそらく、植民地国家の不満と、その戦士の記憶とが一致しなかったのは、敵対する戦闘員がパートナーシップに値する地位を正確に持っていなかった紛争であるために交渉することの困難さがあったのだろう。私たちは、今日の植民地戦争の残骸、特にイスラエルとパレスチナの紛争を通じて、この組織的屈辱の同じ繰り返しの影響を発見する。

　これらの解放戦争と現在の新たな形態の紛争の間には、ある種の類似点がある。残念ながら、多くの例を挙げることができる。血なまぐさいアフリカでのこうした方向性を確認できる紛争のほとんどは、昨日のシエラレオネやリベリア、今日のコンゴ民主共和国や中央アフリカ共和国のように、しばしば国家の崩壊と相関しており、彼らは軍隊の代わりに民兵を、政府首脳の代わりに軍閥を置く。したがって、それらは社会と戦闘員の間、動員に対する社会的動機と軍事戦略の間、民間犠牲者と軍犠牲者の間の区別がさらにできなくなる。対立する国家が存在しない場合、シンボルは政治を超えた、宗教的、民族的、人種的なものになる。*Hostis（公敵）* は *Inimicus（私敵）* に置き換えられる。敵はもはや古典的な戦争の基礎となっていた公共の徳を持たず、絶対的な憎しみの対象になる。もはや対話をすることもなければ、妥協することもない。交渉はほとんど不可能になる。

　シエラレオネの例は特に注目に値する。1961年4月に独立したこの旧イギリス植民地には、度重なるクーデターによって舗装された顕著な制度化の長い歴史があった。最初のクーデターは独立からわずか6年後に発生し、そ

の後、成功したり失敗したりしたが、数十回のクーデターが続いた。最後の
事例では、1991 年 3 月に革命統一戦線（RUF）がその指導者フォデイ・サイバナ・
サンコーの主導で最初のゲリラ行動を開始するまで、政府による死刑執行が
状況を急進化させた。祖国の軍の伍長だったこの男は、1967 年の最初のクー
デターに参加し、その後他の反乱の実行に積極的に取り組んだため、6 年間
の懲役刑を経て、その後放浪の生活を送った。彼の将来のリベリア人のパー
トナーであるチャールズ・テイラーと同じように、彼はムアンマル・カダフィ
の統治を知るようになった。疎外感と逸脱により、彼はある目的を持ってゲ
リラの道に戻った。それまでギニア湾沿いに集まった沿岸部の国家を統合し
ていた特に価値があったその内部にあるダイヤモンド鉱山を占領することだ。
　実際、独立以来、権力は大西洋の海に浮かぶ首都フリータウンにあった。
クレオール人が居住する沿岸地域は、国家の残存物と経済力を同時に保持し
ており、伝統的に商人の手に握られており、自らが近隣または遠方の海外と
直接接触していた。後背地は、地面の下深くに眠るダイヤモンドと、明らか
にその恩恵を受けていない極度の貧困にある人々を組み合わせたものであっ
た。^{原注5}フォデイ・サンコーが始めたような反乱行為はいずれも、この反対派を
利用しようとしたことは容易に理解できる。食べるものを見つけ、着るも
のを見つけて生き残ることができると極貧の人々へ自らアピールした。マ
チェーテ〔訳注　作物の伐採などに用いられるなたに似た刃物〕は、その残酷さの中
に、自分の存在とその肯定を与えたのだった。
　シエラレオネの出来事は示唆に富むもので、この新たな紛争はもはや対等
者間の競争ではなく、不均衡に基づいており、極度の社会病理学と権力の中
枢との対立領域であり、脆弱で幻想的なものであり、決して獲得されなかっ
た権威の失敗だけでなく、すべての権威の失敗が集中していることを明らか
にしている。フリータウンとその歴代大統領、ジョゼフ・サイドゥ・モモ少
将（1992 年まで）、バレンタイン・シュトラッサー大尉（1992 年－ 1996 年）、ジュ
リアス・ビオ将軍（1996 年）、アフマド・カバ（1996 年－ 1997 年と 1998 年以降）、ジョ
ニー・ポール・コロマ司令官（1997 － 1998 年）、特にアメリカとイギリスが主
導する国連、ナイジェリアが主導する西アフリカ諸国経済共同体（ECOWAS）

による介入勢力（ECOMOG）、また、ダイヤモンドに魅了されている近隣の国のほとんどと主要な貿易ルートの関係者もそこに見つけることができた。その一方で、不満を抱いた知識人の集まり、対立する士官や下士官、ぼろぼろで惨めな民兵が、極度の暴力に訴えることで孤立と劣等感を埋め合わせている。逸脱した外交が功を奏し、カダフィ大佐のリビアとブレーズ・コンパオレ大佐のブルキナファソが必然的に支援し、反乱と並行してこの紛争に介入するだろう。彼はブルキナファソ革命の父であるトーマス・サンカラ大尉を打倒したばかりであり、彼はその遺産からまだ利益を得ようとしてた。

　その後、紛争の構築そのものに屈辱が3度介入する。第1に、アクターのレベルでは、もはやこの新たな紛争は対抗軸と見なされる役割を演じる競合国家を最前線に置くようなことはしない。その代わり、統合できていない軍事的および知的サブエリートに対置されるのが破綻国家である。これらの弱い国家は、この統合を実行するための手段を欠いており、その一方で、彼らの極度の不安定さは武力による権力征服の継続的な機会を提供する。従って失敗した場合には抑圧、疎外、ひいては屈辱のサイクルに陥ることになる。この悪循環は、主要なアフリカ紛争を引き起こした多くの個人の軌跡の中に見られる。コンゴ民主共和国のローラン・デジレ・カビラが、1997年に権力を握るために非常に長いルムンバ主義〔訳注　コンゴ民主共和国の政治家で民族運動指導者のパトリス・ルムンバの急進的な反植民地主義を指す〕を掲げるゲリラを率いた絶望的停滞や、フランスでの戦闘機パイロットとして訓練され、チャドの諸大統領の側近における不安定な立場を経て、カダフィ大佐のリビアに地理的に近い北部ゲリラでの役割の間で揺れ動くイドリス・デビなどを挙げることができる。ポール・カガメはツチ族に属しており、そのことが理由で4歳の時に家族でルワンダを出国した。またそのことが理由でウガンダのヨウェリ・ムセベニ大統領に近づくことになった。ルワンダ国家を再征服するための行動を開始し、2000年3月に完了した … コンゴ内戦をさらに煽って闘争を延長するほどその男が受けた屈辱はすさまじかった。戦争がなくなっても、コンゴ・ブラザヴィルの記憶には、高名な将校だったマリエン・ヌグアビ大尉の姿が刻まれている。1966年に政治的抗議活動に身を投じたことで、1969年

1月のクーデターで急いで大統領を追放したマッサンバ＝デバ大統領によって「一等軍人」の階級にまで降格された。エリートを政治秩序に統合することが組織的、時には戦略的に不可能である場合、直接的に好戦的なものとなる。まさに追放による屈辱を生み出す。これは、少なくともこの犠牲になった人々の目には、結局のところ、武力でしか対処できないように見える。

　第 2 に、屈辱は*政治システムを分断*するものでもある。シエラレオネでは権力と富が沿岸部の首都周辺に集中し、後背地は略奪やレント〔訳注　石油やダイヤなど鉱物資源の外生収入〕で生きる者たちとで二分される。多くの者がそれで儲けているため、視角効果はさらに恐るべきものになる。そこでは結束の強い地元の少数エリートが、外部の関係者、北の先進諸国、国際機関、大企業にとって、よりコストのかからない対話者になる ... 国内の不均衡は、あらゆる屈辱の根源であり、宗教的、部族的アイデンティティの媒介によってそれが強調され、象徴化される。長期的には不均衡が破滅的なものであっても、短期的には見返りがあり、特に外部権力にとっては多くの便宜がもたらされるのである。

　コンゴ民主共和国では、1996 年にバニャムレンゲ族の排除が戦争再燃の発端となった。イギリス政府がイスラム教徒の北部とキリスト教徒の南部との間に厳格な分離を課していたスーダンでは、1956 年の独立以来実質的に両者の間の対立が煽られ、それが熟してしまい、すべての不平等の根源になった。1958 年 6 月にハルツーム議会が、南部地域が要求した自治権の付与を拒否したことが、決裂との衝突を引き起こす十分な理由となった。シエラレオネの場合と同様、この多数派のキリスト教徒たちは政治的、経済的、社会的、文化的に疎外される状況にあり、特にエリート層の間で顕著であった。20 年以上にわたって南部反乱の誰もが認める指導者だったジョン・ガランは、スーダン軍で将来性のない大佐だった 1983 年に、アメリカで取得した卒業証書を携え反乱軍に加わった。彼の後継者である南スーダン初代大統領サルバ・キールは、1983 年からハルツーム軍における自らの非常に低い地位に行き詰まりを感じて、彼に従うことを選択した。シエラレオネの場合と同様、この屈辱は、南スーダン人が恩恵を受けなかった石油、銅、亜鉛、金

などの豊かな地下資源があるだけに一層強かった。

　同じ分析がマリにも当てはまる。植民地化に特有の状況により、サハラとサヘルの国境が分断され、区画化されていった。同時に彼らは、権力と意思決定の中枢を中心に形成された南部と、遠隔地と人口の少なさから周縁国家に追いやられた北部からなる、フランス領スーダンが創設された。これがマリとなった。マリでは、トゥアレグ族とアラブ人の地位が決定的でなく、彼らは、独立以来、そしてそれ以前から、*事実上 (de facto)*、政治的、経済的ゲームから排除されるなど、民族的特殊主義において劣等感を持っていた。1972年、1974年、1984年から 1985年の干ばつによって経済状況が悪化するにつれて、このことはいっそう感じられた。[原注6] この悪化は農村から都市への移住を促進し、非常に多くの社会不安を引き起こした。これによって非公式で明らかにマフィアが牛耳る地下経済が繁栄することになった。それへと視線の先を向ける方法を知っていた人々の移動を加速し、リビアとアルジェリアへの歩みを加速させた。彼らの帰還は、後に緊張を高めるだけだった。国境は障害物から天の恵みとなり、密輸の存在意義をもたらし、国民に食料を与え、すぐに主要な資源となった。国家は役に立たなかった。人々は国家を回避し、工夫することを学んだ。すなわちすべての人に奉仕することですべての人に役立つ取り決めによって。[原注7] 同化されず、民兵組織による嫌がらせを受け、家畜も破壊され、特に隣国ニジェールで鉱山会社によって追い出されたトゥアレグ人については、時間をかけてアメリカ国務省が自分たちの地域を次のように表現するに至った属性を集めた。そこは*テロリストエリア*だと。[原注8] 囲いこみは完成した …

　3 番目のレベルの屈辱は*国際的舞台*でのものである。もちろん、国際機関が作成したランキングを参照すれば、それは明らかだ。シエラレオネは、HDI（国連開発計画によって計算され、経済、健康、教育指標を組み合わせた人間開発指数）で 180 位にランクされている。マリは 182 位で、*同列*で 186 位のコンゴ民主共和国とニジェールを上回っている。ユニセフによれば、後者の国では、2013 年の最初の 8 ヵ月間で 2,500 人の乳児死亡例が発生した。しかし、国際的に大国が占領している場所が現場で目に見えてわかるようになり、感じら

れる不幸と直接関係するようになると、この不平等は屈辱的なものになる。シエラレオネのダイヤモンド商人も同様で、彼らは戦闘員の食料や武器購入のための支払いと引き換えに、ヨーロッパに送られた富を強奪している。これは、ニジェールの鉱物資源（特にウラン！）、コンゴ、シエラレオネ、スーダンの石油の開発に当てはまる。紛争自体も同様であり、北方諸国のそれぞれが、善意または悪意の名の下に自らのゲームを危険にさらしているが、多くの紛争の新しいメカニズムに常に古い戦争法を加えている。アフリカ社会が苦しむ病理の深さから生まれたこの対立の自発的または非自発的な仲間である昨日の権力は、近くまたは遠くから操作し、時には利用する者たちとしてすぐに認識される。これが、これらの紛争が反西側の想像力を急速に刺激し、一方で北側の不幸な取り組みがアフリカを巨大な戦争社会へのゆっくりとした変容を助長しているのである。

　システムの影響が否定できないだけに、この現象はさらに深刻である。戦闘員の*機動性*がこの要因であり、たとえナポレオン戦争までは、境界線を越えたり、重罪を犯したりする傭兵を観察することはまだ珍しいことではなかった。だが、ヨーロッパでは国家の硬直化によって非常に早い時期にそれが消去されてしまった。屈辱はあったが、近代に入ると国家間の非難によってすぐに解消された。それどころか、アフリカとアジア、そしてしばしばこれら２つの大陸の間での戦士の移動は、アフガニスタンからマリへ、リビアからチェチェンへ、あるいはイエメンからシリアへ、そして戦闘的でさえある真の共同体を生み出す驚くべき拡大の源となっている。そしてそれはヨーロッパの郊外まで広がっている。このように屈辱の感情は、この「国際」に成長のみを求める集合意識を与えることができる。つまり、暴力の起業家たちは、明らかにそれを、国家、軍隊、伝統的な外交を排除する移動戦略の不可欠な要素としているが、それはイスラム教徒のウンマ（共同体）の考え方と、国家間システムの代わりに世界空間の別の構成を置き換えるプロジェクトに完全に適合している。

　キリスト教徒とイスラム教徒の間の対立が中央アフリカ共和国の政治システムを構築するまでのスピードは特に顕著で、2013 年を通じてゆっくりと

終焉を迎えた。まるで中央アフリカの社会危機の深刻さが、コミュニティ間、そしてこの場合は宗教間の対立の活性化の中で感じられた失敗を具体化するのに必要だったかのように、あらゆることが起こっている。権力闘争はこうした統合の欠陥を露わにする中で始まる。このようにして、2013年3月のクーデターで、ミシェル・ジョトディアの政権奪取を許した「連合」武装集団セレカがイスラム教徒であったことが突然判明する。それまでイスラム教は事実上何の役割も果たしていなかったアイデンティティであったのに …

したがって、独立以来証明されているイスラム教徒の少数派の疎外は動員の議論となり、反乱とフランソワ・ボジゼ前大統領の打倒に社会的意味を与え、復讐行為の背後に隠れた略奪の理由にもなった。 2013年の夏を通じて、教会の破壊と略奪により、特にキリスト教徒とイスラム教徒のコミュニティが交わる地理的国境で日常生活が分断されることになった。キリスト教徒の殺害はイスラム教徒の殺害によって自動的な応答となった。昨日の疎外された人々の屈辱は、権力掌握のゲームを促進する原動力として機能した。その証拠に、2013年12月にフランスが開始したサンガリス作戦にも関わらず（あるいはそのせいで?）、ミシェル・ジョトディア大統領辞任以降も自力で秩序を構築することができない中央アフリカ共和国において、こうした緊張が定期的に再発しているのである。

暴力と社会統合

したがって、現代の国際システムの最も注目すべき側面の1つは、それに影響を与える暴力の極端な分散化によるものである。後者は拡散し断片化されており、グローバリゼーションの深遠な性質に対応するネットワークの構成を採用している。クラウゼヴィッツのような正面戦争からますます遠ざかりつつあるこの新しい形態の国際的に見られる暴力は「テロリズム」という用語であまりにも性急に説明され、それを単純化して、ある者は「抵抗行為」、他の者は「絶望的な行為」「デモ」、または「狂信」と認識する非常に異なるタイプが共存する複合的な全体像を作って単純化してしまう。一方でそれ

は、例外的かつ非常に間接的に、国家である専門請負業者によって支援されている。他方でそれは、その拡大を助長する社会状況と結びついており、多かれ少なかれ、さまざまな形の癒着を呼び起こす。つまりこの暴力は、その後、起業家の呼びかけに応じるか、あるいはある種の同情を与えるかのどちらかである。これらの中心——驚きと動揺——には、しばしば深刻なアイデンティティの危機、不完全な統合、悪化する疎外感、社会的上昇の挫折などから構成される、さまざまな態度体系が混在しているのだ。ここでは、グローバリゼーションを説明する際に古典的でおなじみとなっている特性によって引き起こされる屈辱のさまざまな症状が見られる。

　この新たな暴力の当事者たちは、独自のルートを通じてそれを実証している。9.11ハイジャック犯のリーダーと見なされているモハメド・アタは、アノミーと打ち砕かれた希望の組み合わせを反映している。ナイルデルタ地帯で弁護士の息子として生まれ、ギザで育ち、エジプトで建築の学位を取得した。彼は研修を修了するためにドイツに行き、ハンブルクで学んだものの、最終的には自動車セールスマンとしての仕事に就き、放置していた論文と並行してその仕事に就いた。パレスチナ、特に1996年のイスラエルによるカナ砲撃の光景に対して抗議し怒りを募らせた。

　他の多くの9.11の関係者にも大きな類似点がある。彼らのうちの何人かは、その放浪によって区別される。フェイズ・バニハマドはオーランド在住だった。アハメド・アル・ガムディはアメリカに定住する前にチェチェンで過ごした。ハニ・ハンジュールはサンディエゴ在住だった。裕福なスンニ派の家庭に生まれたレバノン人のジアド・ジャラは、まずドイツに語学留学し、その後ハンブルクでも工学系の訓練を受けた。その後、チェチェンとアフガニスタンを経由してアメリカに合流した。チェチェンでは、もう1人のハイジャック犯、サイード・アル・ガムディと一緒にいた。

　アルカイダ指導者ビンラディンの忠臣で後継者であるアイマン・アルザウアヒリとの放浪の行程も同じだ。アイマン・アルザウアヒリは、故郷のエジプトを離れアフガニスタン、そしてチェチェンへ向かった高名な薬剤師であり医師であり外科医の息子であった。イエメン出身でアルカイダの会計担当

者であるラムジ・ビン・アル・シブはカラチで逮捕されている。組織の勧誘員の1人、シリア生まれのモハメド・ハイダル・ザマールは、10歳でドイツに移住し、そこで鉄鋼労働者としての訓練を受け、トラック運転手として生計を立てていた。イラクのアルカイダを率いたアブー・ムサブ・アル・ザルカウイは、ヨルダンで放蕩と疎外の人生を歩み、大酒飲みで入れ墨を入れ、強姦と窃盗で有罪判決を受けた。彼はメソポタミアに到着する前にアフガニスタンに向けて出発した。9.11の攻撃の共犯者と推定されるフランス系モロッコ人のザカリアス・ムサウイはペルピニャンで学び始め、その後ロンドンに移り、その後チェチェン、そしてアフガニスタンに渡った。

　すでに列挙された非常に多くの現象を代表するアクターが挙げられる。西洋諸国への引力と反発、グローバリゼーションへの統合とイスラム主義の戦場を旅したいという願望を抱く行程、永遠の不完全さの中に行き詰まった上昇への希望、流動性の中に閉じ込められたアイデンティティそして多国籍性。ジル・ケペルは、トゥールーズとボストンの殺人事件を調査して類似のロジックを発見している。^{原注9}最初の事件は2012年3月に発生し、数名のフランス兵、ユダヤ人学校オザール・ハトラの生徒および教師に致命傷を与えた。2回目は1年後、ボストンマラソンで観客の多くが負傷し3名が死亡した。

　引力と反発という現象を代表する多くの関係者がすでにリストアップされている。ケペルは、この種の攻撃は、9.11の「大規模な」モデルにはもはや適合できないジハードの小規模かつ分散型の再構築であると強調する一方で、これらの攻撃者の行程の中に、同じものがあることを発見している。それはグローバリゼーションと西洋諸国への統合の失敗の兆候を示すものであり、社会不安と無規律状態の混合物でもある。モハメド・メラは、父親が住んでいるアルジェリアと彼が育ったフランスの間で、失敗した統合の痕跡をすべて組み合わせている。定住できない複数の養護施設の狭間で。世間と、暴行や暴行、バスへの石投げ、複数回の侮辱などからなる慢性的な非行との狭間で。学業の失敗と、継続のない雑用の仕事の狭間で。自由と刑務所の狭間で、彼はコーランを読む以外に何もすることがなかった…ツァルナエフ兄弟は、高い社会レベルで同じ兆候を示しており、アメリカでの統合の失敗も同じだ。

兄はボクサーという職業、放蕩、そして厳格なイスラム教の発見の間で進化
した。メラはパキスタンに残り、その後アフガニスタンに滞在する。ツァル
ナエフ兄弟は北米とコーカサス、そして明らかにチェチェンの間で引き裂か
れている。全員がイスラム嫌悪の風潮にさらされており、毎日繰り返される
屈辱が重しとなっている。

　アフガニスタンとパキスタン(「Afpak」)への絶え間ない言及には、何か象徴
的なものがある。アフガニスタン紛争とその南の隣国への影響が、3 分の 1
世紀にわたってイスラム主義がさまざまな形でその水準を高めてきた戦場と
なっているからだけではない。そして何よりも、パキスタンが苦境にある
社会の優れた模範であるからである。人間開発指数のランキングで世界で
141 位にすぎないこの国は原子力爆弾を持つ。この国の戦争への関与により、
10,000 人の非戦闘員民間人を含む 35,000 人の死者が出た。テロ攻撃だけで約
5,000 人が死亡した。そこでの避難民の数は数十万人に上り、活動の経済的
コストは約 350 億ユーロ、年間 GDP は 1,650 億ユーロに達する。

　人口流出によって故郷を追われ、社会統合が弱過ぎることによる犠牲者た
らが過密で設備の整っていない都市に群がっている。貧困と栄養失調が都市
部に転嫁され、隣国インドと果てしなく続くアフガニスタン紛争の二重の圧
力にさらされ、特に若者の自殺率で最も恐ろしいスコアを記録している。パ
キスタン人の苦しみは社会病理の象徴的な事例である。テロリズムを維持し
ているとあらゆる面から疑われ、汚名を着せられ、イスラム過激派の不寛容
と同一視されることになった。タリバンを「創り上げ」、ビンラディンを庇っ
たことで戒められ、彼らは国際社会での地位を永遠の屈辱にさらされながら
生きている。まるでその屈辱にこだましているかのように、パキスタンは世
界でも主たる「世界の火薬庫」を構成しているのだ。

　パキスタンは、グローバリゼーションの脆弱性とそこから生じる国家統合
の失敗を反映する類型に完全に当てはまる。これがさらに失敗すると、明ら
かに屈辱感が増幅される。グローバル化され支配されたシステムでは、必然
的に感じられるフラストレーションに国際的な側面が加わる。統合が不十分
な社会は──カラチ郊外やサヘル地域の村出身の──個人と国際システムと

の間のフィルターとして機能する。このフィルターは同時に、過激主義、つまり外部的で遠い他者の非難を奨励する一方、自分自身を優れたものであると思い込む。

　この統合の欠如は世界空間の社会に不公正な影響を与えているが、それはまさに世界の新たな戦場が出現している場所においては顕著である。国家統合の欠如、政治的統合の欠如、社会的統合の欠如など、さまざまな形態に区別される。グローバリゼーションの状況においてさえ、そしておそらくはさらにそうかもしれないが、*国民統合*の欠如は屈辱的な機構として機能する。パレスチナ人、クルド人、サハラ人、トゥアレグ人のように国家として存在が認められず、さらにそれに対して誰も異論を唱えないということは、社会的屈辱の極みであり、実際、地位という概念の否定そのものである。さらに同じところにいるのに、権力にアクセスする機会が限られたマイノリティの状況で生活していることが、屈辱を増大させる別の社会的要因として際立つ。これは、フィリピンのイスラム教徒のモロ族、インドのイスラム教徒、社会的に追いやられ、将来の不安定の原因となる可能性がある。中国のウイグル族は少数派となり、自分たちの領土内で支配され、原理主義者の呼びかけにますます敏感になっている。さらには 2011 年まで南スーダンのキリスト教徒も同様だ。意思決定を司る中央へのあらゆるアクセスを決定的にブロックする高度に部族化した社会にも同じことが言える。

　*政治的統合*の欠如は、1991 年以降のソマリア、2003 年以降のイラク、今日の中央アフリカ共和国やコンゴ民主共和国などで見られる有効な国家共同体を欠いている破綻国家の特徴である。組織化された政治共同体の欠如だけが定着しているわけではない。疎外とアノミーが明らかに特殊主義、地位の不平等、憤りを強化する。それは、代表されておらず、必然的に犠牲者となる個人の態度は国際秩序を非難することに急速に向かう。このような形態の政治的統合の欠如に、今度は参加の機会の欠如と、政治を外部、さらには外部の者として捉えるビジョンに基づいて、別のタイプの排除が加えられる。これはあらゆる権威主義の常態である。そして、これが暴力起業家が最も自己主張の強い独裁政権においていとも簡単に人材を集め、永久に排除された

人々の屈辱を簡単に利用できるのかを説明する理由である。サウジアラビア、さらにはバロチスターンのようなイランのスンニ派地域での積極的なジハード主義の進展と同じくらい、シリアとスーダンでのイスラム主義者の抗議活動の成功が見られる。都市内で追放された人々は、国際システム内での追放の犠牲者と同じ道をたどり、最終的には西ヨーロッパの「イスラム郊外」内であっても同じ疎外を糧とすることになる。[原注10]

　最後に、*社会的統合の欠如*は必然的に同じ結果をもたらす。グローバリゼーションの中で当たり前となっている社会発展と、可視化が進んでいる社会発展との間に大きな差異があることによる欠陥である。南の社会では、富める者と貧しい者との間の欠如がますます顕著になり、欧米の消費基準からは屈辱的なほど遠くなる。彼らの惨めな状況がなおさら北に目を向けて西洋の消費と同調する人々と、永続する不安定な状況に定住する人々を隔てる。

　間違いは、ウェストファリアのヨーロッパで、対峙する勢力に対して私たちがかつて反応していたように、これらすべての病理を治療できると真剣に信じたことだった。脅威という概念自体が伝える幻想に惑わされ、旧世界の政府は、古典的な権力手段に不安定化のリスクがあっても十分に有効な解決策があると信じて、鏡わな〔訳注　ヒバリなどを捕獲するための罠を指す。転じて魅惑的だが誤解を招くものの意〕に賭けてきた。脅威が個人および財産の完全性に対する攻撃である場合、同じ秘訣に頼れば病気が消えると信じるのは間違いである。私たちはいつか、気候変動や経済を圧迫する脅威と武力で戦うべきなのか？それとも社会保障制度のことで？

　間違った治療を受けると、実際には病気が悪くなる。統合の失敗は、社会的処遇と政治的余剰を想定しており、実際には制度やイノベーションの失敗をもたらす過度の権力の私物化によって犠牲にされている。マリで蔓延している武装集団に対する救済策として武力を行使することは、サヘル地域に影響を及ぼしている不快感の本当の原因を見逃してしまう可能性がある。多くの場合少年兵である戦闘員を「破壊」することは、あらゆる恨みと屈辱をかき立てる戦争ゲームを日常化するだけだ。パキスタンで無人機を使用し、一方の側だけに犠牲者を与えるという特殊な戦争を行うことは、特に無人機が

民間人を大量に攻撃する場合には、同じ結果につながる。たとえ完全に信頼できる数字を提供することが困難であっても、たとえアメリカ政府がその情報を否定したとしても、主要な人道NGOはすでにアムネスティ・インターナショナルのように、イエメン、特にパキスタンでドローンの働きによって多数の民間人犠牲者が殺害されていると報告している。さらに一般的には、戦闘から逃れてきた難民や避難民の間で犠牲者が発生している ... 推定では無実の死者が350人から900人の間で変動する。[原注11]何千キロも離れた何の危険もない場所に置かれた無神経な工作員によって遠隔操作される機械によって、自分の愛する人たちが殺されるのを見るのは、これ以上にない屈辱である。

　あらゆる種類の社会運動、抗議活動や逸脱した外交、暴力や残虐行為を含む新たな紛争は、何年経っても色褪せない。国際ゲームでは常態化する屈辱が、ルールを揺るがし、新たな危険を生み出し、多くの場合、克服が困難な新たな機能不全を引き起こす。始まっているプロセスは恐るべきものである。今回は、もはや冷酷な怪物ではなく、合理的な戦略家が責任者となっている。合理的な戦略がそこに居続けるのなら、国際的な力関係の重要な部分が見逃されることになり、だが、この大規模な感情の侵入が状況を大きく変えることになるだろう ...[原注12]

　これらの傾向——あらゆる種類の人種差別、あるいは恐ろしいことに流行しているイスラム恐怖症[原注13]、さらには単に「対人恐怖症」[原注14]によって常に強化されている——は、悪循環に陥りやすいという点でさらに憂慮すべきものである。さらに、悪魔的な二重論理を持つ。なぜなら、屈辱は、ある日屈辱を与えられた者が、屈辱を与える者になって復讐しようと考える歪んだ反応によってさらに鋭利なものになるからである。これはシオニズムの行き過ぎに関してエスター・ベンバッサが指摘していることであり、これはイスラム急進主義の言説や実践にも同様に一般的に見られるものである。[原注15]屈辱は、それを引き起こした過失の影響によって再生し続けるのである。

結　論

　行動と変化のためにどれだけの時間が残されているだろうか？最も単純な答えは、多くの場合、運命に身を委ねるということである。屈辱は普遍的な社会的特徴であり、他のソーシャルゲームと同様に、いつでもどこでも、すべての国際ゲームで見つかる。だが、それを和らげたり、ごまかしたりすることはほとんどできない。結局のところ、これが、礼儀正しさと敬意の制度化の一形態である外交議定書の規則が発明された理由でもある。

　だが、私たちは別のことを論じた。地位の追求の中で経験した失敗に関連して、屈辱はシステム効果に属するということ、実際、ウェストファリアの秩序の崩壊の一形態から派生したシステムの効果に対して、初期の頃は、それぞれ建国したての国家がその双子である国家のみと競争する、ある種の静かな平等が培われていたということを論じた。

　国際的日常の社会化とグローバリゼーションにより、物事は異なった方向に進んだ。人民は復讐に影響を与えただけではなく、復讐に社会的な深みを与え、それがすぐさま戦士間の新たな調停の数々を作り上げることにつながり、とりわけ屈辱を主要な内容とするイデオロギーをもたらした。グローバリゼーションの影響で、すぐに考えられないほどの多数の侵入者が誕生した。小国家、遠い国、エキゾチックとさえ呼ばれる文化圏の者たち、しばしば原始的で、かろうじて「歴史に登場」したと考えられている者、新たな富裕層、さらに悪いことに、彼らは外交界とは何の関係もない非国家主体として認識されている。

　社会学はこれらの症状をよく認識している。グローバリゼーションは新た

な不平等を生み出し、それが制御されない限り、これには多大な軽蔑、平等の拒絶、そして汚名を着せること糾弾によって対処することになる。緊張が強ければ強いほど、それに対する反発も強くなり、悪と悪が戦うという悪循環が形成される ...

これは私たちに本質的な問題をもたらす。つまり、ウェストファリア体制はあまりにも構造的で、機能的であり、排他的すぎて、グローバリゼーションに自発的に適応することができないということだ。通常のプレーヤーにとっては、ルールを簡単に変更するには多くの利点がある。だが、大きな不幸は、古典的秩序があまりにもよく知られ、あまりにも愛されているため、新しいグローバル化された秩序を支持するために脇に追いやられることはないということだ。私たちが理解していないこと、知らないことは、古典的勢力は怖い存在として機能することを考慮に入れることに同意しているだけだということだ。多国間主義は、ある意味この古い秩序を超えるために発明された。多国間主義は実際には、古い秩序に忠誠を誓い、その後ろ向きな規律に屈する必要があった。ウェストファリアの祭壇の一部ではなかったが、現在そこに近づいている人々は、今度は古い秩序に敬意を表し、その慣習を採用することに喜びを感じている。そのたびに、屈辱の戦略が再び機能する。

しかし、これは結局のところ、他の政策と同様、国家によって生み出された政策であり、国家は日頃から失敗すなわち、この新たな現実に対する盲目さがもたらす代償を把握することができる、したがって、必要な労力や調整コストに関係なく、これらは分析される。

屈辱——とそれが国際システムに及ぼす機能不全の影響——は、グローバル化の観点から国家の地位が再設計されれば、後退する可能性がある。それが知らないままにされることは前代未聞である。西洋のむこうにある「世界の残りの部分」をもはや単に西洋の付属物として考えることはできない。ウェストファリア体制に特有の文化的均質性は終焉を迎え、ヨーロッパはもはや、4世紀にわたって続いた世界の戦場ではない。今日、弱者は、グローバリゼーションが新たな資源をもたらし、これまでの均衡や旧来の大国に影響を及ぼすことができること、苦しむ可能性があるが、害を及ぼすことができること

を知っている。協調主義はもはや全能の頂点ではないがもはや力だけではすべてを解決することはできない。ガバナンスはもはや排除だけでは成り立たないからだ。

　昨日までの権力者にとって、効果を発揮するには少なくとも 3 つの変革を達成する必要があり、新しい外交政策の選択肢が浮上していることがわかる。それはまず、他者性の政治を自らに課すべきであるということである。今日、国益にかなう最善の方法は、国益を他者との関係で再考することだ。もはや、優越すべき永遠のライバルや、規制が必要な家臣として他者について考えるのではなく、より一層機能するパートナーとして考えられていく必要がある。他者を平等な立場に保つ方法を私たちが知っているなら、彼に話しかけ、認め、受け入れ、彼をあらゆる不信の当然の受け皿にしてはならない。これは、ブルジョアジーが、長い間軽蔑し、その想定される危険に取り憑かれていた労働者階級の完全な市民権を認めることによって、覚悟を決めなければならなかったのと同じ必要な姿勢である。家庭教師はもはや存在せず、ましてや自称警察官も存在しない。私たちはもはや、中傷されるリスクを負わない限り、自分自身をモデルとして提供することはない。

　外交政策は、戦略的検討をはるかに超えたこれらの複雑な新たな現実を考慮し、*社会的*でもなければならない。つまり、世界はもはや冷酷な怪物同士のクラブゲームの結果ではなく、それ以上に、社会的事実の絡み合いである。もはや*悪者* (bad guy) や糸引き者に還元することはできない。国際的な社会政策を構想し推進し、70 億人の人類の社会統合に向けて取り組むことは、時代遅れの政治・軍事的課題に固執するよりも、最新の安全保障の要件を満たすためにはるかに緊急を要するものである。

　最後に、この政策はウェストファリアのキメラや、あまりにも時代遅れすぎて効果的で魅力的ではない権力の蜃気楼から解放されてのみ存続することができる。*多国間主義*を再考し再生することによってのみ回復でき、最終的には冷戦の結果生じた歪みから解放される ... 相互依存の世界では、相手の側に立って行動することがますます適切になっている。そうすることを有益かつ合法的に行うためには、それは自分たちを強力であると考える人々の名

ではなく、全員の名において行われなければならない。

　実際、国際関係はグローバル化、相互社会化して、ほぼ1世紀前に国家が認識し、国内で最終的に受け入れざるを得なかったシステムの影響をようやく発見し始めている。勝利する外交政策とは、おそらく、この新しい範囲と論理の中で、新たな利益のための資源を見つける外交政策である。その間、屈辱は依然としてあらゆる保守主義の失敗の主な痕跡となるだろう。それは、ポストウェストファリアの世界において他者性を考えることの難しさを示しているということでもある。

197

原　注

新版の序文

1　Voir notamment le débat organisé autour du livre par Robert Jervis, professeur à l'Université Columbia（New York）: http://issforum. org[1SSF/PDF/1SSF-Roundtab1e-10-10.pdf.

序　論

1　Gernet（J.）, Le Monde chinois, Paris, Armand Colin, 1972, p. 507.

2　Nouvel Observateur.com, 14 mai 2013.

3　Durkheim（É.）, Les Règles de la méthode sociologique（1895）, Paris, PUF, 2007.

4　Nietzsche（F.）, Généalogie de la morale, Paris, Gallimard, « Folio », 1985（1887）, IIIe partie ; Scheler（M.）, L'Homme du ressentiment, Paris, Gallimard, 1970（1912）.

5　Durkheim（É.）, Les Règles de la méthode sociologique, op. cit. , Merton（R.）, Éléments de théorie et de méthode sociologiques（1949）, Paris, Plon, 1965.

6　Lindner（E. G.）, Making Enemies : Humiliation and International Conflicts, Londres, Praeger, Greenwood pub. , 2006.

7　Scheff（T.）, Bloody Revenge : Emotions, Nationalism and War, Chicago, University of Chicago Press, 1990.

8　Staub（E.）, The Roots of Evil : The Origins of Genocide and Other Group Violence, Cambridge, Cambridge University Press, 1989.

第1部　国際関係史における屈辱または新たな社会病理の発見

1　Dennis Smith établit un lien fort entre la mondialisation et l'humiliation, cf. Smith（D.）, Globalization : The Hidden Agenda, Cambridge, Polity Press, 2006.

第1章　共同生活の罠

1　Durkheim（É.）, De la division du travail social, Paris, PUF, 1973, p. XLIII.

2　Ibid., p. 343.

3　Ibid., p. 370.

4　Badie（B.）La Diplomatie de connivence, Paris, La Découverte, 2011.

5　Volgy（T.）, Corbetta（R.）, Grant（K. A.）, Baird（R. G.）, « Major power status in international politics », in Volgy（T.）et al., Major Powers and the Quest for Status in

International Politics, New York, Palgrave, 2011, p. 16.

6   Rousseau (J.-J.), Discours sur l'origine et les fondements de l'inégalité parmi les hommes, Paris, Gallimard, « Folio », 1996 (1755) ; Honneth (A.), La Société du mépris, Paris, La Découverte, 2006, p. 48.

7   Morgenthau (H.), Politics Among Nations. The Struggle for Power and Peace, New York, A. Knopf, 1964 (1948), p. 73.

8   Ibid., p. 82.

9   Cf. Lindemann (T.), « Peace through recognition : An interactionist interpretation of international crisis », International Polical Sociology, 5, mars 2011, p. 68-86 ; Lindemann (T.), Saada (J.), « Les théories de la reconnaissance dans les relations internationales », Cultures et Con/lits, 87, 2012, p. 7-25.

10 Sédouy (J.-A. de), Le Concert européen, Paris, Fayard, 2009.

11 Honneth (A.), La Lutte pour la reconnaissance, Paris, Le Cerf, 2000.

12 Ricoeur (P.), Parcours de la reconnaissance, Paris, Stock, 2004.

13 Volgy (T.) et al., Major Powers and the Quest for Status in International Politics, op. cit., p. 20 et s.

14 Gilpin (R.), War and Change, Cambridge, Cambridge University Press, 1981.

15 Dumas (R.), avec Badie (B.) et Minassian (G.), La Diplomatie sur le vif, Paris, Presses de Sciences PO, 2013, p. 43.

16 Hajnal (P.), The G8 System and the G20, Burlington, Aldershot, Ashgate pub., 2007, p. 41.

17 Ibid., p. 42 ; Clinton (W.), My Life, New York, Vintage, 2005 (2004), p. 750 et s. , tr. fr. Ma vie, Paris, Odile Jacob, 2004.

18 Lemay-Hébert (N.), « La situation au Kosovo », in Albaret (M.) et al., IIS Grandes Résolutions du Conseil de sécurité des Nations unies, Paris, Dalloz, 2012, p. 242-243.

19 Kant (E.), Les Fondements de la métaphysique des mœurs, Paris, Livre de Poche, 1993 (1785) ; Honneth (A.), In Société du mépris, op.cit., p. 237.

第 2 章　蔑みまたは無秩序な権力

1   Bély (L.), « Négocier la paix, de Westphalie au temps des révolutions », in Petiteville (F.), Placidi-Frot (D.), dir., Négociations internationales, Paris, Presses de Sciences PO, 2013, p. 171-198.

2   Schmitt (C.), La Notion de politique, Paris, Flammarion, 2009 (1932), p 64

3   Ibid., p. 165.

4   Ludendorff (E.), La Guerre totale, Paris, Perrin, 2010 (1935).

5 Clausewitz (C. von), De la guerre, Paris, Rivages poche, 2006 (1886), p. 319.

6 Contamine (P.), La Guerre au Moyen Âge, Paris, PUF, 1980, p. 458.

7 Moeglin (J.-M.), Les Bourgeois de Calais, Paris, Albin Michel, 2002.

8 www.clg-curie-etampes.ac.versailles.fr/spip.php

9 Liechtenhan (F. D.), Élisabeth Ire, Paris, Fayard, 2007, p. 190.

10 Morgenthau (H.), Politics Among Nations, op. cit., p. 213-214.

11 Ibid., p. 8.

12 Niebuhr (R.), Moral Man and Immoral Society, New York, C. Scribner's, 1947 ; Morgenthau (H.), Politics Among Nations, op. cit., ch. 15 ; sur Morgenthau et la morale, cf. aussi Scheuerman (W. E.), flans Morgenthau : Realism and Beyond, Cambridge, Polity Press, 2009.

13 Grotius (H.), Le Droit de la guerre et de la paix, Il, XX, XV 2-3, p. 491.

14 Ibid., p. 492.

15 Ibid., p. 493.

16 Fichte (J.), Fondement du droit naturel selon les principes de la doctrine de la science, Paris, PUF, 1984 (1796).

17 Poumaréde (G.), « Négocier près la Sublime Porte », in Bély (L.), dir., L'Invention de la diplomalie, Paris, PUF, 1998, p. 71-85, notamment p. 81.

18 Mably (abbé de), Collection complète des œuvres, Paris, Desbrière, 1794, tome 6, p. 37.

19 Engelhardt (E.), La Turquie et le Tanzimat, A. Cotillon, 1882, tome 1, p. 170-172.

20 C/l Badie (B.), L'Etat importé, Paris, Fayard, 1992.

21 Losurdo (D.), Contre-histoire du libéralisme, Paris, La Découverte, 2013, p. 262 et s.

22 Ibid., p. 281.

23 Ibid., p. 349.

24 Ibid., p. 253.

25 Ibid., p. 114.

26 Ibid., p. 280.

27 Ibid., p. 259.

28 Callahan (W.), China : The Pessoptimist Nation, Oxford, Oxford University Press, 2010.

29 Gernet (J.), 1k Monde chinois, op. cit., p. 505.

30 Elliott (J. E.), Some Did It for Civilization, Some Did It for Their Country : A Revised View of the Boxer War, Hong Kong, Chinese University Press, 2002.

31 http://chine-ancienne.e-monsite.com/pages/la-premiere-guerrede-I-opium.html

32 Hérisson (comte d'), La Destruction du palais d'Été, Paris, France Empire, 2012 (1860), p. 177.

33 Chang (I.) Le Viol de Nankin, Paris, Payot, 1998, p. 157-158.

34 Yoshida (T.), The Making of the Rape of Nanking, Oxford, Oxford University Press, 2006.

35 Ibid., p. 11.

36 http://chine-ancienne.e-monsite.com/pages/la-premiere-guerre-de-I-opium.html

37 Lettre au capitaine Butler, http://www.chine-informations.com/ guide/lettre-de-victor-hugo-sur-le-palais-ete-yuanmingyuan_ 1 6 18.html

第3章　屈辱の種類とその外交

1 Goertz (G.), Context of International Politics, Cambridge, Cambridge University Press, 1994.

2 Sharp (P.), Diplomatic Theory of International Relations, Cambridge, Cambridge University Press, 2009, p. 10.

3 Girard (R.), Achever Clausewitz, Paris, Carnets Nord, 2007.

4 Winkler (H. A.), L'Histoire de l'Allemagne, Paris, Fayard, 2005, p. 338.

5 Delamotte (G.), La Politique de defense du Japon, Paris, PUF,

6 Autant de substantifs utilisés par les intellectuels occidentaux au XIXe siècle, cf. Losurdo (D.), Contre-histoire du libéralisme, op. cit., p. 253, 114, 280, 349, 281.

7 Ibid., p. 118.

8 Sédouy (J.-A. de), Le Concert européen, op. cit., p. 117.

9 Ibid., p. 118.

10 Perez (J.), Histoire de l'Espagne, Paris, Fayard, 1996, p. 526.

11 Barker (A. J.), Rape of Ethiopia 1936, New York, Ballantine Books, 1971.

12 Nkrumah (K.), Autobiographie, Paris, Présence Africaine, 2009.

13 Frémeaux (J.), Les Empires coloniaux, Paris, Éditions du CNRS, 2013, p. 454.

14 CL les travaux de Jean Flori, notamment La Guerre sainte. La formation de l'idée de croisade dans l'Occident chrétien, Paris, Aubier, 2001.

15 Ayoob (M.), The Many Faces of Political Islam, Ann Arbor, University of Michigan Press, 2007.

16 Blum (W.), Rogue State : A Guide to the World's Only Superpower, Londres, Zed Books, 2006 ; Litwak (R.), Rogue States and US Foreign Policy, Washington, Wilson Center Press, 2000.

17 Badie (B.), La Diplomatie de connivence, op. cit.

第2部 屈辱によって潤される国際システム

第4章 構成的不平等：植民地時代の過去

1 Morgenthau (H.) , Politics Among Nations, op. cit., p. 355 et s.

2 Asia, Africa : Bandung, Towards the First Century, Djakarta, Département des Affaires étrangères, 2005, p. 40.

3 Ibid., p. 40.

4 Ibid., p. 52,

5 On rejoint ici en partie l'argument développé par la littérature dite « postcoloniale ».

6 Frémeaux (J.) , Les Empires coloniaux, op. cit. p. 106-109.

7 Phyllis (M.) , Leisure and Society in Colonial Brazzaville, Cambridge, Cambridge University Press, 1995, p. 83-87.

8 Frémeaux (J.) , Les Empires coloniaux, op. cit., p. 265-268 et 425.

9 Badie (B.) , « Avenir incertain pour le Zimbabwe », Etudes, novembre 1988, p. 437-448.

10 Frémeaux (J.) , Les Empires coloniaux, op. cit., p. 147-149.

11 www.whoprofits.org

12 Brecher (M.) , Nehru, Londres, Oxford University Press, 1959, p. 63.

13 Deltombe (T.) , Domergue (M.) , Tatsitsa (J.) , Kamerun ! Une guerre cachée aux origines de la Françafrique (1948-1971) , Paris, La Découverte, 2010, p. 43-45.

14 http://www.herodote.net/29_mars_1947-evenement-19470329 php ; http://www.globalmagazine.info/article/382/94/Les-Insurges-de-Madagascar,,en-1947

15 Phéline (C.) , L'Aube d'une révolution, Margueritte, 26 avril 1901, Toulouse, Privat, 2012; http://miliana.comuv.com/insurrection_Margueritte.html

16 Gao Wenqian, Zhou Enlai. L'ombre de Mao, Paris, Perrin, 2010, p. 39, 49, 59 ; Bianco (L.) , Chevrier (Y.) , dir. , Dictionnaire biographique du mouvement ouvrier international. In Chine, Paris, Editions ouvrières, Presses de Sciences Po, 1985, p. 705, p. 767 et s.

17 Brocheux (P.) , Hô Chi Minh, Paris, Presses de Sciences Po, 2000, p. 15-16. 245

18 Adams (C.) , Sukarno. An Autobiography, Indianapolis, Bobbs-Merrill Co., 1965.

19 Brocheux (P.) , Hô Chi Minh, op. cit., p. 15-21.

20 Aburish (S.) , Arafat : From Defender to Dictator, New York, Bloomsbu1Y Publishing, 1998, p. 7-32.

21 Blumberg (A.) , Great Leaders, Great Tyrants ? , Westport (Connecticut) , Greenwood Publishing Group, 1995.

22 Wolpert (S.) , Jinnah of Pakistan, New York, Oxford University Press, 1984, p. 9 et s.

23 Moraes (F.) , Jawaharlal Nehru, Bombay, Jaico Publishing House, 1968.

24　Bianco（L.）, Chevrier（Y.）, dir. , Dictionnaire biographique du mouvement ouvrier international, op. cit., p. 140 et s.

25　Blumberg（A.）, Great Leaders, Great Tyrants ? , op. cit. p. 221 et s.

26　Alianak（S.）, Middle-Eastern Leaders and Islam, A Precarious Equilibrium, Peter Lang, 2007.

27　Neto（A.）, « Voix de la vie », Poésie complète, Paris, Éditions Alexandrines, 2015 et sur : https://florentboucharel.com/2017/12/24/ poesie-revolutionnaire-dangola/

28　Christie（I.）, Machel of Mozambique, Harare, Zimbabwe Pub. House, 1988 ; Munslow（B.）, ed., Samora Machel : An African Revolutionary, Londres et New Jersey（USA）, Zed Books, 1985.

29　Bianco（L.）, Chevrier（Y.）, dir. , Dictionnaire biographique du mouvement ouvrier international, op. cit.

30　Lecomte（F.）, Nehru, Paris, Payot, 1994, p. 251.

31　Appadurai（A.）, Après le colonialisme, Paris, Payot, 2005.

32　Saïd（E.）, Orientalism, New York, Vintage, 1979.

33　Pesnot（P.）, Les Dessous de la Françafrique, Paris, Nouveau Monde, 2008.

34　N'Solé Biteghe（M.）, Échec aux militaires au Gabon, Paris, L'Harmattan, 2004.

35　Galy（M.）, dir., Ln Guerre au Mali, Paris, La Découverte, 2013, p. 88.

36　2013 年 12 月 7 日、TV5 と RF1 によるギニアのアルファ・コンデ大統領に対するフランソワ・オランド大統領へのインタビュー cf. Le Devoir, 6 décembre 2013. バンギに向かう飛行機の中で、フランス国防大臣とその協力者らの間で交わされたこの奇妙なやりとりを付け加えることができるだろう。その時、そのうちの一人が中央アフリカの大統領についてこう言った。「できる限り自分で対処しなければならない」20 heures de France 2, 13 décembre 2013.

37　Traoré（A.）, L'Afrique humiliée, Paris, Fayard, 2013.

第 5 章　構造化された不平等：エリートの外側にいること

1　Pratt（C.）, Middle Power Internationalism, Montréal, McGill-Oueen's University Press, 1990. L'auteur parle de « humane internationalism ».

2　Cooper（A.）, ed., Niche Diplomacy, New York, Macmillan, 1997.

3　Dieckhoff（M.）, L'individu dans les relations internationales : le cas du médiateur Mariti Ahtisaari, Paris, L'Harmattan, 2012.

4　Gabrielsen（M.）, The Internationalization of the Sudanese Conflict, these LEP de Paris, 2010.

5　Kaldor（M.）, Human Security, Londres, Polity Press, 2007 ; Tadjbakhsh（S.）, Chenoy（A.）, Human Security : Concepts and Implications, New York, Routledge, 2007.

6　Lagrange（D.）, La France face aux États-Unis pendant la crise irakienne, thèse LEP de Paris, 2012.

7　Badie（B.）, « French power-seeking and overachievement », in Volgy（T.）et al., Major Powers and the Quest for Status in International Politics, op. cit., p. 97-114.

8　Thompson（W. R.）, « The United States as global leader, global power and status-consistent power », ibid., p. 27 et s.

9　Stouffer（S. A.）et al., The American Soldier, New York, J. Wiley, 1949.

10　Paiva-Leite（C.）, « Constantes et variantes de la politique étrangere brésilienne », Politique étrangére, 1969, 34（1）, p. 33-55.

11　Godement（F.）, Que veut la Chine ?, Paris, Odile Jacob, 2012, p. 256.

12　Le Monde, 15 juin 2013, p. 4. C'est nous qui soulignons.

13　Racine（J.-L.）, « L'lnde : émergence ou renaissance ? », Agir, décembre 2010, 44 ; Ganguly（S.）, Pardesi（M. J.）, « Explaining sixty years of India's foreign policy », Indian Review, 2009, 8（1）, p. 4-19.

14　Yang Jiechi, « Innovations in diplomatic theory, practice », China Daily, 17 août 2013, p. 5（aprös le 1 & Congres du PCC et la définition de la ligne Xi Jinping）. C/l aussi Le Quotidien du Peuple, 5 septembre 2013.

15　Yesiltas（M.）, Balci（A.）, A Dictionary of Turkish Foreign Policy in the AKP Era : A Conceptual Map, Ankara, Sam Papers, Center for Strategic Research, ministere des Affaires étrangéres, 2013, p. 7-8 ; Jabbour（J.）, « Le monde selon Ankara », Telos, novembre 2011.

16　Yesiltas（M.）, Balci（A.）, A Dictionary of Turkish Foreign Policy in the AKP Era, op. cit., p. 8.

17　Ibid., p. 12.

18　Patriota（A.）, « En Syrie comme ailleurs, la protection des civils passe par la diplomatie », Le Monde, 27 mars 2013, p. 17.

19　Costa Vaz（A.）, Intermediate States. Regional Leadership and Security : [BSA, Brasilia, UNB Press, 2006.

20　Johnston（A. 1.）, Social States : China in International Institutions 1980-2000, Princeton, Princeton University Press, 2008.

21　Perrot（S.）, « Les nouveaux interventionnismes militaires africains », Politique africaine, juin 2005, 98, p. 129.

22　11 Monde, 24-25 mars 2013, p. 3.

23　Sur Nauru, cf. Folliet（L.）, Nauru, l'ile dévastée, Paris, La Découverte, 2009.

24　Mathisen（T.）, The Functions of Small States in the Strategies of the Great Powers, Oslo, Universitetsforlag, 1971.

25 Reno (W.), Warlords and African States, Boulder (Colorado), Lynne Rienner Publishers, 1999 ; Rotberg (R.), State Failure and State Weakness in a Time of Terror, New York, Brookings, 2003.

26 Fox (A.), « The power of small states », in Ingrebritsen (C.), ed., Small States in International Relations, Washington, University of Washington Press, 2006.

27 Besson (S.), « Les petits États insulaires tirent la sonnette d'alarme l'ONU », http://www.actualites-news-environnement.com/27143-petitsEtats-insulaires-ONU.html

28 Adjmaél, « Plus de visa pour les Comoriens désirant se rendre en France », http://nomansland.mondoblog.org/2011/03/30/plus-de-visaspour-les-comoriens-desirant-se-rendre-en-france/

第 6 章　機能的不平等：ガバナンスの外にあること

1 Walt (S.) « On Minilateralism », Foreignpolicy.com, 23 juin 2009.

2 Ibid.

3 Ibid.

4 Gruber (L.) Ruling the World : Power Politics and the Rise of Supranational Institutions, Princeton, Princeton University Press, 2000.

5 Badie (B.), La Diplomatie de connivence, op. cit. ; Hajnal (P.), The G8 System and the G20, op. cit.

6 CB plus haut et Dumas (R.) et al., La Diplomatie sur le vif, op. cit., p. 42-43.

7 Le Monde, 27 mai 2011, p. 1 et 4.

8 Hajnal (P.), The G8 System and the G20, op. cit.

9 Ibid., p. 48.

10 Commission on Global Governance, Our Global Neighbourhood, Oxford, Oxford University Press, 1994 ; Ferguson (Y. H.), Mansbach (R. W.), A World of Polities : Essays on Global Politics, Londres, Routledge, 2008 ; Hall (R. B.), Biersteker (T. J.), eds, The Emergence of Private Authority in Global Governance, Cambridge, Cambridge University Press, 2002.

11 Sharp (P.), Diplomatic Theory of International Relations, op. cit.

12 Toutes ces informations (et d'autres. ..) figurent dans Bloomberg Businessweek, 23-29 janvier 2012, p. 15.

13 « Goldman Sachs, le trait d'union entre Mario Draghi, Mario Monti et Lucas Papadémos », lemonde.fr, 14 novembre 2011.

14 « Moi, président de la Bolivie, séquestré en Europe », Le Monde diplomatique, août 2013, 713, p. 1 et 10-11.

第3部　屈辱の危険な影響：反システム側に？

第7章　社会の仲介者としての役割

1　Deutsch（K.）, Nationalism and Social Communication, New YorkLondres, Chapman and Hall, 1953 ; Lerner（D.）, The Passing of Traditional Society, Glencoe, Free Press, 1958.

2　Keck（M.）, Sikkink（K.）, Activists Beyond Borders, Ithaca, Cornell University Press, 1998.

3　Aouardji（H.）, L'Antiaméricanisme social : le cas de l'Égypte, de la Jordanie et de l'Arabie Saoudite, thèse IEP de Paris, 2010.

4　Pew Center, Global Attitudes Project, juillet 2007.

5　Pew Center, 18 juillet 2013.

6　Lemonde.fr, 10 octobre 2012.

7　Courrier international, 4 juillet 2013.

8　Sur ce point, cfl Badie（B.）, L'État importé, op. cit.

9　Schell（O.）, Delory（J.）, Wealth and Power, New York, Random House, 2013, ch. 2.

10　Kepel（G.）, Le Prophète et Pharaon, Paris, La Découverte, 1984, p. 40 et s.

11　Rougier（B.）, Qu'est-ce que le salafisme ?, Paris, PUF, 2008.

12　Korany（B.）, El Mahdi（R.）, eds, Arab Spring in Egypt, Le Caire-New York, AUC Press, 2013, ch. 1.

13　Pramoedya Ananta Toer, The Buru Quartet, Londres, Penguin, 1975.

第8章　反システム外交？

1　Hill（C.）, The Changing Politics of Foreign Policy, New York, Palgrave, 2003, 第2部と第3部では、著者は国際情勢の変化と社会自体に影響を与える変化を区別している。

2　Zoubir（Y. H.）, « The United States, the Soviet Union and decoIonization of the Maghreb », Middle Eastern Studies, janvier 1995, 31.

3　« Quand le merle sifflera », Dakerscomerle.com, mars 2010.

4　Libération, 31 juillet 2006.

5　Forite（C.）, « La diplomatie pétrolière du gouvernement Châvezen Afrique : pour une projection du «socialisme du XXIe siècle» ? », RITA, 5, décembre 2011.

6　Ibid.

7　Sur le passé et l'effet de la révolution islamique dans les relations irano-américaines, c/l Rubin（B.）, Paved With Good Intentions, Oxford, Oxford University Press, 1980.

8　Pour une interprétation discutable mais suggestive, c/l Eisenstadt（M.）, « The strategic

206

culture of the Islamic Republic of Iran », MES Monographs, 1, août 2011.

第9章　制御されない暴力

1　Sur les nouveaux conflits, cf. Kaldor（M.）, New and Old Wars, Cambridge, Polity Press, 1999 ; Munkler（H.）, Guerres nouvelles, Paris, Alvik, 2003 ; Wallensteen（P.）, Sollenberg（M.）, « Armed conflict, 1989-1998 Joumal of Peace Research, 1999, 36（5）, p. 243-257. Pour une thèse opposée, rejetant l'idée de « nouveaux conflits », cf. Gray（C.）, Another Bloody Century : Future Warfare, Londres, Weidenfeld and Nicolson, 2005 ; Badie（B.）, Quand le Sud réinvente le monde. Essai sur la puissance de la faiblesse, Paris, La Découverte, 2018.

2　Cf. le rapport du secrétaire général des Nations unies au Conseil de sécurité sur les Annes légères, 17 avril 2008.

3　Sur les seigneurs de la guerre, cf. Reno（W.）, Warlord Politics and African States, op. cit. ; Rich（P.）, ed., Warlords in International Relations, Londres, Macmillan, 1999 ; Malejacq（R.）, Warlords and the State System, thèse de doctorat, IEP de Paris et Northwestern University, 2012.

4　Sur les enfants-soldats, cf. le témoignage de l'un d'entre eux en Sierra Leone, Beah（I.）, A Long Way Gone : Memoirs of a Boy Soldier, Londres, Sarah Crichton Books, 2007.

5　Brunel（S.）, Géopolitique de la faim, Paris, PUF, 2000, p. 65.

6　Giraud（G.）, « Cinquante ans de tensions dans la zone sahélosaharienne » , in Galy（M.）, dir., La Guerre au Mali, op. cit., p. 29.

7　Sagot-Duvauroux（J.-L.）, « Quelques traits du Mali en crise », ibid., p. 93-95.

8　Claudot-Hawad（H.）, « La question touarègue, quels enjeux », ibid., p. 139.

9　Kepel（G.）, « Merah et Tsarnaev, même combat », Le Monde, 30 avril 2013, p. 17.

10　Pour reprendre le titre de Kepel（G.）, Les Banlieues de l'islam, Paris, Seuil, 1987.

11　« Will I Be the Next ? », rapport dʹAmnesty International, octobre 2013, 2012 年 1 月から 2013 年 8 月までパキスタンで起きたドローン攻撃 45 件を調査。最低の数字（350）はニューアメリカン財団によるもので、最高の数字（475 － 900）は調査報道局によるものであった。

12　Moïsi（D.）, La Géopolitique de l'émotion, Paris, Flammarion, 2009.

13　Hojjat（A.）, Mohamed（M.）, Islamophobie, Paris, La Découverte, 2013.

14　対人恐怖症は、自分とは異なる人々に対する憎しみとして定義され、グローバリゼーションの文脈では特に好戦的となる。

15　Benbassa（E.）, Étre juif après Gaza, Paris, CNRS Éditions, 2009, P. 46.

訳者解説

　ベルトランド・バディ教授は、パリ政治学院の国際政治学主任教授を長らくつとめ、世界政治学会の副会長などを歴任したフランスのみならず現代ヨーロッパを代表する知識人の１人である。テレビやラジオの出演も多い。

　本書は、近年の国際政治の混乱、多国間協調主義の機能不全について、屈辱に焦点を当て、戦前からポスト冷戦期、そして現在に至るまで、長きにわたって国際政治の中心だった欧米諸国の外交政策を「降格」「拒絶」「追放」「汚名」という４つの分類を用いて詳細に考察したものである。

　古典的リアリズムによると、国際関係は、第１に、主権国家のみがアクターである、第２に、国家は単一の主体として行動し、人間の権力欲に根差したパワーとして定義される国益を追求する、第３に国家は合理的に行動する、という大きくこの３点を軸に展開されてきた。70年代以降、そうした考えが、自己救済（self-help）の原則を軸に、権力欲に根差した攻撃的行動からではなく（攻撃的リアリズム）、恐怖に対する国々の防衛的行動こそが（防衛的リアリズム）、リアリズムを構成するとしてネオリアリズムへと昇華され、現代国際政治の分析枠組みの中心として今に至るのである。

　だが、バディが指摘するようにこのリアリズムに大きく抜け落ちている視点がある。それは過去と弱者（蔑まれし者たち）の視点である。

　アフリカやアジアでのヨーロッパ諸国による植民地支配、帝国主義は、いまだに影を落としている。それは民衆を蹂躙し、文化を破壊し、資源を搾取したという、経済的離陸を妨げた原因をそこに求めるいわゆるよくありがちな帝国主義論ではなく、構造として意識的に（さらに悪いことに無意識的にも）、蔑む者と蔑まれし者の外交行動と国際関係を規定しているのである。その意味でその中心にある「蔑み」とは、国際関係というまさにゲームを構成する（してきた）鍵を握る概念であり、現実に今もなお大きな影響を及ぼしているも

のなのである。

　その観点から、世界を眺めてみると、改めて世界中に蔑みの種が撒かれていることがわかる。アジア、南米、アフリカ、中東、そして中国、ロシアと、西洋による見下し、軽蔑、敵対心、無関心、ありとあらゆる蔑みの形態が世界を席捲している。

　ロシアは、2022年2月24日に突如としてウクライナに侵攻、今もウクライナに不法にとどまったままだが、ロシアは冷戦に敗れ、ヨーロッパの安全保障拡大の流れの中で、屈辱を味わい続けてきたのだった。

　本書刊行直前に起きた2023年10月7日のハマスによる大規模テロとその後のイスラエルによる執拗なガザに対する無差別爆撃が続くパレスチナは、67年以来イスラエルの占領政策によって終わりのない戦争を強いられ、国際社会の無関心によって苦痛を味わってきた。これが蔑みでなくて何と言おう。

　中東の主要メディア・アルジャジーラによると、ガザ地区では1万回もの爆撃を受け、48％の住居が破壊され、少なくとも60万人が家を失くし、病院にも電気が供給されておらず、子供たちは麻酔がないまま手術を受けていると報じられている。犠牲者の半数は子供だということだ。イスラエルが行っていることは、テロに対する反撃ではない。無差別的に市民が居住する場所を爆撃するのは、自衛権の行使ではなく戦争犯罪である。

　こうしたロシアとウクライナの問題もパレスチナの問題も、「西洋諸国」が彼らを軽蔑し、疎んじ、追放してきたということで、今後も国際システムの調和には至らないと本書では言及されている。お互いが対話するパートナーとしての地位を持ち合わせていないからであり、公敵（Hostis）が私敵（Inimicus）に置き換えられているからだ。このように本書の根底には、多立場性（multipositionnalité）という概念が一貫して流れており、カール・シュミットの友敵理論を駆使し、その効果と問題点を鋭く分析しながら、リアリズムからの脱却、すなわち、シュミット的硬直性を取り除くモデルへの移行を目指すべきだと論じられている。「今日、国益にかなう最善の方法は、国益を他

者との関係で再考することだ。もはや、優越すべき永遠のライバルや、規制
が必要な時折の家臣として考えるのではなく、より一層機能するパートナー
として考え、彼に話しかけ、認め、受け入れ、彼をあらゆる疑いの受け皿に
してはならない」。この結論にあるバディの言葉通り、新しい時代を切り拓
いてゆくことが重要だろう。それが本書の一番肝心なメッセージなのである。

　訳者とバディ教授とのつながりは、訳者がパリ政治学院の博士課程の進学
を決め、指導を希望して以来のものとなる。後先考えずパリに赴き学院のあ
るサンジェルマン通りを歩いて研究室を探していると偶然にも前から歩いて
こられた優しそうな紳士がバディ先生だった（神の思し召しに違いない）。先生
の笑顔は本当に後光が差していた。その後、どうにかこうにか先生の門下末
席に加えていただいたのだった。
　リベラリズムは多国間協調主義を制度や相互依存から現代国際政治を読み
解いていく理論だが、その性格は、とかく正の側面に注目した、いわば「ア
クティヴ・リベラリズム」であって、本書のような負の側面に注目した「パッ
シヴ・リベラリズム」から国際政治を読み解いた学術書が見当たらないこと
が常々不思議で仕方なかった。その意味で本書を日本語にできたことは学恩
に報いることができたこともさることながら、アメリカの強者の理論一辺倒
のリアリズムやリベラリズムが幅を利かせる国際政治学の中にあって一石を
投じることができたことを何よりも嬉しく思う。
　言うまでもなく、相互依存や理想主義を掲げる国際的な日常（La vie
international）は、実は、過去から現代まで屈辱を受けてきた者、平等を拒絶さ
れた者の歴史・関係の積み重ねである。その意味で弱者や敗者に焦点を当て
た本書は現代の国際政治のメカニズムを知るためにも極めて有益だと考える。
また本書はパッシヴでありながら、アクティヴに転じる考えが至る所に散り
ばめられていることも見過ごすことができない重要な点だと考える。
　現代イランが建国される前のペルシャからパリに18歳で移民した父とフ
ランス人の母を持つバディ教授による複数の考え方や光の当て方、すなわち

東と西、そして北と南というマルチカルチュラルな本書の独特の視点はまさに彼の出自からも来ていると考える。その意味で、今、本書を世に出すことは、汚泥の中にあるような国際政治の醜さの中に見つけることのできる一筋の光だと強く思う。その光を日本の皆さんに届けるために、訳者の希望を叶えてくださった下田勝司社長と編集を担当いただいた方々に深く感謝を申し上げたい。この方々のご尽力とお力添えがなかったら本書が日本語で読まれる機会はおそらくなかった。

　　　　　　　　　　　　　　ガザの子供たちを想いながら

　　2023 年 12 月 16 日

　　　　　　　　　　　　　　　　　　　　　　　　福富　満久

事項索引

人名索引

著者

ベルトランド・バディ パリ政治学院名誉教授

パリ政治学院および東洋国立言語文明研究所 (INALCO) 修了、パリ政治学院で博士号取得。1974年、パリ第1大学パンテオン・ソルボンヌ大学で講師、以降、助教授、オーヴェルニュ・クレルモンフェラン第1大学教授を経て1990年からパリ政治学院国際関係学教授。世界政治学会 (IPSA) の副会長 (2006〜2010年) も務めた。現代フランスのみならず、欧州において最も有名な国際政治学者の一人。これまでに25冊以上を出版、数多くの国で翻訳されておりそれらを含めると全世界で40冊を超える。ヨーロッパ国際研究ジャーナル委員長の他、国際人権ジャーナル、国際関係と開発ジャーナルなど有名学術誌のエディトリアル・ボード・メンバー。ローザンヌ大学、ジュネーブ大学、チュニス大学、ラバト大学、フェズ大学、ポルトアレグレ大学、ボローニャ大学などでも教鞭を執る。著書に、「La diplomatie des droits de l' Homme」(2002)、「L'impuissance de la puissance」(2004改訂2013)、「Le multilatéralisme」(2007)、「International Encyclopedia of Political Science (責任編集2011)、「Nous ne sommes plus seuls au monde」(2016)、「Quand le Sud réinvente le monde」(2018)、「L'hégémonie contestée」(2019)、「Inter-socialité」(2020)、「Les puisssances mondialisées」(2021) などがある。

訳者

福富満久 一橋大学大学院社会学研究科教授 (国際政治学・国際正義論)

早稲田大学政治経済学部政治学科卒業、2009年パリ政治学院 Ph.D. 国際関係プログラム修了、2010年早稲田大学大学院政治学研究科博士後期課程修了。Ph.D. (国際関係学、パリ政治学院)、博士 (政治学、早稲田大学)。英国王立地理学会フェロー (FRGS、地政学)。12年4月より一橋大学大学院社会学研究科准教授を経て15年4月より現職。キングス・カレッジ・ロンドン (ロンドン大学) 戦争学研究科シニア・リサーチフェローなど兼務。著書に「Could humanitarian intervention fuel the conflict instead of ending it?」『International Politics』59, Springer Nature, Palgrave Macmillan, 2022、『戦火の欧州・中東関係史─収奪と報復の200年』東洋経済新報社2018年5月、『編著『新・国際平和論』ミネルヴァ書房2023年10月などがある。ベルトランド・バディ著「L'hégémonie contestée」(2019)、「Les puisssances mondialisées」(2021) を2024年夏以降順次翻訳予定。

蔑まれし者たちの時代──現代国際関係の病理

2023年12月30日　　初　版第1刷発行　　　　　　　　　　　〔検印省略〕
　　　　　　　　　　　　　　　　　　　　定価はカバーに表示してあります。

訳者ⓒ福富満久／発行者 下田勝司　　　　　　　　　印刷・製本／中央精版印刷

東京都文京区向丘1-20-6　　郵便振替 00110-6-37828　　　　　　　発 行 所
〒113-0023　TEL (03)3818-5521　FAX (03)3818-5514　　　株式 東信堂
Published by TOSHINDO PUBLISHING CO., LTD.
1-20-6, Mukougaoka, Bunkyo-ku, Tokyo, 113-0023, Japan
E-mail : tk203444@fsinet.or.jp http://www.toshindo-pub.com

ISBN978-4-7989-1884-6 C3031　ⓒ Mitsuhisa Fukutomi

東信堂

国際取引法[上巻]	井原宏	四五〇〇円
国際取引法[下巻]	井原宏	四五〇〇円
国際技術ライセンス契約—そのリスクとリーガルプランニング	井原宏	三三〇〇円
国際ジョイントベンチャー契約—国際ジョイントベンチャーのリスクとリーガルプランニング	井原宏	五八〇〇円
グローバル企業法	井原宏	三八〇〇円
判例 ウィーン売買条約	河村寛治 井原宏 編著	四二〇〇円
グローバル化と法の諸課題—グローバル法学のすすめ	阿部克則 髙山佳奈子 中谷和弘 編著	一二〇〇円
グローバル保健ガバナンス	城山英明 編著	三二〇〇円
講義 国際経済法	柳赫秀 編著	四六〇〇円
国連安保理改革を考える—正統性、実効性、代表性からの新たな視座	神余隆博 竹内俊隆 編著	三五〇〇円
国連の金融制裁—法と実務	吉村祥子 編著	三二〇〇円
新版 国際商取引法	髙桑昭	三六〇〇円
国際民事訴訟法・国際私法論集	髙桑昭	六五〇〇円
国際刑事裁判所[第二版]	洪恵子 編	四二〇〇円
武力紛争の国際法	真山全 編	一四二八六円
国連安保理の機能変化	村瀬信也 編	二七〇〇円
海洋境界確定の国際法	村瀬信也 編	二八〇〇円
自衛権の現代的展開	江藤淳一 編	二八〇〇円
国連安全保障理事会—その限界と可能性	村瀬信也 編	三二〇〇円
集団安全保障の本質	松浦博司	四六〇〇円
憲法と自衛隊—法の支配と平和的生存権	柘山堯司 編	二八〇〇円
イギリス憲法Ⅰ 憲政	幡新大実	二八〇〇円
イギリス債権法	幡新大実	四二〇〇円
人道研究ジャーナル5〜12号[続刊]日本赤十字国際人道研究センター編	幡新大実	三八〇〇円 12号 各三〇〇〇円
戦争と国際人道法—赤十字の歴史とあゆみ	井上忠男	二四〇〇円
第二版 世界と日本の赤十字—世界最大の人道支援機関の活動	森居正尚	二五〇〇円

※定価：表示価格（本体）＋税　　〒113-0023　東京都文京区向丘1-20-6　TEL 03-3818-5521　FAX03-3818-5514
Email tk203444@fsinet.or.jp　URL:http://www.toshindo-pub.com/